Axiomatization of
Subjective Dialectics

Zhiyong Dong

主观辩证法公理化

董志勇—著

西北大学出版社

图书在版编目（CIP）数据

主观辩证法公理化／董志勇著. — 西安:西北大学
出版社,2018.1

ISBN 978 - 7 - 5604 - 4123 - 8

Ⅰ.①主… Ⅱ.①董… Ⅲ.①主观—辩证法—研究
Ⅳ.①B015

中国版本图书馆 CIP 数据核字（2018）第 007799 号

主观辩证法公理化

作　　者：董志勇
出版发行：西北大学出版社
地　　址：西安市太白北路 229 号
邮　　编：710069
电　　话：029 - 88303059
经　　销：全国新华书店
印　　装：西安华新彩印有限责任公司
开　　本：889mm×1194mm　1/32
印　　张：10
字　　数：224 千字
版　　次：2018 年 1 月第 1 版　2019 年 7 月第 2 次印刷
书　　号：ISBN 978 - 7 - 5604 - 4123 - 8
定　　价：37.00 元

本版图书如有印装质量问题,请拨打 029 - 88302966 予以调换。

目　录

引　言

本书的读者定位为具有高中及以上文化水平，并对哲学、语言学、理论物理、人工智能等任一学科领域感兴趣的朋友。因此，本书中为证明每个命题和论断而举出的事例，基本上都不超出高中课本水平和一般常识范围。

本书的名称，笔者最早是想定为《主观辩证法基本要素公理化初探》的，但是考虑到书名太长不容易被记住，最后笔者决定将书名定为《主观辩证法公理化》，同时将基本要素和初探等因素放在引言和书中其他部分加以说明，来解决书名与书中内容需要相符这一问题。

依照黑格尔所著《逻辑学》和《小逻辑》这两部著作所叙述的内容，我们可以把当代主观辩证法称作辩证逻辑。①

主观辩证法，或者说辩证逻辑，像形式逻辑一样，也是研究人

---

① 当代主观辩证法所涵盖的范围，比康德在《纯粹理性批判》一书中所提出的先验逻辑所涵盖的范围要广一些，抽象程度要高一些。而且在当代汉语中，先天、先验和超验这些词语在很多情况下带有严重的唯心主义色彩，所以我们还是选择辩证逻辑这一概念，来作为与形式逻辑这一概念相对立、相对应、相对仗的概念更好一些。

类思维现象和认识方式的一门学问。① 在当下把辩证逻辑与形式逻辑既相互联系又相互区别的情况下，这两者的研究方法又稍有不同。

形式逻辑所研究的内容主要是如何使我们从一个角度，或者说从一个坐标系，来准确地把握和了解我们所要研究或者是认识的对象。例如，形式逻辑研究定义、划分、判断、演绎推理、归纳推理、不矛盾律、同一律、排中律等，其目的都是为了使我们坚持从一个角度，或者说坚持从一个坐标系，来准确地把握我们所要研究或所要认识的具体对象。

辩证逻辑，也就是经过属加种差法定义的主观辩证法，则主要是研究人类为什么要，以及如何能够从多个角度，或者说从多个坐标系不断深入准确地把握我们所要研究的具体对象，并使我们的认识适时绝对化，也就是使我们的认识对象在适当的时候转为形式逻辑的认识对象，以便我们不断地更加深入、更加准确地按照我们的意志、要求和希望，来改变我们所研究或者是所认识

---

① "逻辑学的界限是有很确切的规定的，它不过是一门要对一切思维的形式规则作详尽的摆明和严格的证明的科学而已"。（康德：《纯粹理性批判》，邓晓芒译，北京：人民出版社，2004 年，第 2 版序，第 11 页。）"逻辑的对象即思维，或更确切地说，概念的思维"。（黑格尔：《逻辑学》上卷，杨一之译，北京：商务印书馆，1966 年，第 23 页。）

的客体和具体的对象。① 例如,本书论述实践、理性、理论、知识、主体、客体、主观、客观、本体论、BEING②、ONTOLOGY、质、量、度、现象、形式、本质、质料、内容、概念、时间、空间、绝对、相对等概念

---

① 《马克思恩格斯选集》第 4 卷,北京:人民出版社,1995 年,第 332 - 333 页。金岳霖曾说:"辩证逻辑是目前正在开始研究的一门学科。关于辩证逻辑的一般特征与具体内容,人们还没有取得一致的意见。大体说来,辩证逻辑也是把思维形式与思维规律作为自己研究的对象,但是,形式逻辑和辩证逻辑在以下两点上是不同的:第一,形式逻辑只从思维形式方面研究思想本身的准确性、明确性、无矛盾性与一贯性……辩证逻辑要研究思维形式如何正确反映客观事物的运动变化,如何反映事物的内部矛盾、有机联系和转化等问题……第二……在形式逻辑中,各种思维形式之间的关系,只是真假值的关系,而不表现认识发展的顺序与认识的深化程度。在这个意义上,形式逻辑中的各种思维形式可以说是平列的。相反地,辩证逻辑考虑到各种思维形式在认识发展过程中的联系和转化,从而把各种思维形式互相隶属起来,组成一个由低级到高级的有机体系。"(金岳霖:《形式逻辑》,北京:人民出版社,2006 年第 2 版,第 8 - 10 页。)康德对这一问题的看法是:"通盘规定这一原则所涉及的内容,而不仅仅是逻辑的形式。"(康德:《纯粹理性批判》,邓晓芒译,北京:人民出版社,2004 年,第 458 - 459 页。)
② 作为当代最负盛名的德国辩证逻辑学家之一的海德格尔曾错误地认为 being 这个概念是不可定义的,这是因为 being 这个概念"是从它的最高普遍性推论出来的……'Being'是自明的概念"。(Martin Heidegger, *BEING AND TIME*, Oxford: Blackwell Publishers Ltd, 1962, reprinted 2001, p. 23; 马丁·海德格尔:《存在与时间》修订译本,陈嘉映、王庆节合译,北京:三联书店,2006 年第 3 版,第 5 页。)海德格尔以及其他学者犯这一错误的原因是,他们既没有明确地从属加种差的角度来定义主观和客观,也没有找到一个比概念更小的单位,或者从一个更微观的角度来说明和定义什么是"概念""含义"或"义素"。

的目的,就是要说明人们为什么要提出这些概念,以及人们是如何通过这些概念来不断深入准确地把握和了解所要研究的客体和具体的对象,并使其认识适时绝对化,进而使人们能够更加深入准确地按照人们的意志、要求和希望,来改变其所研究或者是所认识的客体和具体的对象,指导人们的实践和社会分工,从而使这些概念为提高人们的绝对生活水平而服务。

因此,说到辩证逻辑和形式逻辑的统一时,我们可以说,形式逻辑是辩证逻辑的一个子概念、一个下位概念、一个存在形式、一个子项,辩证逻辑则是形式逻辑的属概念、上位概念、本质和殊相。

所谓主观辩证法基本要素公理化,是指通过使用形式逻辑中的属加种差法,将上述有关辩证法的概念加以处理和定义,从而说明这些概念与其他概念之间的关系,使其变为辩证逻辑的一个组成部分,以便读者能在比较短的时间内理解和继承这些概念,并在此基础上更快更方便地发展以汉语为载体的中国哲学。

辩证逻辑与包括自然辩证法、客观辩证法和主观辩证法在内的辩证思维方法的区别在于,辩证思维方法的概念或要素是否经过形式逻辑中的属加种差法的处理,并得到所在语言共同体的合意同意。主观辩证法的各要素,需要经过形式逻辑中的属加种差方法的处理,并得到其所在语言共同体的合意同意,也就是能够被相关人士普遍理解和应用,甚至需要写入字典和大百科全书,才能真正成为辩证逻辑的一个组成部分。

形式逻辑中的属加种差法是指用辩证还原的方法,也就是使用辩证归纳法对我们所认识的对象加以定义。例如,说水分子是由两个氢原子和一个氧原子构成的一种物质,就是在对水分子进行属加种差式的定义。这是一种较高层次的对事物的认识方法。与此相对立的另一种定义法是形式逻辑中的描述式举例定义法。例如，当我们用描述式举例定义法来说明什么是水的时候，一般是通过列举井水、河水、湖水、雨水、海水等是水这一方法。虽然描述式举例定义法是我们对事物进行更高层次认识的基础，但就其在科学发展史上的意义来讲，远不如属加种差法。这是因为，辩证还原方法是人们在认识、描述和把握客观世界及主观世界的过程中，把每一种或每一个事物都归结为另一些更为简单，或者是更为抽象概括的事物或概念的存在形式，以便使自己对某一具体事物的具体认识，融入到自己所在语言共同体已有的整个知识和理论系统中，从而被自己和自己所在的语言共同体中别的相关成员所理解、把握、接受、记住和传承的一种认识方法。例如，从科学发展史来讲，说水分子是由两个氢原子和一个氧原子构成的一种物质，比通过列举井水、河水、湖水、雨水、海水等是水来说明什么是水，意义要大得多。这是因为，说水分子是由两个氢原子和一个氧原子构成的一种物质，是我们认识上的一次质的飞跃，它把我们对水的认识，与人类已经认识到的许多别的相关物质和许多客观规律联系了起来，并为人类进一步开发和利用水及其他相关物质，打开了方便之门。

换句话说，这本书是以马克思主义实践第一的思想为指导，想用较为简单直白的当代汉语把康德在《纯粹理性批判》《实践理性批判》和《判断力批判》，黑格尔在《逻辑学》《小逻辑》和《精神现象学》，海德格尔在《存在与时间》，①以及萨特在《存在与虚无》②等著作中已经提出，并且已经论述清楚，以及他们尚未论述清楚，或者是他们还没有想到的一些概念，用清晰的当代汉语论述一遍，以便使中国的哲学工作者能在较短的时间内理解和传承这些概念，并在此基础上，以新的分工形式，更快更方便地发展哲学的逻辑学和方法论部分。笔者希望在哲学方法论的一些问题上，能够做到如马克斯·韦伯所说的，将"诸神之争"转化为"诸神之合"。

是否正确地使用了属加种差法的标准是，是否已经有根据地和符合逻辑地将一个概念的上位概念，一个或者是多个平行概念，尤其是与其平行相反的概念，以及这个概念的两个下位概念，或者是多个下位概念交代清楚了。如果交代清楚了，就算是正确而成功地使用属加种差法了。因为只有做到了这一步，才能帮助人们扩大思维和实践的范围，增加人们的知识量。

交代清楚上位概念，是为了将被说明的概念与一个语言共同体已知的整个知识体系合为一体。交代清楚一个或者是多个平行概念，尤其是与其平行相反的概念，是为了帮助其他人类个体了解清楚该概念的抽象程度。交代清楚下位概念，是为了帮助其他人类个体了解清楚该概念与客观世界的联系，或者说可以帮助对该概念感兴趣的读者，通过多次推理，一直推理到可以让人的

---

①此书的英文译名为 *Being And Time*。国内学者常将此书名翻译为《存在与时间》。这里按照翻译界约定俗成的惯例，暂时从之。

②此书的英文译名为 *Being And Nothing*。国内学者常将此书名翻译为《存在与虚无》。这里按照翻译界约定俗成的惯例，暂时从之。

眼、耳、鼻、舌、身等感觉器官直接感觉到客体身上,让他彻底了解该概念之所指,从而在主观上,为某个人类共同体在实践中进行有效的分工和合作打下基础。

这里应当说明的是,使用形式逻辑中的属加种差法将辩证逻辑的相关概念加以处理,并不等于将辩证逻辑与形式逻辑同质化。其中的道理就像是使用形式逻辑中的属加种差法,将现代生物分类学中的相关概念进行处理,如把植物和动物的属概念是生物,以及植物的种特征是主要依靠阳光作为其进行新陈代谢的能量来源,而动物的种特征是主要依靠摄取其他动植物的有机体作为其进行新陈代谢的能量来源这几点分别指出来,从而说明植物和动物之间的联系和区别,并不等于我们已经把现代生物分类学与形式逻辑同质化了一样。

但是,本书在对许多具体概念进行处理时,常常又由以对相关客体/概念进行描述的方法作为开端。这是因为,以往对相关客体的描述往往有描述角度不符合写作本书的目的,或者是以往的相关概念太少,不足以对相关的概念立即直接进行属加种差式的定义;并且,我们为了能对达到相关概念进行属加种差式的定义,只能以对相关客体/概念先进行描述的方法作为开端,然后再进行属加种差式的定义或者是说明。实际上,自古以来,人们在自己的具体思维过程中,为了尽快达到准确地认识和表达对客观事物及人类自身的主观思维过程的目的,总是不断地在简单说明乃至复杂说明、使用辩证逻辑和使用形式逻辑这三者之间进行快速的变换。人们总是在需要使用哪一种方法时,就使用哪一种方法。为了尽快达到正确地认识和表达对客观事物及人类自身主观思维过程的目的,人们是绝对不会束缚自己的思维自由的,并且也是无法束缚自己的思维自由的,因为思维自由是人类通过长期进化而得到的一种生物学本能。

所谓的思维自由,只不过就是主体能够在自己的思维中,随时有能力从更多的角度,或者说用更多的方式方法,来处理同一个客体、同一个概念,或者是一系列客体、一系列概念,以及主体能够在自己的思维中,随着自己的需要和兴趣的变化,随时有能力改变所要处理的客体或者是概念罢了。

在人类的发展史上,只存在过言论受到社会限制而不让其自由发表的情况,而从未发生过思维受到社会限制而无法自由思维的情况。只要具体思维的人不说不动,谁也不知道他在想什么。①"人心隔肚皮"这句古话,并非空穴来风。这是因为,迄今为止,人类还未发明出,恐怕永远也发明不出能够直接实时全面精确地了解一个人大脑的具体思维过程和内容的仪器和设备来。因此,过去有人提出要给予人以思想自由的权利。笔者认为,他只不过说了一句不知所云的废话罢了。实际上,每个人每天差不多都有那么一段时间,或者是长时间的胡思乱想,或者说是呆想、冥想、幻想、瞎想的时刻。这是因为,胡思乱想,在同一时间段内把看似互不关联的事物放在一起思考,是人类经过几百万年进化而得到的

①康德在《纯粹理性批判》一书中曾说过:"灵魂是没有形体的……我们的思维着的主体是没有形体的,这就是说,由于它被我们表象为内感官的对象,所以就它在思维这点而言,它就不可能是任何外感官的对象,亦即不可能是任何空间中的现象。而这就相当于想说:在外部现象之中永远也不可能有思维着的存在者作为自身出现在我们面前,或者说,我们不可能从外部直观到它们的思想、它们的意识、它们的欲望等等……"(康德:《纯粹理性批判》,邓晓芒译,北京:人民出版社,2004年,第316页。)

一种生物学本能。黑格尔在1830年出版的《小逻辑》第三版中曾说过："在大多数情况下空疏锐敏的理智,总喜欢去凭空揣想可能性,而且揣想相当多的可能性。"①他对人类所具有的这种生物学本能的赞赏,真是溢于言表。

2016年3月,美国谷歌公司用他们编写的阿尔法围棋比赛程序(阿尔法狗Alpha Go)与当时在世界上十分有名的韩国围棋选手李世石进行了一场五番棋比赛。在减少了一些常规比赛规则,主要是不允许打劫的情况下,谷歌阿尔法围棋比赛程序以四胜一负的成绩取胜。据说,自那以后,谷歌公司又改进了阿尔法围棋比赛程序,并用该程序击败了全世界几乎所有当今仍在从事围棋活动的职业高手。为此,有人开始预测,用不了多少年,机器人将会对人类的生存产生威胁,并有人开始研究起机器人的权利来。笔者认为,他们这是杞人忧天,庸人自扰。这是因为,从整体上看,计算机思维永远超不过人类思维。

电脑人工智能永远超不过人类智慧的根本原因有两个。

一是在极短的时间里,人们就可以根据自己的兴趣或者是需要而改变思维内容,从一个领域转换到另一个完全不相干的领域,从一个话题转换到另一个完全不相干的话题,如从恋爱婚姻领域转换到买菜做饭领域,接着又从买菜做饭领域转换到找工作、看病医疗等领域;或者是把完全不相干的概念或事物放在一起去思考和观察,例如,将牛头和马嘴放在一起去思考和观察,并想出"牛头不对马嘴"这一成语来。计算机/电脑/人工智能恐怕永远做不到这一点。计算机/电脑/人工智能永远也写不出一首

①黑格尔:《小逻辑》,贺麟译,北京:商务印书馆,1980年第2版,第298页。

主题鲜明、文字紧凑、用词合辙押韵、辞藻华丽而多变,能让人产生无限遐想的好诗词来。无论是现在还是将来,即使把全世界的超级计算机和大中小计算机都串联起来用,也串联不出一个诗仙李白之才来。这才是一道比蜀道难还难的难题。

　　二是人类思维具有既是个体思维,同时又是群体思维的二重性,或者是二重功能。人类思维具有的这一二重性,或者是二重功能,是通过人类的思维分工来实现的。人类的思维分工又是与人类的群体实践和实践分工紧密相连的;人类的实践就是一种群体实践,他们的思维就是一种群体思维。人类可以根据历史条件的发展,不断自主地扩大和改善他们的群体实践和群体思维,这一点是任何单个机器人,或者是任何机器人群,都无法自主学会和自主操作的。例如,在某次战斗中,一个营的营长牺牲了,其部下也有众多指战员牺牲或者是负伤了,剩余的指战员就会按照他们营当时所担负的作战任务和剩余指战员的具体情况,重新调整剩余指战员的作战和指挥责任,如另行决定营长人选等。

　　更何况,制造出电脑本身和编制出谷歌阿尔法电脑围棋比赛程序本身就是群体实践和群体思维的结果。据说,在观看了阿尔法围棋比赛程序与李世石的比赛之后,一位世界知名的围棋高手曾说,除非阿尔法围棋比赛程序染上了计算机病毒或者是遭遇停电,否则,没有哪位棋手能战胜它。他说这话的本意是夸赞阿尔法围棋比赛程序做得好,但是,他的话道出了另一件事实——阿尔法围棋比赛程序的正常运行离不开人类群体劳动的支持。这是因为,现如今,仅仅维持正常的电力供应,就不是几百几千人所能担负起来的任务。这一论题在本书细论群体实践的部分将有详细论述,此处不赘述。

　　当然,每个人的个体大脑在许多方面(如单纯的大数据计算、机械性记忆和文字图像检索等)都不如电脑,而且永远也赶不上电脑。

　　本书的叙述方式在很多地方具有独断式特征,这既是为了能够简洁明了地表达我们对相关事物或概念的本质,以及相关事物或概念之间关系的已有认识,又是为了使对哲学方法论感兴趣的人能在较短的时间内把握和传承前人已经把握了的辩证逻辑方法,从而使他们能在此基础上较快地进一步发展辩证逻辑方法论。

　　笔者之所以要在本书不少地方采用独断式的叙述方式,完全是受到了欧几里得所撰《几何原本》、牛顿所著《自然哲学之数学原理》、马克思所著《资本论》等世界名著阐述方法的启发。历史事实告诉我们,自他们的著作问世之后,后来的学者就开始能够在较短时间内理解和传承前人几百年乃至几千年所积累的相关认识和研究成果,并使后来的相关学者能够在前人的认识和研究成果的基础上更快更方便地进行新的理论创新。他们的上述名著,所采用的也多是独断式的叙述方式,这一点在欧几里得所编撰的《几何原本》中表现得最为突出。欧几里得在两千三百多年前所编撰的《几何原本》中,将我们现在初中和高中所学的初等数学的基本内容都已公理化了。该书在叙述时,一般是先给出相关数学公理和数学命题,然后再加上相关证明和练习,这就使得后人在较短时间内就能把握和继承前人在前几千年时间中所取得的绝大多数数学研究成果,并使后来有志于发展数学的人可以在较年轻的时候就进入当时世界数学研究的最前沿,并做出历史性的发展和贡献。

　　不过,想要完全理解本书所涉及的这些已初步公理化的哲学方法论,还需要把它们与我们所面临的现实联系起来,也就是与我们的实际生产经验和生活经验联系起来,与人类实践联系起来。这是因为,人类所想出的绝大多数的概念和所有的方法论,都与我们所面临的现实,与我们的生产经验和生活经验,也就是人类实践有关。用马克思的话来说,"人的思维是否具有客观的真理性,这不是一个理论的问题,而是实践的问题。人应该在实践中证明自己思维的真理性,即自己思维的现实性和力量,自己思维的此岸性⋯⋯全部社会生活在本质上是实践的。凡是把理论引向神秘主义的神秘东西,都能在人的实践中以及对这个实践的理解中得到合理的解决。"[1]爱因斯坦也曾说过,"概念和命题只有通过它们同感觉经验的联系才获得其'意义'和'内容'。后者同前者的联系纯粹是直觉的联系,并不具有逻辑的本性。"[2]这也是这本本来主要是要研究人类是怎样对客体进行主观处理的书籍,却要从涉及人类客观活动的实践这一概念谈起,并处处落脚于实践这一概念的根本原因。换句话说,这本书是以马克思所最为重视的人类实践活动作为最根本的出发点和最基本的坐标点,来对上述概念加以处理和定义的。同其他许多学者的认识一样,笔者也认为,只有不断地受到现实生活的检验和矫正,主观辩证法才能与时俱进,保持其学术生命力。

　　笔者知道,对前述概念的认识和理解肯定还存有很大的局限

---

[1]《马克思恩格斯选集》第 1 卷,北京:人民出版社,1995 年,第 55 – 57 页。

[2]爱因斯坦:《狭义和广义相对论浅说》,杨润殷译,胡刚复校,北京:北京大学出版社,2006 年,第 129 页。

性和很多的缺陷,更别说辩证逻辑所包含或者是所涉及的概念范围要远远超出上面所提到的这些概念的范围。例如,黑格尔当年在写《逻辑学》和《小逻辑》这两本书以说明"概念"这一概念的内容/内涵是什么时,①他已经非常清楚地说明,包括概念,或者说纯概念、绝对概念,也就是我们以前翻译成"绝对理念"的这个概念在内的每一个概念,在其形成的过程中都要在人们的头脑中经历一系列环节或一系列过程,都要涉及一系列因素和其他概念的。例如,他在说明什么是我们以前翻译成"绝对理念"的这个概念时,曾列举过质、存在/有/是(BEING)、定在、自为存在、量、纯量、定量、程度、尺度、同一、差别、根据等近百个概念。② 而本书仅仅是在前人研究的基础上,对实践、存在/有/是(BEING)、概念、现象、本质、形式、质料、内容、质、量、度、时间、空间、绝对、相对等少数一些概念做了更加深入的探讨和研究,只是在这几个概念上有可能比以往的学者往前多走了一步。这一事实说明,辩证逻辑体系的建构并不是几个学者乃至全世界几代几十代相关学者之力所能完成的。不过,笔者认为,只要能够使相关的学者和后人感觉到他们在本书的基础上,能够更方便地往前再走一步的话,笔者就十分满意了。只要能够做到这一点,笔者从 1977 年以来在这方面所进行的思索也就算没有白费力气了。

---

① Hegel, *Hegel's Logic*, Translated by William Wallace, Oxford: Oxford University Press, Third edition, 1975, p. 228;黑格尔:《小逻辑》,贺麟译,北京:商务印书馆,1980 年第 2 版,第 334 页。

② 黑格尔:《逻辑学》上卷,杨一之译,北京:商务印书馆,1966 年,目录部分;黑格尔:《逻辑学》下卷,杨一之译,北京:商务印书馆,1976 年,目录部分。

　　这里还需要着重指出的是,笔者能够写出本书,离不开几千年来国内外相关学者在主观辩证法公理化方面所做的努力和已经取得的许多成果,尤其是近一百年来用中文发表的相关论著和译著的启发。甚至在有些地方,笔者还径直引用了他们的思维成果,如在主体就是指人类个体或者是人类群体这一命题上,就是如此。但是,由于本书所使用的表述体例以及笔者目前的年龄、精力和身体状况所限,已无法一一交代他们对笔者的帮助和启发了。这是因为,仅仅是对本书所论述的部分概念的汉语文献学说史阐述,如对实践、理论、理性、知识、主体、客体、主观、客观、BE-ING、ONTOLOGY、本体论、概念、时间、空间等,就足可成为多篇博士论文所要叙述的内容了,这样的工作量确实是笔者目前力所不能逮之事。笔者引用的也只是具体的命题和观点,而不是径直抄袭前人论著的大段表述文字。因此,笔者在这里只能对这些学者表示衷心的感谢和深深的抱歉了。衷心感谢的是他们对我的启发和帮助,深深抱歉的是我已经无法对他们的帮助和启发一一做出交代了。

　　好在历史老人永远是公平公正的。我坚信,只要主观辩证法,或者说辩证逻辑这门学问,能够在汉语的语境中得到持续发展,就不愁没有后人梳理这门学问的源流,并对上述学者的贡献做出公平公正的评价。正是由于有了这一信念,我才敢于在本书不少地方采用了独断式的叙述方式,并直接引用了有关的思想观点。

　　当然,笔者在书中也提出了一些新的概念,如显性思维环节等。有些学者认为,哲学工作者不应该只在概念圈圈里打转转。但是,新的思想往往需要用新的概念,或者说新的名词才能较好、较简短地表达出来,并被别人所理解和记住。人类哲学史和科学技术发展史都表明,人类哲学和科学技术的发展都离不开新名词、新概念的出现。例如,近三百年现当代昆虫分类学的发展,几乎完全是以给一百万种左右的昆虫起了学名为其发展标志的。因此,笔者认为,只要你的新概念确实表达着一个新事物、一种新的思想,或者是一种新的哲学观点,或者是从一个新的抽象程度或新的角度来处理原来已经经过多次抽象处理过的老客体,那就应该创造出一个新的名词来表达它,只有懒人和不求上进之人才拒绝了解新的概念和新的名词所表达的新思想和新观点。其实,哲学研究的就是概念。拒绝了解新概念的人只能是抱残守缺,是根本不可能在哲学发展史上有什么贡献的。①

　　1831 年 11 月 7 日,黑格尔在《逻辑学》第二版序言中曾说过:"一本属于现代世界的著作,所要研究的是更深的原理、更难的对象和范围更广的材料,就应该让作者有自由的闲暇作七十七遍的修改才好。不过,由于外在的必需,由于时代兴趣的巨大与繁多而无法避免的分心,甚至还由于日常事务的杂闹和以纠缠于日常事务为荣的眩人耳目的虚妄空谈,使人怀疑是否还有在没有激动的平静中一心从事思维认识的余地,在这种情况下,作者从任务之伟大这一角度来考虑这本著作,所以就不得不以迄今所可能完

---

①康德是以一段非常拗口的话来说明这一观点的:"从一个概念中自行超出、并且不遵循经验性的连结(但通过这种连结任何时候被给予出来的都只是现象)而做到揭示出新的对象和夸大其辞的存在者,这是根本不可能的。"(康德:《纯粹理性批判》,邓晓芒译,北京:人民出版社,2004 年,第 503页。)

成的模样为满足了。"①笔者也有同感。只盼今后有志于研究主观辩证法的人,能在满足基本生存需求的条件下,不为外在的东西过于分心,只有这样,才能在辩证逻辑学发展史上做出一定的贡献。这是因为,主观辩证法和辩证逻辑不仅是哲学中最为抽象的一个部分,也是人类思维中最为抽象的一个部分,同时也是文理各学科中最为抽象的一个分支。研究它的人,不但需要丰富的想象力和联想能力,更需要广泛的知识面。因此,研究它的人,需要投入其一生在工作中的全部精力,或者说,至少要投入他一生在工作中的绝大多数精力,才有可能在某个课题、某个命题或某个概念上,比前人往前再多走一步。

目前在中国研究和发展主观辩证法的实用价值之一就是,中国正面对着世界政治经济文化交往不断加深、语言文字逐步统一的大变局,而且这也是中国大多数家庭每天都要面对和解决的现实问题。其突出表现就是,家里有上学子女人员,每天都要安排子女分配多少时间来学习英语或其他外语,以及分配多少时间学习以汉语为载体的其他方面知识的问题。

政治经济体制和语言文字是两种具有独立性的意识形式。依附于文字的语言表达方式是一个文明最核心的内容,也是一个民族最大的文化、政治和经济利益。假如一个民族的文字语言没人使用了,那么这个民族也就差不多消亡了。假如一个民族的文字语言不让使用,或者是不让在学校教授了,那这个民族就跟灭族一样了。处于这种境地的教师和政府官员,就会变得跟文盲一般,一下子就从社会精英变成社会的最底层。

---

① 黑格尔:《逻辑学》上卷,杨一之译,北京:商务印书馆,1966 年,第 21 页。

　　中华文化最核心的部分就是方块字。以方块字为代表的汉语和以语音字母为代表的英语孰优孰劣，最终哪种语言胜出，至今都还是一个未知数。到底是汉语最终胜出，还是英语最终胜出，是一个自然历史过程，这是受社会历史发展规律所决定的一件事情。但是，有一点是肯定的，这就是哪种语言能更好地帮助人类继续发展人类的文化，哪种语言才会被世界的后人所继续使用。在使用语言的问题上，也存在"物竞天择"之现象和规律。

　　笔者认为，笔者以马克思主义实践第一的观点为指导，解决了西方哲学界两千五百年来未能解决的什么是 BEING，以及什么是时间等问题，至少算是提出了一种新的解决办法，或者是一种新的解决思路，指出了爱因斯坦、牛顿、康德、黑格尔、海德格尔等西方著名科学家和哲学家在时间、空间、绝对时间、相对时间、绝对空间和相对空间等概念上认识的缺陷。因此笔者可以非常自信地说，以方块字为特征的现代汉语并不比以语音字母为特征的英语表达能力差，甚至还更好一些。例如，方块字在帮助人们进行抽象思维方面，比英语要好一些。这是因为，以方块字为特征的现代汉语更有利于解决极为抽象的哲学方法论问题，也就是西方哲学中所说的形而上学（Metaphysics）问题。这就像当代计算机应用中的条形码和二维码的区别一样。二维码的表达能力在许多方面要比条形码的表达能力强得多。这也是二维码在应用方面能够不断得到快速发展的最重要的原因之一。而二维码就像方块字，条形码就像是语音字母。同时，使用当代汉语所用的字形也比英语少得多。例如，我写的第一部著作《劳动、所有制与绝对价值》汉语版所用字数为 22 万多字。而其英文版则用字母 70 多万个。

当然,方块字只是表现形式,汉语真正先进的地方还在于其整个语法结构比较先进。这是因为,汉语的整个语法结构相对于英语的整个语法结构来说,更简单一些,更开放一些,更灵活一些,一个新词更容易在汉语共同体中达成合意,使其更容易成为汉语共同体的共识。例如,在当代汉语中加入英语的名词,如sine、cosine、tangent、cotangent,甚至是它们的缩写或者是部分字母,如 sin、cos、tan、cot、PM2.5,等等,在汉语文化圈中可以很快很容易地形成群体合意,懂汉语的人也都可以很容易懂得这些名词、缩写或者是部分字母的含义,使其成为汉语的一个天衣无缝的组成部分。然而,对于只知道英语的人来说,要想在英语中加入汉语的名词,并形成群体合意,则要困难得多。这是因为,每个英语名词的使用,都要涉及该名词是可数名词还是不可数名词,还有所使用名词的单数和复数等问题。

笔者认为,语法越简单的文字语言,越容易被其他语言共同体的人所接受;语法越复杂的文字语言,越不容易被其他语言共同体的人所接受。笔者在读书期间,曾按照取得学历的要求,参加听课学习过的外语有英语、俄语和德语。但是,到最后能借助词典马马虎虎看懂简单的哲学学术论著的只有英语,因为它的语法在拉丁语系中最为简单,至少名词、动词、形容词的变化形式比起俄语和德语来说,要少得多,简单得多。而俄语,在笔者学习的过程中,就连单词的几十种变格变位都没搞清楚,背不下来。据说,有的俄语单词,其变化形式竟有九十多种。如今,笔者也只记得俄语的几句问候口语,如您好、再见,等等,连俄语字母表都背不下来了。至于德语,由于笔者当时的英语都学得不十分明白,更别说是教师用英语讲授的德语语法了。如今,笔者也只记得德语的几句问候语,如早晨好、白天好等,以及德语的名词分为阳性、阴性和中性这几件事了。对于德语语法的其余部分,由于当时学的时候就完全是糊里糊涂的,遑论看书了。阳春白雪,和者盖寡。

目前英语已成为拉丁语系中最为强势的语种,几乎所有的国际学术会议都将英语作为主要的会议工作语言之一。这固然与近代以来英国和美国等以英语为官方语言的国家,在自然科学和哲学社会科学方面的快速发展,以及其在生产力方面的快速发展有着直接关系。但是,笔者同时也认为,英语成为拉丁语系中最为强势的语种,也与英语在拉丁语系各语种中语法最为简单、字母/字形最少有关,也就是与英语本身的外部和内部结构最为简单、学习起来最为简单快速有着直接的关系。下里巴人,和之者众。

汉语方块字几千年未灭。原先使用其他文字语言的民族,几度成为全中国,或者是中国部分地区的统治民族。其中一些一度统治全中国的民族,曾先后主动放弃他们原先使用的其他文字语言作为官方语言,而改用汉语,如清代的满族。笔者认为,这恐怕有着语言本身内在的原因吧。当然,汉语的官方语法、字形、词意和发音,在历史上也曾发生过一系列变化,用以适应中华文化的发展,而且汉语的官方语法、字形、词意和发音将来还需要发生变化,并且是重大变化。例如,汉语的常用规范字形需要进一步合并和减少,还需要想出一个办法来非常方便地将外来名词融入汉语,同时又使原来使用该名词的外国语使用者能够很容易记住该汉语名词;否则,汉语将无法成为世界主导的文字语言,或者是最强势的文字语言。

此外,主观辩证法除了本身就是人类文化的一个重要组成部分外,还代表着一个人类共同体的最高思维水平,它的发展也将为各个人类共同体的理、工、农、医、经、管、法、史、地、生等各个学科的发展提供帮助。这是因为,为促进各个学科的发展,每个学科研究的践行者在每次进行相关的思维和实践时,都要根据他们各自的需要限定思维和实践的范围,而限定思维的范围,就属于主观辩证法处理的范围。

同时,各个学科的发展和分化,也离不开词语、词汇学、语言学,尤其是语言哲学的发展。本书的部分内容就论及语言哲学。

为了中华文化的生存和发展,为了中华民族的政治、经济和文化利益,不管有多少困难,我们都要为提高以汉语为载体的主观辩证法的公理化水平和研究水平而努力奋斗。引言写到这里,笔者不由得想起毛泽东主席当年所写的那几句中国历史上又豪气又霸气的励志诗,"可上九天揽月,可下五洋捉鳖,谈笑凯歌还。世上无难事,只要肯登攀"①。笔者坚信,今后中国在主观辩证法研究方面,肯定会有许多有此雄心壮志之人。盼他们能更快地提高以汉语为载体的主观辩证法的公理化水平和研究水平,为汉语最终能胜出英语,成为世界最强势语言做出本学科的贡献。

其实,直至全世界的官方语言最后统一到汉语方块字,本课题才算是完成了初级阶段的研究,其后还要继续研究人类是如何能从多个角度和多个层次上来思维一个命题,或者是一个推理,或者是一个理论体系是否是正确的,或者是对人类实践有指导意义的。而仅仅对世界上现存使用人数较多的语言语法进行比较,

---

① 《人民日报》1976 年 1 月 1 日,第 1 版。

就不是三五百部著作所能完成的任务,更别说是后一个目标和任务了。这本书稿,只算是开了个头。

第一章 实践、理论、认识、理性

这本本来应该是纯粹谈论人类主观思维的书籍,却必须要从涉及人类客观行为的人类实践谈起,是因为人类的主观思维离不开人类的客观实践。① 尽管很多人类个体的思维与客观实践之间相隔的环节比较多,甚至是非常多,但是人类进行主观思维的目的首先是为了更好地进行自身的客观实践。

从古希腊起,"实践"就是哲学理论体系中一个重要的范畴。例如,古希腊哲学家亚里士多德就曾对实践这一概念有过比较明确的界定,他把实践作为与明智相对应的人类活动的存在形式之一。② 马克思更是重视实践这一概念,他甚至称自己是"实践唯物主义者,即共产主义者",③从而使实践概念成为马克思主义哲学的最基本概念之一。毛泽东也非常重视实践概念,曾撰写著名的《实践论》一文,重点论述实践与理论之间的关系。

---

① 康德对这一问题也有类似看法,他曾说:"人类理性不是从概念开始的,而是从普通经验开始的,所以是以某种实存之物为基础的。"(康德:《纯粹理性批判》,邓晓芒译,北京:人民出版社,2004 年,第 466 页。)但是,康德始终没有将这个实存之物锁定为人类自身。

② 苗力田:《亚里士多德全集》伦理学卷,北京:中国人民大学出版社,1999 年,第 132 – 136 页。

③《马克思恩格斯选集》第 1 卷,北京:人民出版社,1995 年,第 75 页。

在当今的中国哲学界,使用实践这一概念与使用理性活动这一概念所涵盖的范围/外延几乎是一致的。也就是说,在当今的中国哲学界,实践这一概念与理性活动这一概念的含义几乎是一致的。但是,毛泽东同志在《实践论》一文中特别强调了实践这一概念中所包含的人的主观能动性这一义素。这一观点更加符合人类理性活动的特征。而且在中国共产党人所制定的各种政治经济制度中,也特别强调人的主观能动性这一因素。再加上使用实践这一概念在汉语构词方面有远比理性活动这一概念大得多的好处和方便,如我们能说"教学实践",却不能说"教学理性活动"。这是因为,"实践"是一个词,可以很方便地与其他词语形成偏正结构而构成一个新的词语,而"理性活动"是一个词组,我们很难再把一个其他的词放在"理性活动"之前形成新的词组,更不用说这里面还涉及建立偏正结构的语法和逻辑问题,否则将出现语意不顺的说法。因此,在当今的中国,人们已经基本上在使用实践这一概念来指称人类的理性活动,而很少使用理性活动这一概念了。

但是,对于到底什么是实践这一问题,一直有人抱有不同的看法,并相应地给实践的概念提出了不同的内涵界定和外延界定,以至于前些年有的学者发出了应当尽快拯救实践概念的呼吁。[①] 而且国内哲学界至今还未在实践的定义问题上取得较为统一的认识。因此,笔者觉得目前还是应当从对当代实践概念的正确界定谈起。

---

① 徐长福:《拯救实践:原实践学探颐》,《江海学刊》(南京),2006 年第 3 期,第 7 页。

一、还原法的两个层次

笔者认为,正确界定当代实践概念,实际上就是要求人们能够从辩证还原法的层次和角度来界定当代实践概念。所谓的辩证还原方法,就是人们在认识、描述和把握客观世界及主观世界的过程中,把每一种或每一个事物,或者是每一事件,都归结为另一些更为简单,或是更为抽象概括的事物或事件的存在形式,以便使自己对某一具体事物或事件的具体认识,融入到自己所在人类共同体已有的整个知识和理论系统中,从而被自己和自己所在的人类共同体中别的相关成员所理解、把握、接受和传承的一种认识方法。

还原法自古以来就是人类在认识、描述和把握客观世界及主观世界的过程中所使用的最基本和最重要的方法之一。不过,在使用还原法认识、描述和把握客观世界及主观世界的过程中,一直存在着好几个层次,而过去我们对这几个层次的描述还不太清楚。在这几个层次中,第一个层次是简单地将所认识的对象仅仅归结为另一些更为简单或更为抽象概括的事物的存在形式,但不指出所认识对象的特有特征,这属于低层次使用还原方法。比如,将天灾人祸简单地归结为老天爷的意志或个人命运,或者是客观规律使然,但不说出每一次天灾人祸出现的具体原因。又比如,说水是一种东西,但是不说出水的具体物质结构,等等。而高层次使用还原方法,就是对所认识的对象加以属加种差式的定义。例如,说水分子是由一个氧原子和两个氢原子构成的一种物质,就是在对水进行属加种差式的定义。这种对某一事物进行定义的办法,我们称之为辩证还原法。

　　我们之所以说属加种差式定义是一种高层次使用还原方法的辩证还原法,是因为假如要对某一事物进行属加种差式的定义,我们必须事先对该事物和与之相关的其他事物之间的差别和关系都有比较正确和深入的理解和把握。例如,当我们对水进行属加种差式的定义时,必须事先搞清楚什么是分子、什么是原子、什么是氢原子、什么是氧原子、一个水分子中包含有多少个氢原子和多少个氧原子等一系列问题。而要搞清楚这些问题,确实不容易,需要人类科学研究的整体水平有了很大的提高之后才能做到。按照形式逻辑的规定,当我们对某一类事物或某一事物有了抽象概念,并能以词或词组来称呼它们时,就算是对该事物有了初步或者是低层次的理性认识。例如,中国三千多年前殷商时代的甲骨文中就已有"水"字,[①]它说明中国先民在三千多年前就已有了抽象意义上关于"水"的概念,说明中国先民在三千多年前就已对水这一物质有了理性认识,能够在概念水平上把水与其他物质区分开来了。由于古埃及人文明发源的时间更早,因此其对水这一物质的理性认识出现的时间也更早。可是,直到 19 世纪,人类才最终认定水是由氢和氧构成的化合物,分子是水的属概念,水是氢和氧的存在形式/外延/殊相/种项/种概念/子概念,一个水分子内含有两个氢原子和一个氧原子。从还原法和形式逻辑的角度来说,直到那时,人类才算是对水有了比较高级别的属加种差式的定义,才算是对水有了较高层次的理性认识。而在那之前,人们一直使用举例的方法来说明什么是水,即通过列举井水、

[①]李圃:《甲骨文文字学》,上海:学林出版社,1995 年,第 16、22 页。

河水、湖水、雨水、海水等是水这一方法，来说明什么是水。从形式逻辑的角度来看，这是一种描述式举例定义法。从还原法和辩证逻辑学的角度来看，当人类还只能使用描述式举例法来定义水的时候，人类对水的认识还处于较低级别的理性认识阶段。只有能够对水进行属加种差式定义时，人类才算对水有了较高层次的理性认识。

当然，人类在加深自己对客观世界和主观世界的认识的过程中，一般也离不开低层次使用还原法这一阶段。这是因为，当人们在低层次使用还原方法的时候，往往是他们已经认识到一个事物与其他事物有所不同这一点了。而这正是人类在加深自己对客观世界和主观世界的认识，使自己的认识向对该事物进行属加种差式定义的起点靠拢。没有这一较低层次的起点，进行较高层次的理性认识无从谈起。每一代人对每一个概念都是要重复从使用描述式举例定义法，再到使用属加种差式定义这一过程的。这是因为，每一代人中的每一个具体个人，都是从婴幼儿状态开始自己的人生历程的；每一位长辈在教儿童什么是水这一问题时，都是通过列举井水、河水、湖水、雨水、海水等是水来说明的；同时，每一代人中的每一个具体个人，都会从某一角度，或者是利用某一方法，来验证上一代人已经得到的较高层次的理性认识。大中小学生所必须经历的各种实践课程和实验课程，就是每一代人都要验证前辈人已经得到的较高层次的理性认识的典型事例。

二、界定实践概念外延的原则和标准

中国哲学界前几年在实践概念界定问题上的争议，曾集中表现在学者对实践概念的外延有不同的认识和界定。例如,前些年有的学者连续发表文章,反对泛化实践概念,明确提出人们在科学实验、教学、艺术等活动中的许多实践都不应被算作实践活动的观点。① 这种界定显然要比毛泽东对实践概念外延的界定狭窄不少,更比教育部 2003 年颁发的《普通高等学校"两课"教学基本要求》中对实践概念外延的界定狭窄得多。②

笔者认为,在用还原法界定当代实践概念的过程中,首先需要确定决定当代实践概念外延的标准。这是因为,按照形式逻辑的规定,只有外延与内涵相符合的界定才是正确的界定。而在界定当代实践概念的过程中,人们却要面对从古希腊起人们在使用实践这一概念时一直存在着比较大的区别和变化这一局面。③

有鉴于此,笔者认为,在确定当代实践概念外延/存在形式的过程中,我们应当遵从随社会实际使用范围的变化而变化的原则和标准。这是因为,对一个概念外延的界定,需要随社会实际使用范围的变化而变化是各学科普遍遵从的原则。例如,"姑娘"一

---

①赵家祥:《关于人掌握世界的基本方式》,《人文杂志》(西安),2006 年第 5 期,第 6 - 12 页;赵家祥:《准确把握实践界限,克服泛实践论倾向》,《学习与探索》,2005 年第 2 期,第 24 - 30 页;赵家祥:《理论与实践关系的复杂性思考——兼评唯实践主义倾向》,《北京大学学报》(哲学社会科学版),2005 年第 1 期,第 5 - 11 页;赵家祥:《深刻理解实践的本质和丰富内容》,《吉林师范大学学报》(人文社会科学版),2004 年第 2 期,第 1 - 7 页。

②教育部社会科学研究与思想政治司:《关于普通高等学校"两课"教学基本要求修订说明》,《教学与研究》(北京),2003 年第 2 期,第 17 页。

③徐梅、董志勇:《论黑格尔的实践观》// 李映方:《马克思主义理论研究与教学艺术》,西安:西北大学出版社,2006 年,第 127 - 134 页。

词在元朝和明朝时,基本上是用来指称父亲的姐妹,即今天人们
所说的姑母或姑妈等长辈亲属的。① 从清朝以后,人们开始用"姑
娘"一词来指称女儿和未婚女子。② 到了今天,"姑娘"一词已被
广泛用来专门指称女儿和未婚女子了。当代语言学家对"姑娘"
一词的适用范围/外延,也就随着当今人们对它的实际使用状况
进行了相应的界定。③ 又如,曾在世界经济学发展史上占有重要
地位的亚当·斯密,当年曾明确将饮用水排除在商品的行列之
外。④ 而今天的经济学家和相关人类共同体,却已经根据人们实
际使用饮用水的过程而将水也列入商品的外延之列。在今天中
国的城镇中,甚至在不少乡村地区,不论是使用自来水还是使用
瓶装纯净水等,都是要交钱的。这是因为,不论是生产自来水还
是生产瓶装纯净水等,都是要付出劳动并要使用其他一些由别人
生产出来,并以商品形式提供相关的生产原料的,如打井和抽水
设备、氯气、自来水管道、装水瓶子,等等。

在界定实践概念外延的过程中,从事哲学教学和研究的人
员,自然也要遵从随社会实际使用范围变化而变化的原则。更何
况,不论从事哲学教学和研究的人员承认不承认科学实验、教学
活动、艺术创造这类活动也属于实践活动范围,其他有关行业的

---

① 凌蒙初:《初刻拍案惊奇》第三十四卷。

② 《辞源》(1980 年修订本)第一册,"姑娘"条,北京:商务印书馆,1980 年。

③ 中国社会科学院语言研究所词典编辑室:《现代汉语词典》,北京:商务印书馆,1979 年,第 387 页。

④ 亚当·斯密:《国民财富的性质和原因的研究》上卷,郭大力等译,北京:商务印书馆,1974 年,第 25 页。

从业人员还是会继续称呼自己的相关活动为"生活实践""艺术实践""教学实践""科研实践"的。从事哲学教学和研究的人员只能根据他们对这一概念的实际应用情况加以概括和抽象,而不应采取相反的态度。所以说,教育部2003年颁发的《普通高等学校"两课"教学基本要求》将实践概念的外延与人类特有的生存方式相重合,是在解决实践外延界定问题上的正确做法。①

三、实践与理性活动

在对当代实践概念的内涵进行界定的过程中,必须了解当代实践概念所处的三种对立状态。这里所说的对立状态,是指人们在思维中把两种,或者是两种以上既有区别又有联系的事物或概念放在一起来考虑。笔者认为,只有同时认识到当代实践概念所处的三种对立状态,才能更加充分地认识到,为什么只有实践才是打通人类认识与客观世界之间的桥梁,实践是人类认识与客观世界相统一的必经之路。②

当代实践概念所处的第一种对立状态就是实践概念与其属概念之间的对立,也就是实践与人类其他活动之间,以及实践与其他动物活动之间的对立。而人们在思想上确立这一对立的目的,是要了解实践的种特征到底是什么。也就是说,要搞清楚到

①教育部社会科学研究与思想政治司:《关于普通高等学校"两课"教学基本要求修订说明》,《教学与研究》(北京),2003年第2期,第17页。
②《马克思主义基本理论概论》(2010年修订版),北京:高等教育出版社,2010年,第34-36页。

底为什么今天只称呼人类的部分活动为实践,而从不称呼人类的另一部分活动以及其他动物的任何活动为实践。实际上也是在说明,为什么只称呼人类的部分活动为理性活动,而从不称呼人类的另一部分活动以及其他动物的任何活动为理性活动的原因。

在回答以上问题之前,需要对人类实践活动最直接的属概念——人类活动做一个分类。首先根据人类各种活动的特征,把人类活动划分为两大类。第一大类是人类在理性控制下,或者是在一定的理论观点或意识控制下所进行的活动。这类活动就是人类所进行的各种有意识的活动。这类活动的存在形式有生产劳动、消费、娱乐、婚配,等等。第二大类是人类所进行的各种无意识的活动,如眠中翻身、梦游、婴儿吃奶、婴儿啼哭、婴儿蹒跚学步、个别精神病患者及智力发育不全者所进行的发病活动等。在人类所进行的这两种活动中,可以将第一大类活动称为实践或者是理性活动。这是因为,只有这类活动才是人类所特有的活动,或者说,只有这类活动才是人类超越其他动物,成为世界的主宰者的根本原因之所在。而将这类活动称为实践,在客观上也符合当代人们对实践这一概念的实际使用情况。至于人类所进行的第二大类活动,在当下的论域,只能将其归结为与其他动物活动没有区别的本能活动。这是因为,人类所进行的这类活动,并不是人类超越其他动物的直接原因之所在。

接着需要解释清楚,在人们目前还无法与其他动物进行直接的主观交流的情况下,为什么可以说人类所进行的一些活动是在一定的理论观点或意识控制下所进行的活动,而从不称呼其他动物所进行的任何活动是在理性或意识控制下所进行的活动。这也就是说,必须说明什么是意识、什么是理论、什么是理性活动、什么是理性,等等。

笔者认为,之所以说人类所进行的一些活动是实践、理性活动,或者是在理性或意识控制下所进行的活动,是因为人类能用更多的因素,或者说从更多的方面来限定自己的一些活动。换句话说,人类实践的种特征就是人类能用更多的因素限定自己的活动。这也就是所谓的人类具有意识、人类是理性动物,等等。在这一语境下,人类活动的属概念就是动物活动。

为了证明以上命题,有必要比较仔细地考察一下人类活动与其他动物活动之间的不同特征。

人们知道,包括人类在内的每一个动物个体,都需要主动地进行一些肢体活动,以逃避天敌,取得食物、水、栖息地等生活必需品以及寻找性伙伴等,并保证其个体的生存和本物种的繁衍。而人类的肢体活动与其他动物的肢体活动都具有这一功能。但是,在很多情况下,人在进行上述活动时的活动方式却与其他动物大不相同。首先,在获取食物、水等生活必需品,以及在逃避天敌的过程中,除了极少数动物,如一些灵长目动物和一种海狸鼠外,其他动物完全依靠它们自身的体力。例如,非洲狮子在捕食其他动物时,完全依靠它们自身的体力。其次,其他动物只能利用它们周围的客观事物本身,而不会利用它们周围客观事物的属性,即不会利用它们周围客观事物相互之间的关系。例如,羊群只会啃食原已长在地里或是由人喂给它们的青草和谷类,而不会去种植青草和谷类;非洲狮子只会捕食原已生活在草原上的其他动物,而不会去饲养其他动物。

即使目前世界上还存在一种海狸鼠能够在获取食物的过程中使用石头作为工具,以及某些蚂蚁会在蚁穴中种植和食取蘑菇,大猩猩在获取食物的过程中使用石头和木棒作为工具,有的大猩猩甚至还会利用自己的体力来改变所找到的棍棒的外形这类现象,但它们的这类活动只能算在一项行动中涉及了两到三个环节。如海狸鼠利用石头块砸开海贝取食贝肉就涉及两个环节,其中,第一个环节是寻找合适的石头作为工具;第二个环节是利用所找到的石头砸开海贝的外壳,以便获取海贝外壳中所包裹的贝肉。某些蚂蚁会在蚁穴中种植和食取蘑菇也涉及两个环节的活动,其中,第一个环节是用自己的牙齿咬下大小合适的相关树叶,搬回蚁穴放在专门的区域,让其变为生长蘑菇的菌基菌料;第二个环节就是取食业已长成的蘑菇。而大猩猩所进行的一些活动则涉及三个环节,其中,第一个环节是先找到一截比较适合加工的棍棒,一般为中间有疙结的坚硬树枝;第二个环节是利用自己的体力来改变所找到的树枝的外形,一般是将其折短一些,使之适合自己的使用;第三个环节是使用已改变了外形的坚硬树枝砸开带有硬壳的坚果,并取食硬壳内所包裹的果仁。

　　而人类在获取食物、水等生活必需品,以及逃避天敌的过程中,表现得要比其他动物复杂得多。例如,在今天的中国农村或农场,有许多农民和农业工人为了提高劳动生产率都在使用联合收割机来收割小麦。在使用联合收割机收割小麦的过程中,收割机手所干的工作就是按照有关的规定和程序操纵收割机。然而,使用联合收割机收割小麦所涉及的因素和环节,除了需要收割机手按照有关的规定和程序操纵收割机,进行必要的体力和智力支出外,还需要使用一部结构复杂和工作正常的现代化收割机,以及型号对路的燃料。而为了要得到工作正常的收割机和型号对路的燃料,则要涉及其他许多相关的因素和环节,如收割机零件的生产和组装。而收割机零件的生产和组装又要涉及更多的相关因素和环节,如钢铁生产和其他相关原材料的生产,直到最后几乎能与所有的工农业生产部门(如发电行业、计算机制造、煤炭生产、运输行业、铁路公路建设),乃至与各级教育活动和整个社会管理活动联系起来。这样一来,在使用联合收割机收割小麦的过程中,作用于被收割的小麦这一客体之上的就不仅有收割机手的体力和智力支出,还有收割机、燃料、钢铁、铜、铝、塑料、原油、机床设备、电力等物品的设计和生产人员,以及从事相关科技教育和整个社会管理活动人员的体力和智力支出,还有大量有关物品的特性和属性,例如钢铁、铜、铝等物品的硬度和韧度,橡胶轮胎的弹性,通过内燃机燃烧燃料释放出来的热能等一系列其他因素。在这一过程中,人类为了达到用尽可能少的时间取得尽量多或者是足够多的小麦这一最终目的,不但要利用自身的体力、智力及周围客观事物本身,还通过制造和利用工具、机器、燃料等方式利用周围客观事物的属性,即利用周围客观事物之间的必然关系。

当然,在人类早期的历史中,获取生存资料以及保卫个体和群体的活动要比今天简单得多,所涉及的因素也要比今天少得多。但是即使在那个时候,人类获取生存资料以及保卫个体和群体的活动,也要比当时其他动物的活动复杂得多。这也就是为什么从 19 世纪起,许多考古学家、历史学家和哲学家都把 100 多万年前人类开始使用工具制造工具,即用石头打制石头工具,与人类生活及劳动的出现联系起来,也就是把利用工具制造工具作为人类超越其他动物起点的最主要标志的原因。从 19 世纪起,许多考古学家、历史学家和哲学家已经认识到,利用工具制造工具这件事,显然要比在获取生存资料以及保卫群体生存的活动中仅仅使用石头和棍棒作为工具这类事情复杂得多。

其实,以上的各种情况,许多先哲都已在他们的论著中多次提到。笔者只是想在这里强调,我们应当从以上所述的各种具体客观事实中,抽象出或者是概括出,人在利用周围客观事物的属性,即利用周围客观事物之间的关系,从而将许多相关的因素融合在自己的活动之中时,实际上是给自己的活动添加了更多的限定性因素。

人类在消费娱乐等方面,也会用更多的因素和环节限定自己的活动。例如,人在每天都要解决的吃饭睡觉这类消费问题上,就给自己设定了比其他动物更多的限制。人在吃饭时不仅要考虑是否有东西可吃,以及这个东西是否适合人吃这两个因素,还要考虑特定的当事人是否有权利吃特定的食物、吃饭所处的场合、吃饭所使用的餐具、吃饭的仪表姿态等多种因素。假如我们在食品商店里不付钱就乱拿东西吃,就要被冠以强盗或小偷的头衔而受到社会伦理道德的谴责,或者是法律的惩罚。假如一个明星大腕走在街上啃玉米,被人看见拍成照片上传到互联网上,他马上就会成为人们茶余饭后的谈资之一。在睡觉的问题上也是如此。人类从原始社会时代起,就不是见到床位,或者是见到有空的地方,就可以随便躺在上面睡觉的。在原始社会,靠近火塘的地方,在夜晚一般是要留给家中长辈使用的。在今天,到宾馆饭店占床睡觉也是要付钱的。在家中和学校宿舍里,一个人的床位一般也都是相对固定的。没有特殊情况,别的人一般是不允许见床见炕就上去睡觉的。

在动物活动的另一个领域,即在与同类动物,或与同一共同体的其他动物个体建立和保持伙伴关系这一领域,人类的活动也要比其他动物复杂得多。例如,在建立和保持性配偶伙伴关系的活动中,人类给自己加的限定性因素就要比其他动物给自己加的限定性因素多得多。在其他动物中,决定能否建立和保持性配偶伙伴关系的因素仅为同类不同个体之间本身身体素质的不同,例如个体大小、体重、肤色、体力、体态、身体灵活性、个体是否处于发情期,等等。而在人类社会中,人们在选择性配偶时,除考虑对方的年龄、相貌、身体健康状况等对方个体的身体条件外,还要考虑对方的性格、职业、经济收入、财产多寡、家庭社会关系好坏、社会等级、社会地位等多种因素。更为重要的是,人类在选择性配偶时,还必须禁忌近亲婚配,并为此建立起了非常复杂的婚姻制度和亲属制度。有些当代独立思维能力极强的学者,如已故的中国社会科学院原民族研究所的蔡俊生先生就认为,大约十万年前,一些人类原始群团开始实行近亲婚配禁忌,这是人类最终脱离动物界所迈出的最为关键的一步。①

当然,在这个问题上,不同学科的教学和科研人员还是有不同的认识和看法的。例如,中国当代语言学家叶蜚声等人在其所著《语言学纲要》一书中就提出,"语言……是人类和其他动物分道扬镳的最后的、最重要的标志。"②不过,从中国当代民间对违反近亲婚配禁忌的男女双方都要被骂作"不是人""乱伦"的现象,

---

① 蔡俊生:《人类社会的形成和原始社会形态》,北京:中国社会科学出版社,1988 年,第 183 - 212 页。

② 叶蜚声等人著,王洪君等人修订:《语言学纲要》,北京:北京大学出版社,2010 年第 4 版,第 38 页。

以及中国当代法律规定父母双系三代以内有血缘关系者不得通婚，还有在各人类共同体早期对违反近亲婚配禁忌的女子甚至包括男子都要处以最严厉的惩处，同时，从没有人说成年聋哑人不是人这些历史事实来看，笔者认为，蔡俊生等中国和世界其他国家的古人类学家和民族学家所概括的理论观点，应该更加符合历史事实一些。

叶蜚声等人在其所著《语言学纲要》一书中曾转述说，"根据最新的研究，大约五万年前，智人的一支开始有了语言"。① 但是，由于口头语言有说过即逝的特点，而文字语言出现的历史才五千多年，因此对语言出现的年代考证是一种推测性远高于对人类骨骼考古的年代考证。而且当代人类婚配生殖状况的现实，如近亲婚配其后代出现残疾和精神发育不正常的比率非常高等现象，也使人不得不采纳蔡俊生等中国和世界其他国家的古人类学家和民族学家所提出的理论观点。

在其他动物中，如在蚂蚁、蜜蜂、大象，甚至像大猩猩和黑猩猩这类高等动物中，建立和保持伙伴关系的范围不会超过性配偶关系和血缘关系。而在人类社会，建立和保持伙伴关系的范围除了性配偶关系和血缘关系外，还有更为复杂、内含中间环节更多的经济关系和政治关系。换句话说，人类活动的本质特征，还可以由人类在人类自身相互之间建立了比其他动物自身相互之间更多的关系这一点来表现。

虽然人类目前暂时无法与其他动物进行直接的思想交流，从

---

①叶蜚声等人著，王洪君等人修订：《语言学纲要》，北京：北京大学出版社，2010 年第 4 版，第 161 页。

而似乎无法确定其他动物是不是也有思维活动,但是人类能用更多的因素限定自己的行为这一点,却还是能够被人类自身所直接观察到和所理解的。因此,人类活动与其他动物活动之间质的不同,是由他们限定各自活动所涉及的因素数量上的不同而引起的。质的不同来自于量的不同,不同的量可以表现为不同的质。质变来自于量变。黑格尔、马克思、恩格斯等人对于质和量之间关系的科学描述,确实是我们认识人类活动与其他动物活动之间质的不同的锐利的思想武器。①

因此,所谓的人类实践和理性活动,就是人类能用更多的因素或环节限定自己的活动。②

笔者在已出版的《劳动、所有制和绝对价值》一书中,曾为了有利于绝对量化抽象劳动而将人类的实践活动或理性活动称为"多环节活动"。③这只是为了有利于绝对量化抽象劳动才这样说

---

① 《马克思恩格斯选集》第3卷,北京:人民出版社,1995年,第469—471页。黑格尔曾说过,"质的本性是要依靠量的比率"。(黑格尔:《逻辑学》上卷,杨一之译,北京:商务印书馆,1966年,第387页。)"如果某一质量统一体或尺度中的量超出了某种界限,则和它相应的质也就随之被扬弃了。"(黑格尔:《小逻辑》,贺麟译,北京:商务印书馆,1980年第2版,第238页。)

② 康德在《纯粹理性批判》一书中曾说过:"我们在先验逻辑的第一部分曾以规则的能力来解释知性;在这里我们把理性与知性相区别,将把理性称为原则的能力。"(康德:《纯粹理性批判》,邓晓芒译,北京:人民出版社,2004年,第262页。)康德对理性的这一属加种差式的定义,确实让人摸不着头脑。

③ 董志勇:《劳动、所有制和绝对价值》,西安:陕西人民出版社,2005年,第16页。

的。这正像人们为了思维和表述的简洁和明确,在不同的场合可以把同一只猫分别叫作"一只家猫""一只公猫""一只猫科动物""一只食肉动物""一只哺乳动物""一个脊椎动物""一个脊索动物""一个生物""一个东西"等,而且每种叫法都是对的,或者说都是合适的道理一样。①

黑格尔曾提出"人不外是他的一系列行为所构成的"②观点。这是一个极具启发性的观点。可惜的是,黑格尔没有进一步指出人的一系列行为与其他动物(如狼、熊、虎、豹等)的一系列行为之间有什么独特或者是不同之处。

这里还应当指出的是,当我们回答人类实践的种特征到底是什么这个问题时,也就是说,当我们把实践与人类其他活动,以及实践与其他动物活动的区别联系起来的时候,是把意识及其结果理论与实践统一在一起的,并将在意识的指导和控制下作为实践的种特征。

黑格尔当年在《小逻辑》和《逻辑学》这两本书中提出,同一事物或同一事件可以处在自在自为状态(in-and-for-itself),指的就是在意识的指导和控制下的人体活动,指的就是实践,其他事物只能处在自在状态(in-itself)。同一事物或同一事件也可以处在第三种状态,即自为状态(for-itself)。这一状态指的是人类对

---

①康德在《纯粹理性批判》一书中曾说过:"所有双方相互冲突的命题在不同的关系中可以同时是真的……理性在经验性的运用上按照常规进行,而在先验的运用上则按特殊的方式进行。"(康德:《纯粹理性批判》,邓晓芒译,北京:人民出版社,2004 年,第 450－452 页。)

②黑格尔:《小逻辑》,贺麟译,北京:商务印书馆,1980 年第 2 版,第 293 页。

客体有了认识,或者是有了正确认识时的状态。

四、实践与意识、认识、理论、理性

当代实践概念所处的第二种对立状态是实践与意识之间的对立。当人们把实践与意识对立起来的时候,需要了解和解决的问题是人类到底是如何发展自己所创造出来的理论和实践的。也就是说,人们设立这一对立的目的是要了解人类理性活动内部的自身差别问题,使人明白要发展实践就需要发展理论的道理。

在解决这一问题的过程中,需要对人类实践活动最直接的属概念——人类活动再做一次另一种分类。需要把人类活动划分为人类的肢体活动和人类的精神活动这两大类。人类的肢体活动又可再分为人类的本能反应和在人类意识控制下的活动这两小类。其中人类的本能反应有婴儿的吃奶、啼哭、蹒跚学步、眠中翻身等活动。在人类意识控制下的活动有用工具制造工具、建立和维护复杂的社会关系等。而人类的精神活动也可再分为人类的感觉和思维这两个环节。

人类的肢体活动本身以及人类肢体活动作用于外界所产生的结果可以被其他人类个体以及其他一些动物的感觉器官直接感觉到。例如,人类的行走奔跑、说话写字、唱歌跳舞、秋波传神、挥锄翻地、驾驶汽车、婚配生育,婴儿的吃奶、啼哭、蹒跚学步、眠中翻身等,都有可能被其他人类个体,以及其他一些动物的各种感觉器官所看到或听到,或者是通过触觉器官感觉到。但是直到今天,人类所进行的各种精神活动的过程还只能被精神活动者本人所直接知道,而无法被其他人类个体,以及其他一些动物的感觉器官所直接感觉到。

但是,人类所进行的精神活动的过程还是可以通过人类的一些肢体活动、文字语言或口头语言等方式,被物质化、客体化地表现出来,变成一种客体,从而被其他人类个体的感觉器官所直接感觉到,然后再通过其他人类个体的思维过程而被其他人类个体所知道和理解。例如,笔者对实践概念的思维、思考和认识,可以通过笔者的文字语言和口头语言表达出来,从而被其他人类个体的感觉器官所直接感觉到,然后再通过其他人类个体的思维过程而被其他人类个体所理解和把握。康德的《纯粹理性批判》一书的英译本称此过程为 understanding。黑格尔《小逻辑》一书的英译本也称此过程为 understanding。以往一些译著,把 understanding 翻译成知性。所以说,知性(understanding)是指一个涉及交流双方都能理解和把握某一客体,或者是某一事件的过程。笔者认为,在今后的翻译中,根据上下文,在有的地方,似乎把 understanding 翻译成"理解"更好一些。这是因为,在当代汉语语境中,把 understanding 翻译成"理解"似乎可以让非职业西方哲学研究者更容易理解和记忆。

被物质化、客体化客观地表达出来和未表达出来的人类精神活动的结果,常常被人们称为人类意识。人类意识的具体存在形式,即它的种概念/外延/种项/子项,有人类所创造出来的语言表达规则、思想、概念、命题、判断、感情、理论、社会政策、计划、行动方案等。今天,人类社会根据人类意识的具体存在形式的具体社会功能不同,已将其划分为政治法律思想、伦理学、宗教、艺术、哲学、自然科学、技术科学、语言语音学,以及仅仅涉及数量关系问题的管理学,等等。

当人们把意识与人类实践对立起来时,人类实践就是指人类在自己意识控制下所进行的肢体活动,即人类在某些语言规则、思想、概念、理论、社会规定、政策、计划或者是在某种行动方案控制下所进行的人类肢体活动。人类实践总是要在一定的认识和理论指导下进行。这一命题可以从水平不同的理论可以指导出水平不同的实践这一历史现象中得到证明。

人类的实践有水平高低之分是一个普遍存在的社会历史现象。例如,在二百年前的中国,一位农民一年生产的小麦最多不过数十吨。而 2003 年中国黑龙江垦区从美国进口了二十套超大马力农业耕作机具,每套机具每年可以耕种六万亩农田,每位操作该套机具的工人一年可生产小麦上万吨。在生产小麦这件事情上,中国黑龙江垦区的相关农业工人的生产实践水平,肯定远远高于二百年前中国清朝农民的生产实践水平。今天中国黑龙江垦区相关农业工人的生产实践水平之所以能够大大高于二百年前中国农民的生产实践水平,其直接原因就在于今天中国黑龙江垦区的相关农业工人能够正确地使用现代化的超大马力农业耕作机具和型号对路的燃油。而今天中国黑龙江垦区的相关农业工人之所以能够正确使用现代化的超大马力农业耕作机具,其直接原因首先就在于人类今天已经能够生产出超大马力农业耕作机具和型号对路的燃油。人类今天之所以能够生产和正确使用超大马力农业耕作机具和型号对路的燃油,其直接原因就在于今天人类对各种相关的自然规律和自然现象,如石油的蕴藏情况以及应该如何开采和提炼石油的技术的认识程度和理论总结,要比二百年前高得多。所以说,高水平的实践来自于高水平的认识、高水平的理论,或者说高水平的意识。

人们常说的"理性",是人们对人类所进行的理性活动的一个抽象概括。人们进行这一抽象概括的目的,就是对自身所进行的理性活动,即实践活动进行量化处理,评判其活动水平高低。这是一个思维环节,因为人类要想对自身所进行的理性活动水平进行评判和比较,必须使自己的思维进入另一个环节,其相应的语言表述也要用不同的术语才能比较方便地进行。也就是说,理性活动与理性这两个概念之间既有联系,又有所不同,其相应的语言表述也就应当有所不同。这就像前不久中国哲学界开始跟随外国哲学界热议"现代性"与"现代化"这两个概念之间的关系一样。"现代性"与"现代化"这两个概念之间既有联系,又有所不同。当把"现代性"与"现代化"这两个概念相互对立,即把它们相互区别和联系起来时,"现代化"是指一个人类共同体,或者是一个事物,与当今最先进的社会文化之间的联系;而"现代性"则是指一个人类共同体,或者是一个事物,与当今最先进的社会文化之间的联系程度。联系紧密的可以称其为"现代性"强,联系不紧密的需称其为"现代性"弱,没有联系的则需称其为没有"现代性"。所以说,"现代性"是人们在对一个人类共同体或一个事物的现代化程度,进行评判和量化时所想出的一个不同于"现代化"的思维环节。

同理,当我们把理性和理性活动这两个概念相互对立,即把它们相互区别和联系起来时,理性活动就是指人类个体的某些活动已经受到更多因素的限定这一简单事实。而说到理性,则是要对相关活动受到限定因素的多寡进行评判。已经受到更多因素限定的活动,就应该被称为高级理性活动;已经受到相对较少因素限定的活动,就应该被称为低级理性活动;而没有受到更多因素限定的活动,就应该被称为没有理性活动,或者是动物本能活动。相关活动受到限定的因素越多,其理性程度也就越高。

在以往的哲学社会科学论著中,我们常常可以看到,"实践"这一概念有时与"思维"这一概念相对立,有时与"理论"这一概念相对立,有时又与"认识"这一概念相对立。笔者认为,这是可以理解的。因为人类在用更多的因素限定自己活动的过程中,可以事先仅仅在自己的头脑中运用这种能力,即事先在自己的头脑中用更多的因素限定自己将来的肢体活动,而暂时不将自己的相关肢体活动付诸行动,从而在时间上和空间上将自己的精神活动与自己的肢体活动暂时分离。这一过程已被人类称作与思维、思考、认识或计划等含义相类似的概念或词语。

这里应当指出的是,"思维"这一概念有时还被人用来指称人类个体为提高自己的认识水平而进行的逻辑推理过程和想象过程。人们进行这类逻辑推理和想象的直接目的,也有可能并不是为了限定自己即将进行的肢体活动,而仅仅是为了提高自己的认识水平,甚至只是为了满足自己的好奇心,或者是作为一种娱乐和休息。但是,当"思维"这一概念与"实践"这一概念相对立时,即当我们用"思维"这一概念作为我们应用"实践"这一概念的使用背景时,正是因为多了这一重限定或环节,所以"思维"这一概念在这一情况下,也就只能是指人类在进行肢体行动之前在头脑中用更多的因素限定自己将要进行的肢体活动的过程了。与此同时,"实践"这一概念也就只能是指人类所进行的肢体行动了。

当我们把"理论"这一概念,以及与它相并列的其他同类概念,如语言规则、社会规定、政策、计划、行动方案等概念与"实践"这一概念相对立时,即当我们把"理论"这一概念,以及与它相并

列的其他同类概念,如语言规则、社会规定、政策、计划、行动方案
等概念作为应用"实践"这一概念的使用背景时,强调的是人类思
维的结果,尤其是指被人类口头语言和文字语言等人类思维物质
化、客体化形式所客观表达出来的人类思维结果。黑格尔曾说
过,"理论超出了经验,一方面,它捏造了本身不见之于经验的感
性观念,另一方面,它又使用思想规定;理论就是以这两种方式,
使自己成为逻辑批判的对象。"①他这段话强调的是,理论既和实
践有关,又是人们无法直接感觉到的思维的产物。

　　"认识"这一概念在当代汉语语境里有时专指思维过程。例
如,毛泽东当年在《实践论》中就曾提出过"理性认识阶段"的概
念。"认识"这一概念在当代汉语语境里有时也指人的感觉过程。
例如,毛泽东当年在《实践论》中就曾提出过"感性认识阶段"的
概念。在当代汉语语境里,"认识"这一概念有时也指思维结果,
即指人们创造出来的思想、概念、命题、判断、理论体系、语言规
则、社会规定、政策、计划、行动方案等。例如,毛泽东当年在《实
践论》中就曾提出过"从理性的认识到革命的实践的飞跃"这一命
题。在这一命题中,"认识"这一概念就是指人们思维的结果。所
以说,"认识"这一概念在当代汉语语境里具体指什么,应视其上
下文而定。

　　在这里,还应当注意的是,毛泽东当年在《实践论》中曾明确
指出,人的感性认识过程,即人的感觉过程,是发生在人的实践过
程当中的。② 这一观点非常正确。因为在一般情况下,只有通过

---

① 黑格尔:《逻辑学》上卷,杨一之译,北京:商务印书馆,1966 年,第 392 页。
② 《毛泽东选集》第 1 卷,北京:人民出版社,1952 年,第 272 - 276 页。

人类的实践活动这一环节,即通过人类在意识指导下的活动,如定向观察、考察、实验、付诸实践等环节,人类才能主动地了解到思维对象的各种信息,完成人类的感觉过程。但是,这样一来,我们就会发现一种可能会使人感到迷惑不解的现象,即在世界上实际发生的人类实践活动,离不开人类的认识活动。这是因为,人类实践活动离不开人类意识的控制。与此同时,在世界上实际发生的人类认识活动,也离不开人类的实践活动。这也就是上面所说的,在一般情况下,人类只有通过实践这一环节,才能主动地了解到思维对象的各种信息,完成人类的感觉过程,从而为自己的思维活动提供所需要的各种信息。也就是说,人类的实践活动包含着人类的认识环节。而以往各位先哲们所提出的,实践对人类认识的发展起着导向作用,以及人类正确的认识和正确的思想可以指导人们进行成功的实践等说法,其历史事实根源也就在此。

那么,人们是不是因为在实际社会生活中所面对的是实践和认识相互包容、相互包含的社会历史现象,就无法在实际社会历史生活中区别实践和认识这两个相互包容、相互包含的环节或社会现象呢?

笔者认为,人们在自己的实际生活中,还是会清清楚楚地区别开实践和认识这两个人类活动的不同种类和环节的。这是因为,当我们把实践与认识相对立时,即当我们把实践与认识这两个概念联系起来,当作两个既有联系又毕竟不同的概念时,实践还是指可以被其他人类个体感觉系统直接感觉到的人类肢体活动,离它最近的属概念还是人类的肢体活动。与此同时,认识还是指无法被其他人类个体感觉系统直接感觉到的人类精神活动和主观处理,离它最近的属概念还是人类的精神活动和主观处理。在解决了人类活动与其他动物活动之间的质的差别问题之后，我们就可以说，是否具有"感性"特征，即是否具有可以被其他人类个体感觉系统直接感觉到这一特征，是我们区别实践和认识这两个人类活动的不同环节、不同种类的标准和关键。换句话说，从还原法和辩证逻辑的角度来看，当我们把实践与认识相对立的时候，实践就是指人类所进行的已经经过多种因素限定，或者说经过多个环节限定的人类肢体活动的过程。因为当我们把实践与认识相对立时，已经在我们的头脑中，即在我们的主观认识过程中，把认识这一环节排除在实践的范畴之外了。

文章写到这里，就可以回过头来再次比较简单地探讨一下我国哲学界前一段时间里在实践概念外延问题上的争议。

笔者曾经提到，我国哲学界前一段时间在实践外延问题上争议的焦点之一，就是应该不应该把科学实验、教学、艺术这类活动也算作实践概念的外延。

笔者认为，由于有关人员在从事科学实验、教学、艺术这类活动中也要涉及人类的肢体活动过程，而不仅仅涉及纯粹思维过程，因此科学实验、教学活动、艺术创造这类活动当然也应被算作实践活动。

当然，人们进行科学实验、教学活动、艺术创造这类活动的直接目的，可能并不在于直接利用和改造客观世界，而在于改造人们的主观世界，在于提高人们的认识水平和知识结构，深化人们对自然界和人类社会的现状以及对历史及其发展规律的认识，提高人们利用和改造客观世界的能力，从而间接地有利于人们利用和改造客观世界。但是，由于人们在从事科学实验、教学活动、艺术创造这类活动时都要涉及人类的肢体活动，如做科学实验至少需要事先动手查阅相关文献资料,事后需要动手撰写研究论文或研究报告,大多数人还要动手制造,或者是动手操作相关的实验仪器设备;从事教学工作的人要动嘴巴讲课,动手操作教学仪器设备;从事雕塑艺术工作的人,要动手和泥制作雕塑模型;从事绘画工作的人,要动手握笔绘画;从事编剧作曲的人,要直接动手写字,或者是直接动手写乐谱,或者是动手操作计算机打字,或者是动手操作计算机写乐谱,等等。所以说,尽管人们进行这类肢体活动的直接目的是为了改变包括别人在内的人的认识,尤其是为了提高包括别人在内的人的认识水平,但由于在很多情况下仅仅进行思维活动是无法改变人的认识的,尤其是仅仅进行思维活动是无法改变别人的认识的,而只有经过人类肢体活动这一环节,才能对包括别人在内的客体产生作用,才能在某种程度上改变客体,从而进一步使主体知道自己原先的设想或思维结果是否符合客观实际情况,进而达到改变自己的主观认识水平以及别人的主观认识水平的目的,因此,将科学实验、教学活动、艺术创造这类活动也算作人类所进行的实践活动,才是符合逻辑的。

五、实践与它的存在形式

当代实践概念所处的第三个对立状态就是把实践作为一个属概念,与其种概念/存在形式/种项/外延/子项进行对立,如把实践与生产活动进行对立、把实践与处理社会关系的活动进行对立、把实践与科学实验进行对立、把实践与消费活动进行对立、把实践与人类婚配活动进行对立,等等。

笔者认为,人类设立这一对立状态的目的,就是要通过实践这一概念,把人类所进行的各种有意识的活动概括起来,从而把人类所进行的各种有意识的活动作为一个整体来处理,用以明晰和简化人类个体的思维过程。

人类为明晰和简化个体的思维过程,为自己设立一些相对简单但更为抽象的思维环节或概念,是在其思维过程中普遍存在的现象。这是因为,每个人类个体的记忆力和思维能力,与人类可能思维的对象相比,总是十分有限的。例如,在我们探讨或研究植物的光合作用和机能时,有时需要把植物界千千万万个个体和种类作为一个整体来看待和处理,并为此提出了"植物"这一与"动物"及"矿物"平等对立的概念或思维环节。又如,在我们研究人类与鲤鱼之间的联系和区别时,就需要提出"脊椎动物""陆生动物""水生动物"和"鱼类"这四个相对于人类与鲤鱼这两个概念来说更为抽象的思维环节或概念,并且还需分别说明"脊椎动物""陆生动物""水生动物"和"鱼类"这四个概念所包含的内容,从而使我们能够进一步说明人类与鲤鱼之间的联系和区别,即人类与鲤鱼都是脊椎动物,但人类是陆生动物,用肺呼吸;而鲤鱼是水生动物,用鳃呼吸,等等。当然,在这一说明过程中,同时还要省去一部分水生动物,如各种鲸类、海豚、江豚、白鳍豚等也是用肺呼吸,在当下这一特定语境中,省去部分应该算是累赘性的说明。

以上情况说明,实践概念也具有二重性,也就是具有两种情况。这一二重性是说,在人类思维过程中,实践概念具有二重功能。它有时被用来表达人类的一些肢体活动,有时又纯粹是指人类的一个思维环节。这也是哲学界目前始终说不清楚实践到底为何物的关键之所在。

当然,从辩证唯物主义角度来考察,人类所提出的许多概念都反映着不依赖人类的思维而存在的一些客观现象和现实。但是,这些客观现象和现实还需要经过人类头脑的主观处理这一环节,才能形成既能从某一角度反映客观现象和现实,又不同于客观现象和现实本身的一些概念和范畴。而且,人类个体在主观处理这些客观现象和现实的过程中,还具有相当大的自由度。例如,当代中国人把人类所进行的经过多种因素限定的肢体活动称为实践,而英国人则把类似活动称作 practice。再如,中国人有时把老虎称作动物,有时又把老虎称作脊椎动物,有时又把老虎称作哺乳动物、食肉动物、猫科动物,等等。这些对老虎的多种称呼都是正确的,都是符合历史事实的,都是能够得到人类共同体理解的称呼。这些现象就是人类在主观上能够在一定程度上自由处理不依赖人类的思维而存在的客观现象和现实的事例。人类根据自己实践和思维的需要,将自己所进行的各种有意识的活动抽象成程度不同的概念,也是人类个体在主观上能够在一定程度上用多种方式方法自由处理不依赖自己的思维而存在的客观现象和现实的一种表现。人类认识和改造客观世界的实际历史发展过程也表明,正是由于人类在主观上能够在一定程度上自由处理不依赖于自己的思维而存在的客观现象和现实,才能够不断深化对不依赖于自己的思维而存在的客观现象和现实的认识。

最后需要指出的是,上面所提出的当代实践概念所处的这三种对立状态,虽然都是由人类在自己的思维过程中主观建立起来的,但这三种对立状态却是人类在处理实践概念与其他主观概念之间的联系,并进一步通过这些概念把人类主体活动与人类所处的整个客观环境联系而建立起来的不可缺少的思维环节。或者说,人类是通过这三种对立来反映人类活动与人类所处的整个客观环境之间的关系的。只有对当代实践概念所处的这三种对立状态都有一个比较深刻的了解,我们才能正确地把握当代实践概念的外延和内涵,以及当代实践概念所承担的社会功能,从而使哲学工作者摆脱到现在为止还说不清楚实践到底为何物的尴尬处境。

第二章　人类的群体实践和群体思维

当前，世界科学技术发展日新月异，一些科学技术的发展极为迅速。例如，2016 年 3 月，美国谷歌公司用其编写的阿尔法围棋比赛程序(阿尔法狗 Alpha Go)与当时世界上十分有名的韩国围棋选手李世石进行了一场五番棋比赛。在减少了一些常规比赛规则，主要是在不允许打劫的情况下，谷歌阿尔法围棋比赛程序以四胜一负的成绩取胜。为此，有人开始预测，用不了多少年，机器人将会对人类的生存产生威胁，并有人开始研究起机器人的权利。

笔者认为，这是杞人忧天，庸人自扰。因为，从整体上看，计算机思维永远超不过人类思维。

电脑人工智能永远超不过人类智慧的根本原因之一是，人类思维具有既是个体思维，又是群体思维的二重性，或者是二重功能。人类思维具有的这一二重性，或者是二重功能，是通过人类的思维分工来实现的。人类的思维分工又是与人类的群体实践紧密相连的。人类自诞生以来，他们的实践和思维就是一种群体实践和群体思维，人类可以根据历史条件的发展，不断自主扩大和改善他们的群体实践和群体思维，这一点是任何单个机器人或者是任何机器人群都无法自主学会和自主操作的。有外国专家指出，电脑人工智能永远超不过人类智慧的根本原因就是，电脑永远解决不了一部独立电脑说服另一部独立电脑来听从自己指挥的问题。更不用说,制造出电脑和编制出谷歌阿尔法电脑围棋比赛程序这两件事,本身就是群体实践和群体思维的结果。

当然,每个人的个体大脑在许多方面的功能都不如单部电脑,而且永远也赶不上单部电脑。如在单纯的大数据计算、机械性记忆和文字图像检索等方面,个体大脑的能力恐怕永远也赶不上单部电脑。否则的话,人们也不会去生产和应用什么电脑了。但这已超出本书论述的范围,此处不赘述。

一、个体实践和群体实践的联系与区别

人类的个体实践一般都具有二重性,或者说具有二重功能,或者说具有两种作用,即每一次个体实践既是个体实践,又是群体实践的组成部分。或者说,人类的个体实践既是个体实践的实现形式,又是人类群体实践的物质承担者。即人类的个体实践是人类群体实践的自然和社会载体,离开了人类的个体实践,人类的群体实践也将变得无影无踪。

人类之所以要进行群体实践的原因是,与其生存环境相比,人类个体获取生存资料的能力是非常低下的。马克思曾指出,"单个劳动者的力量的机械总和,与许多人手同时共同完成同一不可分割的操作……所发挥的社会力量有本质的差别。"①每个人类个体的体力要比每个狼熊虎豹等大型兽类动物个体的体力小得多,即使是手持粗尖的棍棒或石块,单独一个人也难以抵御大

①马克思:《资本论》第1卷,北京:人民出版社,1976年,第362页。

型兽类动物个体或群体的攻击。自从人类发明金属武器和火器之后，虽然手持金属武器和火器的单独的人类个体也可以杀死狼熊虎豹等大型兽类动物，但是金属武器和火器的制造却并非是哪一个人类个体单独就可以完成的。例如，仅为生产金属武器而冶炼铜矿石或铁矿石这一项工作，就不是任何一个人类个体可以单独完成的。显然，人类个体要想抵御大型兽类动物个体或群体的攻击，或者是要杀死大型兽类动物，就要与其他人类个体进行群体实践，即进行劳动合作/劳动协作。这种群体实践、劳动合作/劳动协作的存在形式，既可以是人类群体直接的协作或合作，又可以是使用有其他人类个体参与制造的金属武器、火器或其他防侵害设施和工具等。

此外，每个人类个体都需要依靠其所在的人类共同体的群体保护，以防止或减少其他同样智慧的人类个体或群体对自己的人身侵害。自古至今，不论是在原始部落，还是在当今最发达国家的首善之区，这种人身侵害事件天天都在发生。

人类说到底还是一种动物，一些人类个体和群体，为了争夺好的性配偶或是更多的性配偶，或是为了给自己或自己的直系/旁系血缘亲属及姻亲等争得更高的绝对生活水平，有时会采取侵害与自己相争的个人或者是群体的人身这种暴力手段。人类永远不可能完全杜绝此类人身侵害事件的发生，因为人类始终不能完全摆脱自己的兽性。对于这种由同样智慧的其他人类个体或群体所进行的人身侵害，每个人类个体都是很难单独予以抵御的，只能依靠群体保护。

历史上真实存在的绝大多数人类个体，都要为其本人和自己的血亲后代，乃至为其他一些血亲和姻亲，追求较高水平的物质和精神生活。

这里所说的物质和精神生活水平,是指平均寿命的长短、一个人类共同体人均衣食住行的数量和质量、医疗卫生服务水平的高低、文化娱乐活动的多寡、安全旅行范围的大小,甚至包括每天能够碰见的人头数量的多寡等。总之,凡是被列入人类物质消费和精神消费范围之内的东西,都是量化物质和精神生活水平高低的内容和指标。

然而,较高水平的物质和精神生活,并不是随随便便就可以追求到的,它需要人们掌握和利用大量的自然与社会科学知识,以及种种相关技能。可是,每一个人类个体的智力,却是十分有限的。每一个人类个体掌握和利用自然科学和社会科学知识,以及种种相关技能的能力,都是相当有限的,从而使得每个人不得不与其他人实施合作或协作,以求利用更多的自然科学和社会科学知识,以及种种相关技能,以便为自己本人和自己的血亲后代,乃至自己的其他亲友,或者是自己所在的整个人类共同体,取得较高水平的物质和精神生活。例如,使用载客汽车可以大大提高人们的日常生活水平。为了能够使用载客汽车,人们首先需要生产出载客汽车和燃油。为了能够生产出载客汽车和燃油,人们需要掌握和利用种种相关的自然科学知识和生产技能,如生产钢铁、发动机、橡胶轮胎、电灯、电缆等大量物品的知识和技能等。但是,仅仅与生产汽车发动机有关的知识和技能就不是任何一个个人单独就可以全部掌握和利用得了的。为了能够使用载客汽车,有关的个人不得不与其他人实施合作或协作,以求利用所有与生产载客汽车和燃油有关的种种自然科学知识和生产技能。

从人对自然界的作用的角度来考察和描述,即从主体对客体的作用的角度来考察和描述,群体实践是合作或协作的目的和产生的原因,是合作或协作的内容。反过来说,合作或协作就是群体实践的自然和社会实现形式。离开了合作或协作,群体实践就无法得到实现。离开了群体实践,合作或协作也就没有得以形成的原因和目的。

尽管一开始有些人可能会说,我们进行一项合作或协作的直接目的是生产出某些具体物品,如分工生产组装猎枪和分工生产组装猎枪所需的弹药;或者是达到某个具体目的,如轮流站岗放哨,以保障群体内每个个体的安全,等等。但是,当人们再以较为深入的层次追问,为什么人们不单独生产某个物品如猎枪和猎枪所需弹药时,就不得不进一步想到,一个人是不能单独生产出来猎枪的,就连采集到足够的铁矿石都非常困难,何谈搞到足够量的燃料,以便冶炼出合格的金属,并生产出合格的猎枪零部件了。同理,当人们以较为深入的层次追问为什么人们不自己单独一直站岗放哨,以保障自己的自身安全时,也就不得不进一步想到,每个人的体力和精力都是有限的,他根本无法长时间不吃不喝不睡觉地单独一直站岗放哨的。可能不到二十四小时,这个人就已经累趴下了,根本谈不上再去搞什么警戒和搏斗了。所以说,群体实践是人类进行合作或协作的内容、目的和产生的原因。笔者认为,合作或协作是使个体实践具有既是人类个体实践,又是人类群体实践的组成部分这一二重性的自然实现形式和社会实现形式,它是使人类个体实践既具有个体实践的性质,同时又具有人类群体实践的自然和社会载体这一性质的关键环节。这一认识可以使我们进一步推导出,要发展群体实践,就需要发展合作或协作,而要发展合作或协作,就需要发展分工的新认识。

二、人类群体实践的发展环节

人类群体实践和认识的发展环节是实践、认识、分工、再实践、再认识、扩大分工、再实践、再认识、再次扩大分工、再实践,这种过程,循环往复,以至无穷,而实践认识之每一循环的内容,都比较地进到了高一级的水平。

不少学者认为,人类个体实践和认识的发展环节是实践、认识、再实践、再认识,这种形式,循环往复,以至无穷,而实践认识之每一循环的内容,都比较地进到了高一级的程序。但是,这些学者所说的这一命题,仅仅对于个体实践来说是非常正确的。这一命题不是指群体实践的发展环节。也就是说,人类群体实践和认识的发展环节,比人类个体实践和认识的发展环节多了一个,即分工和扩大分工。

分工是实现合作或协作的自然实现形式和社会实现形式,这一点在当今的社会生产劳动过程中表现得最为明显。如上面所说的,生产载客汽车的群体实践就是由所有参与生产载客汽车的个体实践构成的。假如每个参与生产载客汽车的人员都停止了他们的个体实践,那么,生产载客汽车的群体实践也就因其失去存在形式而难以存在了。所以说,群体实践只是人们在思维时加在个体实践身上的一种规定性。而种种不同定义的实践的唯一物质实体就是个体实践,当然,人们在思维时加在个体实践身上的这些规定性都反映着客观的实在联系。但是这种客观实在的联系,归根结底还是要通过某种物质实体来表现的,而这种物质实体就是个体实践。

从人与自然之间的关系的角度来考察,使得个体实践具有这种二重性的是合作和协作。也就是说,从人与自然之间的关系的角度来考察,使得个体实践变成既是个体实践,又是群体实践的,就是人类个体通过直接群体活动,如共同狩猎、共同扛抬东西物品,以及通过使用由其他人类个体制造的设施和工具,而与其他个体实践所发生的必然关系。

笔者认为,合作或协作就是群体实践的自然实现形式。也就是说,是人类的直接群体活动和使用由其他人类个体制造的设施与工具,使得人类的个体实践具有了后一种二重功能,或者说是两种功能,即它既是个体实践,又是群体实践。或者说,是合作或协作使得人类的个体实践具有了这后一种二重性,即它既是个体实践,又是群体实践。

那么,是什么使得合作或协作具有上述功能的呢?换句话说,是什么东西使得合作或协作具有将个体实践和群体实践统一起来的功能呢?答案是分工。这是因为,实践本身并不仅仅是一个自然历史过程,它同时也是一个社会历史过程。人们只有通过分工这一环节才能将协作/合作的内容,进而将群体实践的内容落实到实践的自然载体——个体实践身上,从而实现群体实践的。所以说,人们是通过分工来实现协作/合作,从而实现群体实践的。人们也是通过发展分工来发展协作/合作,从而来发展群体实践的。分工的发展,表现着协作/合作和群体实践的发展。分工越发达越发展,协作/合作和群体实践就越发达越发展。分工的发展程度,是协作/合作和群体实践发展程度的表现形式和尺度。这样一来,人类群体实践和认识的发展环节就应该是实践、认识、分工、再实践、再认识、扩大分工、再实践、再认识、再次扩大分工、再实践,这种过程,循环往复,以至无穷,而实践认识之每一循环的内容,都比较地进到了高一级的水平。这种认识和表述,也是符合人类实践和认识发展实际历史情况的。我们今天不得不面对的全球经济和社会发展一体化过程,其产生的根本原因也就在于此。这是因为,人类的社会、经济和科技发展的历史事实已使人们认识到,只有不断扩大人们的分工范围,人类才能不断发展自己的认识和实践能力,从而不断提高自己的绝对生活水平。

当然,人类的分工范围也并不是可以无限制地扩张的。因为包括大气层中所含的氧气与水蒸气、地面与地下所蕴藏的淡水资源在内的地球上现存的各种自然资源都是有限的,地球所能承载的总人口数量也因此将是有限的,所以人类的分工范围也将无法无限制地扩大,它受到地球所能承载的总人口数量的限定。当然,假如将来人类能够实现飞越到外空类地行星上生存和发展,那就另当别论了。但这需要人类在涉及生物以及空间等方面的科学与技术有足够高的发展水平才行。就目前人类在这些方面的科学与技术发展水平而言,还根本做不到这一点。

概括以上所说的要点,我们已进行的是以下的逻辑推理过程:由于人类个体体力和智力的弱小和局限性,导致了人们不得不采取群体实践这一实践形式;群体实践又要通过群体协作/群体合作这一人类实践的自然实现形式才能得到实现;协作/合作又要通过分工这一社会实现形式才能得到实现。

从以上论述中可以看出,合作/协作与分工在哲学上应当成为两个内涵不同的概念。这是因为,从辩证逻辑的角度来看,分工是合作或协作的社会实现形式,合作或协作则是分工的自然内容。从辩证逻辑的角度来看,群体实践、合作/协作与分工之间的关系就是一个连续的内容和形式之间的关系。其中群体实践是合作/协作的生活内容,而合作/协作则是群体实践的自然和社会实现形式。下一个环节是,合作/协作是分工的生活内容,而分工则是合作/协作的自然实现形式和社会实现形式。人类的群体实践就是经过这一系列中间环节,最后落实到其自然物质载体——个体实践身上,从而使人类群体实践最终得以实现。

如果我们能从辩证还原法的角度搞清楚合作/协作与分工之间的关系,就可以在此基础上更加及时正确地处理好合作/协作与分工之间的关系。这是因为,当我们认识到合作/协作与分工之间的关系是内容和形式之间的关系时,在处理合作/协作与分工之间的关系时,就可以遵循内容决定形式,形式反作用于内容这一历史唯物主义一般原理的有关规定了。① 也就是说,当人类由于对客观世界的认识的加深而引起合作/协作方式发生变化和发展时,就应当及时主动地调整和变革实践的分工形式,以适应合作/协作方式的变化和发展。

三、劳动分工的两个过程

为了能更好地说明人类群体实践分工的特性,我们需要在这里将论题从人类实践过渡到它的种概念生产劳动上来,同时也需

---

① 马克思在《政治经济学批判》的序言中提出:"人们在自己生活的社会生产中发生一定的、必然的、不以他们的意志为转移的关系,即同他们的物质生产力的一定发展阶段相适合的生产关系。这些生产关系的总和构成社会的经济结构,即有法律的和政治的上层建筑竖立其上并有一定的社会意识形式与之相适应的现实基础。物质生活的生产方式制约着整个社会生活、政治生活和精神生活的过程。不是人们的意识决定人们的存在,相反,是人们的社会存在决定人们的意识。社会的物质生产力发展到一定阶段,便同它们一直在其中活动的现存生产关系或财产关系(这只是生产关系的法律用语)发生矛盾。于是这些关系便由生产力的发展形式变成了生产力的桎梏。那时社会革命的时代就到来了。随着经济基础的变更,全部庞大的上层建筑也或慢或快地发生变革。……无论哪一个社会形态,在它们所能容纳的全部生生世世处理发挥出来以前,是决不会灭亡的;而新的更高的生产关系,在它存在的物质条件在旧社会的胎胞里成熟以前,是决不会出现的。所以人类始终只提出自己能够解决的任务,因为只要仔细考察就可以发现,任务本身,只有在解决它的物质条件已经存在或者至少是在形成过程中的时候,才会产生。"(《马克思恩格斯选集》第 2 卷,北京:人民出版社,1995 年,第 32 – 33 页)

将分工概念过渡到它的种概念劳动分工概念上来。这是因为,生产劳动是人类群体实践活动存在形式最多、关系最为复杂的一类,用它可以代表整个人类的群体实践活动。只有这样,才能比较充分地说明人类群体实践分工的特性。

笔者曾在 2005 年出版的《劳动、所有制与绝对价值》一书中提出,"劳动就是人类所进行的具有社会强制量的规定性的多环节活动"[①]。所谓人类所进行的多环节活动,就是指人类能用更多的因素限定自己的活动,就是指人类所进行的群体实践活动,也就是群体理性活动。笔者之所以在该书中将人类所进行的群体实践活动称为多环节活动,主要是为了在该书后面的部分对人类劳动加以绝对量化。

笔者在该书中还提出,为了提高劳动生产率,从而提高人类的绝对物质生活水平和精神生活水平,人们不得不通过实行劳动分工来实行群体劳动或者说集体劳动。而为了实现劳动分工,从而实现劳动合作、劳动协作、群体劳动和扩大的个体劳动等一系列实现群体劳动的社会环节,每一个人类共同体还要经历劳动分工的两个过程。

第一个过程是将该人类共同体需要在一定的时间限度内完成的所有有关的实践活动,分解成一个个可以由一个个劳动者在该时间限度内完成的具体劳动项目。这一过程是具体劳动项目形成的过程。这一过程的结果是,被该人类共同体在一定的时间限度内完成的所有有关的实践活动,被分解成需要由一名国家总

[①]董志勇:《劳动、所有制和绝对价值》,西安:陕西人民出版社,2005 年,第 29 页。

理完成的具体工作、需要由若干厨师完成的具体工作、需要由若干邮递员完成的具体工作,等等。这一过程可以被称为劳动分工的技术分工过程。

劳动分工所要经历的另一个过程是,强制人类共同体的每一个成员承担起一项或者若干项需要在一定的时间限度内完成的具体劳动项目的过程。这一过程是让人类共同体的每一个成员都从事某一职业,使他们变成国家总理、厨师、邮递员、家长、家庭一般成员等社会成员的过程。只有经过这一过程,每一个人类共同体需要在一定的时间限度内完成的所有的具体劳动项目才能够按时完成。这一过程可以被称为劳动分工的社会分工过程。

显然,劳动分工所要经历的这两个过程的客体,即为了实现劳动分工,每一个人类共同体要在这两个过程中处理的对象是不一样的。在劳动分工的技术分工过程中,每一个人类共同体通过其代表所要处理的是劳动者与劳动对象之间的关系。也就是说,它所处理的是人与自然之间的关系。在这里,人类共同体的代表指该人类共同体的一些特定成员,例如政府官员、行政管理人员、部落酋长、贵族、雇主、党政干部、家长、工程师、班组长等。在这一过程中,人类共同体的代表所要解决的问题是,为了达到某项目标需要和应该安排多少个工作岗位。在这一过程中,人类共同体的代表所关心的是,可以由某个或某些劳动者在一定时间段内所要完成和所能完成的某种具体劳动的数量。例如,1994 年,英国在邮电通信领域中设立的工作岗位共有 361000 个。[①] 英国这

---

①英国中央统计局:《1995 年统计年鉴摘要》,第 131 卷,第 104 页。(Central Statistical Office, *Annual Abstract of Statistics*, 1995, *No.* 131, p. 104.)

一年在邮电通信领域中设立这么多工作岗位的原因是,英国邮电通信方面的业务量需要这么多的职工来完成。在这一过程中,英国邮电通信业的各级别领导所要做的第一件事,就是要将所有需要按时完成的邮电通信方面的业务,划分为可以分别由 361000名职工加以完成的不同的具体劳动。

在劳动分工的社会分工过程中,每一个人类共同体通过其代表所要处理的对象是劳动者。在这一过程中,人类共同体的代表所要处理的问题是,让本共同体的有关成员担负起所有需要进行的具体劳动,并在规定的时间段内将它们完成。在这一过程中,人类共同体的代表所关心的是,如何安排和保证本共同体的有关成员在规定的时间段内,担负起一项或者是数项具体劳动。在这一过程中,每一个人类共同体通过其代表所要处理的,是劳动者之间的社会关系。也就是说,它所处理的是人与人之间的关系。这一过程的结果是,根据其所担负的具体劳动的具体特征而形成了形形色色种类不同的劳动者,例如,国家总理、农民、厨师、工程师、教师、医生、邮递员、企业经理、军人、出租车司机等。

在劳动分工的社会分工过程中,每一个人类共同体之所以要通过其代表强制本共同体的每一个成员担负起某种或者是某几种具体劳动,并要求每一个成员在规定的时间段内将它们完成的原因是,人类为了自身的生存和发展,不得不将生活资料的生产过程与生活资料的消费过程相互分离,从而将自己的实践活动分为两大类型。在这两大类实践活动中,一类是消费、享乐、娱乐、婚配和繁衍后代,另一类是劳动生产和提供服务。从生物学角度来看,任何一个器官健全的人类个体,只要他学会利用必要的生活资料和社会服务,就可以生活到他生命的生物学极限。可是,只有在其他人为他提供足够的衣物、住房、食品和饮料、医疗服务、公共安全，以及其他生活资料和社会服务的情况下，他才能消费这些生活资料和享受这些服务，并且舒适地生活下去。在一般情况下，绝大多数人类个体都会十分乐意地去进行被社会划为个人消费和享乐的那些活动。这是因为，如果他想继续生活下去，并生活得较好，他的生物学本能就会促使他进行这类活动，饿了就要吃饭，困了就要睡觉，否则他就活不成了。然而，说到劳动、生产和提供社会服务，则是另外一种情况。迄今为止的人类历史表明，假如没有某种社会强制，很难会有人愿意进行一些被划为劳动、生产和提供服务的实践活动。假如没有像兵役法、道德压力等社会强制形式，很难保证一个人类共同体的每一个成员，在与敌对人类共同体打仗时，会冒着生命危险自觉参战。假如没有像劳役制这类直接社会强制形式，或者是没有像因失业而造成的贫困和窘迫这类非直接社会强制形式，谁也不能保证一个人类共同体的每一个成员，会积极主动地去干像打隧道、搬砖盖房、疏通下水管道、救火、扫马路等或是危险性较大，或是劳动强度较大，或是非常沉闷单调的工作。然而，从社会的和物质的角度来看，假如没有人从事这些被划作生产和提供服务的实践活动，那么有关的人类共同体的所有成员，就得不到基本的生活资料和安全的生活环境。

在其他动物种类中，有一些动物物种，如蜜蜂、蚂蚁等，有生物学专门化成员的现象。在这些生物物种中，一些生物学专门化的成员，如蜂群中的工蜂，其生物学本能会促使它们主动地去为其所在种群中的其他种类的生物学专门化成员，如蜂王和兵蜂，寻找和提供必要的生活资料和生活环境。但是，在人类中却没有这种生物学专门化的特征和现象。每一个人类共同体不得不根据其群体劳动能力的发展水平,强制其每一个成员进行一定量的被划作劳动、生产和提供服务的实践活动。这类实践活动的具体存在形式可以是进行行政管理、生产管理、服兵役、种田、搬砖盖房、生产轿车等,并为此建立了纷繁复杂的各种所有制制度,主要有生产资料所有制、消费品所有制、劳动力所有制、劳动者人身所有制、婚权所有制、人的所有制,以及人类社会等级制度等。①

当然,在这一过程中,有关的人类共同体并不一定需要强制其每个成员一生只从事一种具体劳动。一位农民可以根据季节和社会需要,在农忙季节全力从事农业,在农闲季节从事其他力所能及的具体劳动,例如修建房屋、从事手工业生产、从事现代工商业等。这一现象在今天中国许多具有"农民工"称呼的人身上表现得非常突出。

从还原法的角度来看,劳动分工与劳动的技术分工和劳动的社会分工之间的关系,是属概念和种概念之间的关系,即劳动分工是劳动的技术分工和劳动的社会分工的属概念/本质/共相/内涵。反过来讲,劳动的技术分工和劳动的社会分工则是劳动分工的存在形式/殊相/种项/外延/子项/种概念/子概念。劳动的技术分工和劳动的社会分工这两者之间的关系则构成内容和形式之间的关系,其中,劳动的技术分工是内容,劳动的社会分工是形式。所以,人类社会在考察和处理劳动的技术分工和劳动的社会分工之间的关系时,也应遵循内容决定形式、形式反作用于内容

---

① 董志勇:《劳动、所有制和绝对价值》,西安:陕西人民出版社,2005年,第 82－317页。

这一辩证唯物主义一般原则。也就是说,人类社会在处理劳动的技术分工和劳动的社会分工之间的关系时,也应当遵循劳动的社会分工应该适应劳动的技术分工的要求和变化的原则。当由于人类对客观世界的认识的加深而引起劳动的技术分工发展和变化时,劳动的社会分工就应该及时适应劳动的技术分工的变化,该减少或增加从事某些社会职业的员工总数时,就应当及时主动地减少或增加从事这些社会职业的员工总数。该让"僵尸企业"破产时,就应当让"僵尸企业"破产。更为重要的是,人类社会还应该为劳动的社会分工及时适应劳动的技术分工的变化提供其实现的社会形式。例如,及时改变社会的阶级阶层存在状况,及时改变消费品所有制、生产资料所有制、劳动力所有制、劳动者人身所有制、婚权所有制、人的所有制的存在形式,等等。

最后需要指出的是,劳动分工的发展状况是衡量一个社会,或者说一个人类共同体群体实践发展的衡量尺度。一个人类共同体的劳动分工越发达,其群体实践的发展程度就越高;反之,一个人类共同体群体实践的发展程度就越低,其劳动分工也就越不发达。当然,这种劳动分工的发展是指能提高一个社会,或者说一个人类共同体群体的劳动生产力的劳动分工的发展,而不是降低一个社会,或者说降低一个人类共同体群体的劳动生产力的劳动分工的发展。这里所说的人类共同体,可以是一个母系大家庭,一个父系大家庭,一个单偶制家庭,一个独立核算的生产经营单位,一个工厂,一个村庄,一个乡,一个民族,一个县,一个省,一个国家,等等,只要其内部成员在进行劳动时具有某种内在必要和必然的联系即可。

第三章 主体、客体、主观、客观

一、主 体

在主体与客体这两个概念相对立的情况下,主体是指对某一客体进行主观处理或客观处理,即正在进行实践或者是理性活动的人类个体或人类群体。① 这里所说的人类个体,是指一个个在历史上进行着实践和思维着的人类个体。人类群体是指一个个在历史上进行着相互之间有着某种内在联系的实践和思维着的人类共同体。这些内在联系可以是婚姻、经济、政治、军事、文化等各类联系。人类群体,或者说人类共同体,可以指一个战时国家联盟、一个民族、一个国家、一个行业、一个工农业企业单位、一个事业单位、一个学校的教学班级、一个工作小组、一个军事战斗小组、一个家庭、一对性配偶,等等,只要这个群体的成员所进行的活动是有着内在联系的活动,具有构成人类共同体的基本要件即可。

---

① 康德从概念的角度把主体称为"原始的存在者""最高存在者""一切存在者的存在者",等等。(康德:《纯粹理性批判》,邓晓芒译,北京:人民出版社,2004 年,第 463－464 页。)

　　这个群体的成员所进行的某个活动是否有着内在联系,可以通过一个简单的事实判断过程来确定。例如,一位厨师或家务劳动者之所以能够较轻松地用菜刀将大肉块切成小肉片,不仅仅是由于厨师或家务劳动者付出了体力和智力,更在于厨师或家务劳动者使用了锋利的菜刀。这样,使用菜刀一事就将厨师或家务劳动者的活动与设计和制造菜刀,以及生产菜刀原料等物品的活动有机地联系在一起了,从而将厨师或家务劳动者的活动与设计和制造菜刀,以及生产菜刀原料等物品的活动,变成了一组内在上有联系的活动。上述活动相互以对方的存在为前提,假如在切肉活动中不使用菜刀,厨师或家务劳动者就不可能很容易地将大肉块切成小肉片;反之,假如所有的厨师和家务劳动者都不使用菜刀切肉,菜刀的生产过程也就不可能发生,而且,从时间顺序上说,菜刀的制造必须发生在切肉之前。再如,在发达国家中,几乎所有的水果生产环节都是与水果的消费环节相互区别开来,并且是分别进行的。还有,在发达国家中,绝大多数小麦消费者并不是小麦的直接生产者。在小麦的种植过程与小麦的消费过程之间,存在着一系列其他环节,如小麦的播种、收割、分级、贮藏、运输、磨粉,尤其是加有卖和买这两个环节。在一般情况下,这些环节是由不同的人员在不同的时间段来完成的。这些活动都是以相互之间为本人类共同体所需要而互为存在前提的。所以,在小麦的采收过程与小麦的消费过程之间,所存在的这些活动或环节,如小麦的播种、收割、分级、贮藏、运输、磨粉、消费等,就是一组有内在联系的活动或环节。

　　由于世界上同时存在着千千万万个人类个体和人类群体,他们可以同时进行思维或者实践,而且他们思维或者实践的对象可以是其他作为整体的人类个体或者人类群体,所以人类主体具有多元性。但是,由于每一个进行着思维或者实践的人类个体或人类群体,都是处于一定的时空条件限定下的人类个体或人类群体,加之存在着社会分工现象,因此从每一个进行着思维或者实践的人类个体或人类群体的角度出发,人类主体又具有一元性质。这种人类主体思维或者实践的一元性和多元性的统一,是通过人类思维或者实践中存在的社会分工这一环节来完成的。

二、客　体

在与主体这一概念相对立的情况下,客体是指被人类个体,或者是人类群体所处理的对象。这些对象既包括自然界的万事万物,也包括其他人类个体或人类群体,甚至还包括思维者自身的各种身体器官,①和业已经过物质化、客体化处理的思维者以前的思维产物,即思维者自己的精神产物,如思维者自己已发表的文章、著作以及各种文字记载,等等。

这里所说的人,可以是历史上任何一个时代存在的人类个体和群体,甚至包含要对自身的身体器官进行思维,或者是采取行动的人类个体和群体。这里所说的物,可以是宇宙中任何一个时代所存在的物质的存在形式,例如,自然界中存在的各种动植物,

---

①康德在《纯粹理性批判》一书中曾说:"我把我自己的实存作为一个能思的存在者与在我之外的(也包括我的身体的)他物区别开来,这同样是一个分析命题;因为他物正是我作为与我有区别的东西来思维的。"(康德:《纯粹理性批判》,邓晓芒译,北京:人民出版社,2004年,第294页。)

我们所居住的房屋,我们所使用的桌椅板凳,农民进行耕作的土地,包括阳光在内的各种自然资源,地球大气空间,人类一直在不断加深认识的宇宙空间,甚至包括人类自身的各种身体器官,人类个体所具有的各种功能和能力,如人的劳动能力和婚配生殖能力,以及任何一个时代的人类个体和群体所进行的各种能被人类感觉器官直接感觉到的活动,如各种劳动生产、科学实验、婚配生育、各种消费和娱乐活动,等等。这里所说的物还包括各种已经物质化和客体化了的精神产品。各种已经物质化和客体化了的精神产品,是指人类已经用口头语言、文字语言和肢体语言加以表达出来的各种东西,如一支乐曲,一件雕塑,一件绘画作品,一篇文学作品,某种设计理念,某种理论体系,某种观点,某部哲学社会科学作品,某种社会法律规定(如婚姻权利、选举权和被选举权),等等。这里所说的万事万物,还包括人类社会发展规律在内的宇宙万物发展规律。总之,所谓客体就是指除主体正在思维的过程之外的,一切能被主体感觉器官直接感知,或者是通过一些仪器设备工具等物品所间接感知,主体要对其加以思维和认识,并有可能施加主体主观和客观作用的宇宙间的万事万物,其中也包括各种已经物质化、客体化了的精神产品和人类所进行的各种实践活动,以及包括人类社会发展规律在内的宇宙万物发展规律,等等。

三、主　观

在与主体和客体这两个概念相对立的情况下,主观这一概念是对主体对客体进行主观处理过程的一个抽象概括。

　　所谓的主观处理过程,是指主体在自己的思维过程中对客体进行方式多种多样处理的过程,也就是黑格尔在《精神现象学》一书中所描述的精神现象①。

　　主体可以对同一事物进行抽象程度不同的概括和描述,也就是主体可以在思维的过程中,把同一事物与不同的事物联系起来。例如,我可以把我家饲养的一只猫称作"董志勇家的一只猫""一只家猫",也可以称作"一只公猫""一只白猫""一只猫科动物""一只食肉动物""一只哺乳动物""一个脊椎动物""一个脊索动物""一个生物""一个东西",等等。在没有给定思维的前提下,即在没有给定思维对立面的情况下,或者说在没有设定思维限定条件的情况下,对这只猫的种种称呼都是正确的,都反映着这只猫的某种属性,都反映着这只猫与世界上其他存在物的某种联系。当我把我家饲养的一只猫称作"我家的一只猫"时,我是把我家饲养的一只猫与别人家饲养的猫联系起来进行考察、概括和表达的。当我把我家饲养的一只猫称作"一只白猫"时,我是把我家饲养的一只猫与其他白色物体,以及其他颜色的猫联系起来进行考察、概括和表达的。当我把我家饲养的一只猫称作"一个生物"时,我是把我家饲养的一只猫与其他非生物联系起来进行考

---

①康德曾认为,主观处理是无法认识的,为此他曾说:"因为既然理性本身不是任何现象,也根本不服从任何感性条件,那么在它里面,甚至在它的原因性的概念中,都不会发生时间秩序,所以也不能把按照规则来规定时间秩序的那条自然的力学性规律应用于它之上。"(康德:《纯粹理性批判》,邓晓芒译,北京:人民出版社,2004 年,第 446 页。)

察、概括和表达的。这也就是康德所说"先天综合判断"。①

人们之所以可以对同一事物进行抽象程度不同，或者是多个角度的概括和描述，是因为人们可以根据不同场合的不同需要，对事物的存在状态和属性进行片面的考察、思维和表达。例如，当我把我家饲养的一只猫称作"董志勇家的一只猫"时，是从它的社会所有权角度来考察和表达的。当我把我家饲养的一只猫称作"一个生物"时，是从那只猫是否具有与自然界之间进行自主新陈代谢这种功能的角度来进行考察、概括和表达的。采用其他表达方式，也是因为我们可以根据不同场合的不同需要，对事物的存在状态和属性进行片面的考察、思维和表达。

主体对客体进行多种多样处理的另一种方式是，对事物的存在状态和属性进行虚构和假设。例如，在几何学中，人们可以虚构没有面积的点，没有宽度的线，没有体积的面。中国著名古典小说《西游记》中所虚构的玉皇大帝、王母娘娘、太白金星等众多神仙，以及月亮上住有嫦娥和月兔一事，也是人类对事物的存在状态和属性进行虚构和假设的典型事例。自古至今，这种虚构和假设天天都有，俯拾即是。

此外，不同的主体可以因其自身利益的关系而对同一个客体做出性质完全相反的判断。例如，对同一商品的价格，很可能顾客认为定价太高，而商家则认为定价太低，甚至还有同一个商家今天认为该商品定价太低，不利于自己赚取更多的利润，明天又认为该商品定价太高，不利于自己通过扩大销售量这一手段赚取更多的利润的情况出现。这些情况清楚地表明，主体确实有不同

---

①康德：《纯粹理性批判》，邓晓芒译，北京：人民出版社，2004 年，第 295 页。

于客体的地方。

　　这里需要特别指出的是,人类为了把握事物的一些属性,常常在自己的思维过程中使用主观否定的方法。例如,当要确定一辆正在行驶的汽车的速度时,我们需要将该汽车行驶的路基假定为处于静止状态,而且必须暂时无视该汽车行驶的路基正随着地球转动而处在"坐地日行八万里"状态这一事实。再如,当把一只家猫说成是一个生物时,我们实际上是在无视,或者说暂时无视存在于家猫身上的其他属性和可以描述的内容,如家猫具有脊椎,是脊椎动物,等等。在几何学中,人们虚构没有面积的点、没有宽度的线、没有体积的面,也是使用主观否定方法的一个存在形式。主观否定方法实际上是人们在思维中使用的一种特殊的虚构和假设方法。

　　所以说,从一个角度来看,人类为了达到满足包括自身思维和实践的需要在内的某种具体需要的目的,其主观思维过程可以是一个无中生有和有中生无,进行片面观察、描述和虚构的过程。古希腊哲学家芝诺之所以能够提出"飞矢不动"这一悖论命题的原因就在于此,中国古代哲学家之所以能够提出"离坚白,合同异"命题的原因也在于此。再如,生物学界所说的界、门、纲、目、科、属、种等分类等级,都是需要经过人类主观处理过程,并在人类主观处理过程中才能产生的概念和范畴。德国近代哲学家康德当年之所以能够提出"二律背反"这一概念,其原因也是他看到了人类在进行主观处理的过程中,常常对同一客体,或者是同一主观或客观事件,提出完全相反的判断或命题。① 就连形式逻辑、

①康德:《纯粹理性批判》,邓晓芒译,北京:人民出版社,2004 年,第 361－386 页。

辩证逻辑、主观辩证法本身,也是人类进行主观处理过程的存在形式。换句话说,离形式逻辑、辩证逻辑和主观辩证法本身最近的属概念就是主观处理。

那么,老子"道生一,一生二,二生三,三生万物"这句话中的"道"到底指的是什么呢? 笔者认为,这里的"道",指的是人的主观处理。一是因为这句话中的"道"所起的功能与主观处理所起的功能是一致的;二是因为这句话中"道"的外延"万物",是与主观处理的结果相重合的。

这里应当指出的是,老子在《道德经》中所说的"道",在该书不同的地方,或者说在不同的语境,也就是在上下文不同的情况下,其所说的意思,或者是其所指的东西是不同的。例如,在老子《道德经》开篇第一章第一句所说的,"道可道也,非恒道也"①中的第二个"道"字,指的是解说、表述的意思,它有别于第一个"道"字和第三个"道"字所指的主观处理的意思。另外,从语法功能上来看,第一个"道"字和第三个"道"字都是名词,第二个"道"字是动词。所以,第一个"道"字和第三个"道"字的抽象程度要稍高于第二个"道"字。这就像前面所说的,"主观"一词的抽象程度要稍高于"主观处理"一词的情况一样。此外,在中国古代,"道"字所指的东西是五花八门的。例如,"君子谋道,小人谋食"一句中的"道"字,指的是今天哲学界所说的包括自然科学、哲学、政治法律思想在内的各类上层建筑和意识存在形式。而这些上层建筑和意识存在形式是指主观处理过程的结果,而非主观处理过程,因为这句话中的"道"字,前面已经有了"谋"字,而"谋"

①老子:《道德经》,太原:山西古籍出版社,2000 年第 2 版,第 3 页。

字在这里强调的就是动作和过程,而非结果。

总之,在中国古代,"道"字所指的东西到底为何,需要看其上下文来定,不能一概而论。

此外,老子在其《道德经》第一章中还曾提出:"名可名也,非恒名也。无名,万物之始也;有名,万物之母也。故恒无欲也,以观其眇;恒有欲也,以观其所徼。两者同出,异名同谓。玄之又玄,众眇之门。"①这段话讲的就是主观处理与语言表达之间的关系问题,尤其是具有上位词和下位词关系,也就是具有上位概念和下位概念关系的概念的名称问题,如今天的西安市和陕西省之间的名称关系,以及猫、猫科、哺乳动物、脊椎动物、动物这类具有上位概念和下位概念关系的概念的名称问题一样。但是,由于当时中国哲学的发展程度远低于当代中国哲学的发展程度,当时的哲学概念没有今天这么多、这么精确,而且当时中国科学的发展程度远低于当代中国科学的发展程度,无法对相关的概念进行属加种差式的定义,因此老子当时只能用"玄之又玄,众眇之门"来加以解释了,从而让人感到玄之又玄,两千多年都搞不明白。但是,它是中国哲学的一个必然发展阶段。我们没有理由去鄙薄它,就像我们没有理由鄙薄两百年前中国农民还不能用联合收割机来收割小麦、玉米一样。我们今天要做的就是理解好当时的哲学用语,并用当今的哲学用语把它解释好、解释准确,能让今天的人准确地了解中国古代哲学的发展程度。因为它是中华民族哲学发展史上的一个重要发展阶段——少年阶段,没有少年阶段,也就没有当今中华民族哲学发展史上的青年阶段,它是中华民族

---

① 老子:《道德经》,太原:山西古籍出版社,2000 年第 2 版,第 3 页。

哲学发展史上的一张少年时代的照片。我们每一个中华民族的子孙都应当珍视珍藏它,就像今天每一个成年人都应当珍视珍藏自己婴幼儿和少年时代的照片一样。且不说古文字学也是今天发展主观辩证法的重要基础之一。

所谓的主观处理过程还可以是主体暂时不将自己的相关肢体活动付诸行动,从而在时间上和空间上,将自己的精神活动与自己的肢体活动暂时相互分离的过程。这一过程已被人类称作思维、思考、推理、认识或计划等含义相类似的概念。例如,我现在就在考虑几年后如何把这本书的中文版付诸出版,然后再翻译成英文出版的事宜。再如,近数十年来不同国家之间所签订的许许多多关于如何分配和利用南极洲、地球外层空间、大洋深层矿产的双边和多边国际公约,就是人类在事先考虑今后千秋万代如何在南极洲、地球外层空间、大洋深层进行人类实践活动的具体例证。

人类对客体进行主观处理的原因,或者说人类在自己的思维过程中对客体进行方式多种多样处理的原因是,只有对客体进行方式多种多样的主观处理,人类才能准确地,或者说比较准确地把握客体,从而为人类利用客体,保持和提高人类的绝对生活水平提供前提。例如,人们在制造所使用的木质书桌之前,起码要先从制造原料的材质,即是否是木头、尺度大小、硬度、干燥度等方面,对制造书桌的原材料进行考察和了解,否则就可能无法制造出合格可用的木质书桌来。当然,在当今时代,在人们对相关原料的材质进行考察和了解时,一般会使用一些仪器和工具。但是,这已是另一个问题了。因为促使人们使用仪器和工具的直接原因,是人们在思维是否要使用相关材质制造一张书桌时,需要在主观上事先知道这件材质是否适合制造一张书桌。

所谓的主观处理,还可以从人类对同一个事物由发音不同的词或是词组来指称,以及可以用一个多义词来反映不同的事物这一历史事实中得到证明。例如,当我们说土豆、马铃薯、洋芋、洋山芋、potato 这五个不同的词语时,所反映的,也就是所说的是同一个事物。这一语言现象说明,人类对同一个事物可以由发音不同的词或是词组来指称。由于语言能够反映人类的思维过程,因此人类对同一个事物可以由发音不同的词或是词组来指称这一语言现象说明,人类在思维中处理任一客观事物时,都是具有主观性的。当我们使用一个多义词时,所反映的也可以是不同的事物。如"逻辑"一词,在当代汉语中,既可以用来表达"思维规律",如当我们说"这几句话不符合逻辑"时;又可以用来表达客观规律性,如当我们说"生活的逻辑"时;还可以用来表达"逻辑学"。[1] 这一语言现象也说明,人类在思维中处理任一客观事物时,都具有主观性。

人类在自己的思维过程中,对客体进行多种多样处理的过程,是可以被人类自己的眼、耳、鼻、舌、身等身体器官客观地感觉到的,其中最典型的表现就是我们可以按照自己的设想,制造出自然界永远进化不出来的产品,如导弹、电脑、各种航天器,等等。人类在自己的思维过程中,对客体进行方式多种多样处理的过程,还可以通过人类所使用的复杂的语音表达系统和千千万万种文字语言表达方式来表现,而且还能被有关的听者和读者的感觉

---

[1]中国社会科学院语言研究所词典编辑室:《现代汉语词典》,北京:商务印书馆,1978 年,第 741 页。

器官感觉到,进而被他们所理解、把握和传承。

　　人类为了达到满足自身某种具体需要的目的,其主观思维最后可能还需要有将各种相关的片面观察、描述和虚构的结果再综合起来进行描述和虚构的过程。这一过程的结果就是对客体的各种属性进行综合判断,即把我们的认识绝对化的过程。

　　我们把主体对客体进行主观处理的过程抽象为"主观"这一概念的原因,首先是为了简化和加快思维和表达过程。这是因为,当我们把"主体对客体进行主观处理的过程"抽象为"主观"这一概念后,就可以把原先需要用十三个字来表达的概念简化为两个字。利用这种方法来简化和加快思维和表达过程,是人类常用的方法。例如,在我国军队内部文件中,乃至在一些报纸杂志中,我们常常看到将"中国人民解放军陆军第三十八集团军"简称为"三十八军"的情况。这种情况就是我们中国人简化思维和表达的一种语言表现方式。本书在前面提到过,人类要通过实践这一概念,把人类所进行的各种有意识的活动概括起来,从而把人类所进行的各种有意识的活动作为一个整体来处理,用以明晰和简化人类个体的思维和表达过程,也属于这种情况。对于这一现象,金岳霖先生曾在其主编的《形式逻辑》中做过非常好的总结和概括:"规定的词语定义是很有用的……在我们日常生活或科学研究中,我们感到有些词或词组太长了,说起来或写起来很不方便。通过一个规定的词语定义,我们就可以用一个简短的词或词组去代替它……人的思维是依附于语言进行的。[1] 语言方面的压

---

[1]这里应当说是人的部分思维,因为人的一部分思维是依附于触觉、听觉来进行的,如盲人的思维就全部依附于触觉、听觉来进行。——引者注。

缩与简化,大大地加快了思维的速度,从而也加大了思维的深度。规定的词语定义,可以把一组很复杂的概念压缩为一个单一的概念,具有加速与加深思维的作用。"①不过,这里应当指出的是,把一组很复杂的概念压缩为一个单一的概念,还具有另一个更为重要和更为直接的作用,那就是加快语言表达速度。这是因为,人类思维的速度远远高于人类口头表达的速度和人类文字表达的速度。人们常常见到的急得说不出话的情况,就是这一现象的典型证明。

我们把主体对客体进行主观处理的过程抽象为主观的第二个原因就是,为了在我们的思维中能够进一步量化每一次主观处理过程的抽象程度、片面化程度乃至歪曲和否定的程度。例如,当我们说某个人在处理某件事情上有过于主观的表现时,我们是在说他在处理这件事情时有过于片面化,乃至歪曲或者是否定事情原有性质的情况。也就是说,他在处理这件事情时,在当时的客观环境下,在对客体的各种相关属性进行综合判断和绝对化的过程中,有处理不当之处。

我们之所以能够通过把主体对客体进行主观处理过程抽象为主观,进而能够在我们的思维中进一步量化每一次主观处理过程的抽象程度、片面化程度,乃至歪曲和否定的程度,最主要的原因之一就是,定性分析和定量分析是两个不同的思维过程,或者思维环节。由于我们在思维时常常需要使用语言作为工具,因此定性分析和定量分析这两个不同的思维过程,或者思维环节,就需要使用不同的词语来指称。而我们把主体对客体进行主观处

①金岳霖:《形式逻辑》,北京:人民出版社,2006 年第 2 版,第 50 – 53 页。

理的过程抽象为主观,就是为了能对我们的主观处理过程进行量化处理,并评判其水平高低。

总之,为了我们思维的明晰,或者说为了我们主观处理的明晰,在很多情况下,还需要使用不同的词语来分别指称主观和主体。

最后需要说明的是,当年康德在《纯粹理性批判》一书中所说的"先天的纯直观""统觉"等概念,实际上就是指主观处理过程。康德当年之所以说出类似"人为自然界立法"①的观点,其原因就在于,世界万物如不经过主观处理过程,人类就无法组织起有效的分工和协作。黑格尔当年也曾对主观处理和主观说过类似的话:"是依靠经验而产生的(其实,思维本质上就是对当前的直接经验的否定),正如人的饮食依靠食物,因为没有食物,人即无法饮食。就这种关系而论,饮食对于食物,可以说是太不感恩了。因为饮食全靠有食物,而且全靠消灭食物。在这个意义下,思维对于感官经验也可以说是一样地不知感恩。(因为思维所以成为

---

①康德的原话为:"知性并不仅仅是通过对诸现象的比较来为自己制定规则的能力:它本身就是对自然的立法,就是说,没有知性,就任何地方都不会有自然,即不会有诸现象之杂多的按照规则的综合统一:因为现象本身不能够在我们之外发生,而只能实存于我们的感性中……人类理性的立法(即哲学)有两个对象,即自然和自由"。(康德:《纯粹理性批判》,邓晓芒译,北京:人民出版社,2004年,第131、634页。)康德在这里所说的"知性"(understanding),就是指人类社会为了组织起有效的分工和协作,而对自然界许多事物和概念起一个经过本语言共同体合意同意的名字,同时这也就限定了每个概念的使用范围。

思维,全靠有感官材料,而且全靠消化,否定感官材料。)"①

但是,由于康德始终没有对"统觉"等概念做出属加种差式的说明,黑格尔也始终没有对"精神现象"做出属加种差式的说明,因此绝大多数读者在读过他们的《纯粹理性批判》《精神现象学》和《小逻辑》之后,往往摸不着头脑,搞不清楚他们理论的根本差别到底在哪里。

所以,这里还要解释一下,或者说还要简单辨析一下主观处理与精神现象这两个概念的联系和差别。在当代汉语中,在一般的思维和表达过程中,这两个概念的含义是一样的。恩格斯曾非常明确地说明,说到底,精神现象是人类蛋白质活动的一种存在形式,而蛋白质是一种物质,所以精神现象是一种物质现象的存在形式。在当代汉语中,主观处理的反义词是客观现象或者是客观,精神现象的反义词是物质或者是物质现象。这样一来,精神现象这一概念从抽象程度来说,就成了一个比主观处理抽象程度更高的概念。由于在属加种差定义中讲究最好用最近的属概念,因此本书在下面的行文中,一般都用主观处理或者是主观,而尽量少用精神现象。更不用说,使用主观处理或者是主观这两个概念还有更容易与主体发生对仗这一语言表达方面的好处了。

四、客 观

在与主体、客体、主观这三个概念相对立的情况下,也就是说,在这几个概念的内容相互排斥的情况下,客观是指与正被主

---

① 黑格尔:《小逻辑》,贺麟译,北京:商务印书馆,1980 年第 2 版,第 53 页。

体加以主观处理的客体相关的各种因素和物质存在的总和。这里所说的相关因素和物质存在是不以正在思维着的人们的主观意志或主观承认与否为转移的因素和物质存在,既包括如太阳的存在这类可以被人类直观地感觉到的历史事实,也包括宇宙间存在的各种不以人类承认与否而存在的宇宙万物的发展规律,其中也包括人类社会发展规律,如生产力的发展决定生产关系的发展,等等。这里所说的各种因素和物质存在,还包括已经经过物质化、客体化处理的人类主观处理活动的产物,即人类已经用口头语言、文字语言和肢体语言加以表达出来的各种东西,如一支乐曲,某部文学作品,某种设计理念,某个理论体系,某种观点,某部哲学社会科学作品,某种社会法律规定(如婚姻权利、选举权和被选举权),等等。

在当代汉语中,客观在有的语境下还指特定的客观处理过程。这一特定的客观处理过程是指需要在人类主观指导下的人的肢体活动,即人们常说的客观实践活动。反过来说,客观实践活动之所以在有的语境下被称为客观处理过程,就是因为实践活动具有离不开人的肢体活动这一能被人类感觉器官直接感知的特征。因此,客观在现当代汉语的语境中,有时是指人类所进行的客观处理过程,即实践过程。

客观与客体的不同还在于,客体可以指正在被人类加以主观处理的人和物的整体,也可以指正在被人类加以主观处理的单个对象。而客观则指与正在被人类加以主观处理的人和物有关的各种相关因素和物质存在的总和,这些因素有些可能被主体知道,有些可能并不被主体知道。这些因素可以是客体本身所具有的在某些方面的片面属性,即客体在某些方面所具有的特点、特征,也可以是客体与周围环境之间实际存在的某种或某些必然联系。例如,当我们想要提高一亩小麦的产量时,需要加以主观处理的客体首先是小麦的种子和植株。但是,在我们对小麦的种子和植株进行主观处理时,虽然进行主观处理的客体和直接对象是小麦的种子和植株,如了解小麦种子的优劣和植株生产是否正常等;但是,为了提高该地块小麦的产量,我们需要加以主观处理和客观处理的对象可能还包括与小麦发芽生长直接或间接相关的其他许多因素,如该地块的水文、气候、土中有机物含量、该地块及周围地块病虫害等方面的情况。相对于小麦的种子和植株来说,这些与小麦发芽生长直接或者是间接相关的许多其他因素,就构成了小麦发芽生长的客观因素,或者说客观环境。

随着人类科学技术的不断发展,人类需要观察和了解的与小麦发芽生长直接或间接相关的其他客观因素可能会越来越多。例如,为了及时浇灌小麦以保证小麦生长对水分的需求,我们现在常常需要用电动抽水机来给小麦提水浇灌,而电动抽水机的生产和抽水所需电力的提供,则涉及当前许多产业领域,如钢铁生产、机械加工、电力生产和输送,等等。这些因素也因此成为与提高小麦产量相关的因素,而且是不以正在思维着的个别人的主观意志,或主观承认与否为转移的因素,这些因素也就成为提高小麦产量的客观因素,或者说客观环境。假如现在需要进行小麦太空育种试验,那么连空间科学的各个分支也都会成为与提高小麦产量相关的因素。

当然,在人类对这些与小麦发芽生长直接或间接相关的因素进行主观处理的过程中,这些与小麦发芽生长直接或间接相关的因素需要逐一分别由客观因素,或者说客观环境转变成人类相关

个体进行主观处理的客体和直接对象。例如,当我们专门研究与
小麦发芽生长直接相关的某地块的病虫害情况时,该地块的病虫
害情况就会变成病虫害学家进行主观处理的客体和直接对象。
而这种变化,即客体情况的产生,是由人类主观认识能力和特征
所决定的,即由于人类的主观认识对象可以由人类在一定范围内
自由选择,以及人类在每一次主观认识过程中只能选择一个对象
作为主观认识过程的客体,也就是人类的每一次思维活动必须经
历对象化这一过程这两个特征所决定的。

总之,在一般情况下,客观是一个要比客体涉及因素更多的
概念。这是量变导致质变的又一实例。

五、主观处理的客体化过程

主观处理的客体化过程,是指人类将自己的所思所想,变成
能够被实践者自身和其他相关人士的感觉器官直接感觉到的客
观存在的过程。例如,人类可以先通过种种方法,认识深埋在地
下几千米的石油蕴藏情况,然后再通过劳动实践将这些石油开采
出来,制造成各种能够被实践者自身,以及其他人士的感觉器官
直接感觉到的石油化工产品,如汽油、柴油、机油等的过程。主观
处理的客观化过程,还有人类通过语言,将我们的知识和意图传
达和传授给其他人类个体的过程。

前已述及,人类进行主观思维的目的是为了更好地进行自身
的客观实践。从人类诞生之日起,为了更好地、更有效率地进行
自身的客观实践,都是通过分工这一环节来进行群体实践的。为
了更好地进行分工和群体实践,人类必须进行思想交流。但是,

直到今天,人类个体所进行的思维活动,还只能被进行思维活动者本人所直接知道,而无法被其他人类个体,以及其他动物的感觉器官所直接感觉到。为了进行思想交流,人类必须借助的工具之一就是语言。使用语言是人类思维过程和思维结果的主要物质化、客体化的方式之一,它是人类经过千万年的进化而取得的具有社会性的自然能力之一。一个人的思维过程或者是思维结果,常常只有通过使用肢体语言、口头语言或者是文字图像语言,才能被其他人类个体的感觉器官所直接感觉到,然后再通过其他人类个体的思维过程而被其他人类个体所知道和理解,进而再组织起有效的分工和合作;否则,别人很难搞清楚相关人员的所思、所想和所知,相关的分工合作也就难以正常、顺利、准确、快捷地进行。例如,笔者对主观思维这一概念的思考和认识,就可以通过笔者的文字语言和口头语言表达出来,从而被其他人类个体的感觉器官所直接感觉到,然后再通过其他人类个体的思维过程而被其他人类个体所理解和把握,从而使简体汉语文化圈的人都能确定主观处理这一概念的内容和定义,并在此基础上进一步发展以汉语为载体的哲学理论体系,以便人们能够进一步提高简体汉语文化圈的人员的群体实践水平。

人类之所以需要将其主观处理过程语言化,尤其是将主观处理过程文字语言化和图像化的第二个重要原因就是,每一个历史上具体存在的人类个体和群体,其记忆能力都是非常有限的。例如,我个人就常常记不清楚在这部书稿前面部分由我自己所写的具体的文字表述。在我不能通过几分钟的思维就能完成这部书稿所要表述的全部思想观点的情况下,为了能够完整和逻辑内洽地表述这部书稿所要表述的全部思想观点,就需要将我已考虑过的,或者是已经考虑好的那部分思想观点先用文字记载下来,以便我在后来的思考和写作中能够准确地知道这部书稿前面部分已经考虑和表达过的那部分思想观点。中国当代语言学家叶蜚声等人在其著述的《语言学纲要》中曾对类似情况有过这样的论述:"实际说话的时候,句子是不会太长的。因为太长了,说话的人(或听话的人)说(或听)到后来会忘记前面说过(或听过)的内容。"①这段论述清楚地说明了每个人的记忆力都是极其有限的;只有把思维过程文字语言化,我们才能进行比较深入的逻辑推理和思维,等等。

对于一个人类共同体来说,情况也是如此。这是因为,每一个人类共同体都是由一个个具体的个人所构成的。由于每一个具体的人类共同体所包含的人类个体数量总是有限的,加之每个人类个体的记忆能力都是有限的,因此每一个历史上具体存在的人类共同体,能够凭借其全体成员大脑所直接记忆的东西也都是有限的。

语言是人类思维过程和思维结果的主要物质化、客体化的方式之一,反过来讲,人们也常常通过研究语言现象来研究人类的思维过程、思维结果和思维水平。例如,当代中国学者杨适先生在《哲学的童年》一书中,借助法国哲学家列维·布留尔在《原始思维》和汤姆逊在《古代哲学家》中所列举的一些语言学材料,为我们描绘了原始思维的一些特征。杨适先生曾转述说,非洲埃维人表现"走"的手段有几十种之多,如坚定地走,有点瘸地走,歪着

---

①叶蜚声等人著,王洪君等人修订:《语言学纲要》,北京:北京大学出版社,2010 年第 4 版,第 20 页。

头走,宁静地走,悠闲地走,挺着肚子走,踌躇地踱步,胖子步履艰难地走,小个子四肢剧烈晃动地走,等等。但是在他们的语言中,却没有出现表示一般的"走"这个概念的词语。通过对原始人类所使用的上述语言的考察和认识,上述人类学家就得出了原始人类的抽象思维水平低于当今较先进人类共同体的抽象思维水平的结论。①

在当今的形式逻辑研究中,一般也都是通过分析人们的一些语言表达现象,来分析人们的一些具体推理到底是好的思维和论证,还是坏的思维和论证。例如,金岳霖就曾在他主编的《形式逻辑》一书中举例说,"'如果 2 + 2 = 4,那么,雪是白的',是一个充分条件假言判断。仅从前件和后件的真假关系看,这个假言判断显然是真的。但是,在实际思维中,人们却认为它是无意义的甚至是假的。其所以如此,就是因为人们思维中的假言判断具有丰富的意义上的联系。而这个丰富的意义上的联系,我们上面对假言判断的分析并没有充分反映出来。"②所以,这是一个坏的思维和论证。

外国学者在研究逻辑学时,也常常通过分析人们的一些语言表达现象,来分析人们所进行的一些具体推理到底是好的思维和论证,还是坏的思维和论证。③

此外,在人类已进行过的各种实践活动中,最抽象和最复杂

---

① 杨适:《哲学的童年》,北京:中国社会科学出版社,2011 年,第 12 页。

② 金岳霖:《形式逻辑》,北京:人民出版社,2006 年第 2 版,第 112 页。

③ 帕特里克·赫尔利:《简明逻辑学导论》,陈波等译,北京:世界图书出版社,2010 年第 10 版,第 5－8 页。

的就是语言表达活动。人类所进行的语言表达活动既包括文字语言表达活动,也包括口头语言表达活动和肢体语言表达活动。

肢体语言表达活动与人类的其他肢体实践活动的区别是,人类的肢体语言活动,是专门表演给其他人类个体看的。例如,男女青年之间的暗送秋波,是专门用眼神来表达相关人员的意思的。而人类的其他肢体实践活动,则不一定是专门表演给人类个体看的。例如,一个人的做饭过程,饭做好了,自己吃着满意就行了。

笔者之所以说在人类已进行过的各种实践活动中最抽象和最复杂的就是语言表达活动,其原因还在于,相对于每个人类个体所能接触到的其他实践活动,例如,相对于饮食消费活动来说,或者是相对于简单地负重运输等具体劳动项目来说,对语言表达方式的规定最多,也就是说人类对语言的表达方式有极其繁多的语法、语汇学和语用学要求。相应地,人类所进行的语言表达活动的结果,或者说成果的存在形式也最多。到了信息大爆炸的今天,对于从事科学研究、文学创作、教育、社会管理等方面工作的人来说,其在每天工作中接触到的客体,恐怕绝大多数都是这类语言表达活动的结果和产物,如各种由文字图像所表达出来的各种概念、命题、判断、定义、理论体系、行动规则、行动大纲、行动计划书、政府政策规定、政府工作报告,等等。

此外,对于每一个人类共同体来说,该人类共同体已经获得的,对该人类共同体生存和发展有利的思想观点,如各种知识、思维方式方法和语言表达规则,还需要传给后代成员。所以,每个人类共同体都需要将对该人类共同体生存和发展有利的思想和观点进行物质化、客体化处理,即通过使用相关的文字图像,口头语言,实物本身,实物的模型、沙盘、雕塑,或者是长辈亲属代代相传的一些其他方式,如结绳记事等客观物质载体,将这些思想和观点传给后代成员。

　　人类在把自己的思想和观点语言化的过程中,需要遵守其所在的人类语言共同体所制定出来的思想和观点语言化的规则规范。例如,当代中国北方方言区的人们在用口头语言表达自己的思想观点时,需要按照其所在方言区前辈所规定的语音语调和语法规则来表达思想和观点,不能乱说;否则,就会被认为是在胡言乱语,连话都不会说了。当代中国北方方言区的人们在用文字语言表达自己的思想和观点时,也需要按照其所在方言区前辈所规定的字形、词形和语法规则来表达自己的思想和观点,不能乱写;否则,就会被认为不通文字,从而无法让别人和后代知道其所要表达的思想和观点。这也就是说,人类在将主观处理结果物质化和客体化的过程中,会受到客观历史因素的限制。虽然这些客观历史因素往往还是相关人员所在的人类共同体的前辈祖先进行主观处理的结果;但是,一旦这些语音语调、字形和语法规则被自己所在的人类共同体所接受和公认,也就是形成了合意,那么对于每一个具体生活在这个人类共同体的个人来说,它们就是一些已经过渡到客观的东西了。这是因为,作为每一个具体生活在这个人类共同体的个人来说,这是一件无法以他个人的主观意志,或主观承认与否为转移,来自由地改变前辈祖先群体所进行的主观处理结果的事情,除非这个人是得到该人类共同体整体的实际的共同授权,有权改变这些词形含义和语法规则的该人类共同体整体的代表,而且这些经过某个人类共同体整体代表所改变了的语音、语调、字形含义和语法规则,还要经过整个人类共同体成员的合意同意,才能真正被该人类共同体所接受。否则,其还是无法被后代成员所理解、认同和传承,这也就是康德为什么会说时间、空间这类本来完全是由人类随意自由定名指称的概念,对于历史上一个个具体存在的个人来说,具有"先验""先天直观"①等性质的根本原因。而金岳霖等学者之所以认为"逻辑实证主义者卡尔纳普认为,逻辑规律就像玩纸牌和下棋的规则一样,是人们任意约定的"这一说法是错误的,②很可能就是因为他们认为,卡尔纳普未能指出反映人们思维规律的逻辑学的语言表达也是受本人类共同体前辈所制定的语言表达方式,即受语法和词义等方面的因素限定的,并不是历史上具体存在的某个个人所能随意改变的,以及卡尔纳普未能指出只有整个人类共同体通过其代表才能改变历史约定的语法和词义。对于历史上一个个具体存在的个人来说,这些由本人类共同体前辈所制定的语法和词义,是一种由后辈具体个人所无法任意改变的客观历史存在。我们之所以可以提出主观处理结果物质化和客体化这两个概念,其原因也就在于作为一个整体的人类共同体和一个个组成该人类共同体的成员之间,存在着既有联系又有所不同这一历史事实。说到底,语音语调、语法和词语含义,都是一个个人类共同体整体合意

---

①康德:《纯粹理性批判》,邓晓芒译,北京:人民出版社,2004年,第30－37页。

②金岳霖:《形式逻辑》,北京:人民出版社,2006年第2版,第6页。

的结果,而不是由哪个个别的人类共同体的成员可以随意改变的。① 所以我们可以说,语言表达过程就是主观精神产物客体化、客观化和物质化的过程。

人类灵魂不死的观念,从根本上说,来源于人类可以通过使用语言,包括肢体语言、口头语言和文字语言,将人类中的一些智者对于后世生存和发展有益,至少当时看着是有益的思想和观点物质化、客体化、客观化,让后辈代代受益。

当然,由于人类历史发展的曲折性,即各个人类语言共同体的社会发展具有相对的独立性,也就是说,全人类各个不同的人类共同体在其发展过程中,由于常常要面对不同的社会发展环境,常常有独立发展的历史,因此目前全人类在日常生活中使用的语言的存在形式也是多种多样。据一些语言学书籍的统计,当今正在被使用的语言有几千种,②如汉语、英语、法语、德语、西班牙语、俄语、日语、阿拉伯语,等等。根据一些曾经被人们在日常生活中使用的活的语言,已经变成在人们的日常生活中没有人使用的死的语言,如吐火罗语、古巴比伦语、古龟兹语等这一历史事实,以及秦始皇在统一中国后曾将原战国七雄所使用的多种文字语言统一为一种文字语言这一历史事实,可以推断,在历史上曾经被人使用过的,而在目前人类日常生活中已经没有人使用的死

---

① 奥地利语言哲学家维特根斯坦曾通过论证不可能有私有语言这一方式,比较深入地论证了语言的社会性。(柴生秦:《西方语言哲学》,西安:陕西人民出版社,2000 年,第 153－163 页。)

② 叶蜚声等人著,王洪君等人修订:《语言学纲要》,北京:北京大学出版社,2010 年第 4 版,第 18、114 页。

的语言,其存在形式的数量,应当是很多的。

　　迄今为止,在人们用以客体化自己的思维过程和思维结果的各种语言的存在形式中,包括公式和图表在内的文字语言是表达能力最强的一种语言存在形式。这是因为人类的肢体数量极其有限,其能被别人的感觉器官直接感知到的变化能力也因此非常有限。相对于人类的文字语言和口头语言来说,包括聋哑人手语在内的人类肢体语言的表达能力是最弱的。口头语言虽然要比肢体语言的表达能力强一些,但人类能够发出并加以区别的语音因素也是极其有限的。例如,当代汉语普通话的音素,①即汉语拼音的声母和韵母的总量仅有 56 个,加上四声和平声,总音素不超过 270 个。当代英语的音素,即用当代国际音标来表达的英语的元音和辅音的总量仅有 48 个。尽管这些数量极少的音素可以构成少则几千,多则近乎无限的能够表意的语素即音节来,②但是在口头语言中还是常常会出现同音不同字、同音不同义、同字不同义和同义同字不同音等情况。这一情况在当代汉语中表现得尤为突出。例如,在笔者手头上目前正在使用的 1998 版《新华字典》所收录的一万余个汉字单字中,仅发音为 yi 的汉字就有 139个之多。③ 由于汉语中有很多单字单独就能够成为可以表意的单

---

①一些语言学家将音素称为"音位"。(叶蜚声等人著,王洪君等人修订:《语言学纲要》,北京:北京大学出版社,2010 年第 4 版,第 29 页。)

②叶蜚声等人著,王洪君等人修订:《语言学纲要》,北京:北京大学出版社,2010 年第 4 版,第 28 – 29、85 页。

③中国社会科学院语言研究所:《新华字典》,北京:商务印书馆,1998 年,第573 – 582 页。

词、语词和命题,①因此即使发音相同的字,如发音为 yi 的字,也
可以表达意思完全不同的含义。例如,"宜居"一语中的"宜"字,
是用来表示适合、适当的意思;而在"移居"一语中的"移"字,尽
管发音与"宜"字相同,但它所表达的却是改变、变动的意思。这
种音同字不同且含义也不同的意思表达,常常只有使用文字才能
清楚、准确、简短地表达出来。所以说,文字语言是迄今为止表达
能力最强的一种语言存在形式。②

目前,由于当代以电视、电脑、手机显示屏图像播放为代表的
数字移动图像技术的迅速发展,开始出现由观看和查看数字移动
图像压倒阅读纸质图像和文字的趋势。但是,观看和查看数字移
动图像说到底只是人们阅读和听说的一种新方式,它并不能消除
文字语言、口头语言和人类肢体语言。这是因为,人们在数字移
动图像中所观看到的主要内容之一本身就是文字语言、口头语言
和人类肢体语言,更别说在制作数字移动图像的过程中,数字移
动图像的制作人基本上还是要依靠文字语言和口头语言来制定
相关的拍摄节目计划和拍摄图像流程这类事情了。这恐怕是一

---

① 美国分析哲学家约翰·塞尔(John R. Searle ,1932—)认为,语词等同于命
题内容。(柴生秦:《西方语言哲学》,西安:陕西人民出版社,2000 年,第
213 页。)他的这一认识,还是使人无法区别人类思维的主观内容和客观内
容。

② "文字则使人类由原始蒙昧状态进入了文明状态……有了文字,古今中外
的人类实践的各种经验都可以成为大脑在异时异地、多次反复地、立体化
加工的原料……知识和思维能力从此进入了良性的互动和增长……从史
前时期进入有史时期。"(叶蜚声等人著,王洪君等人修订:《语言学纲要》,
北京:北京大学出版社,2010 年第 4 版,第 162 – 163 页。)

个人类永远无法改变的客观历史事实。这就像语言与人类思维之间的关系一样。语言只是人类思维的一种表达方式，离开了语言，人类照样可以思维，例如，中华人民共和国成立前和现在的许多哑巴文盲。但是如果没有了人类思维，语言表达也就无从谈起。所以说，在人类思维、语言表达、数字播放移动图像这三个历史事件中，人类思维是最为基础的历史事件，其次才是语言表达，最后才能轮到数字播放移动图像。

这里还想顺便说一下人类语言与其他动物鸣叫功能之间的根本区别在于，人类语言所能表达的意思远比其他动物鸣叫所能表达的意思多得多。人类语言已经发展到文字语言的阶段就是这一情况的突出表现。因此，人类语言表达的规定和限定也要比其他动物鸣叫的直觉反应多得多、复杂得多。所以人类语言能够表达清楚动物鸣叫的各种含义，而其他动物鸣叫则无法表达清楚人类语言所表达的各种含义。

第四章　思维环节、词、BEING、ONTOLOGY

一、思维环节和词

中国当代语言哲学家柴生秦在其所著《西方语言哲学》一书中曾介绍说,西方语言哲学家普遍认为,"语言、思想和世界这三者之间存在着对应关系"①。但是,西方语言哲学家普遍到现在还没有说清楚这种对应关系到底是怎么回事。其中的重要原因之一,是他们普遍还没有搞清楚人类思维的最小单位是什么,或者说,从哲学角度来说,人类应该把其自身思维的最小单位定位成什么。

笔者认为,从哲学角度来说,人类自身思维的最小单位应该被定位成思维环节。两个以上有内在联系的思维环节可以构成人类的一个思维过程。如果要再往细往小地分析人类的思维过

---

① 柴生秦:《西方语言哲学》,西安:陕西人民出版社,2000 年,第 1 页。

程,那就属于由自然科学家借助先进科学仪器来进行的事情了。①

　　现代语言学家已经认定,虽然语言学研究的最小单位是音位/音素,②但是造句的时候能够自由运用的最小表义单位或者是符号单位却是词。③ 按照目前语言学和词汇学领域的一些教科书和学术论著对词语的定义:"词是语言中能够独立运用的符号。"④而人类正是通过遣词造句这一方式,来表达自己的所思、所想和所识的。既然语言学家已经认定,词是造句时能够自由运用的最小表义单位,那么我们反过来可以推定,词是反映人类思维最小单位的语言表达方式。

　　尽管人类思维的语言表达方式中的最小单位是词,但是在人类的思维过程中,思维环节却是一个比词更小的单位。能够证明这一点的是,目前人类使用比较广泛的几种语言中都存在着一词多义的现象。在笔者目前使用的由商务印书馆 1978 年出版的

---

①康德曾说过,"这些表象的非感性原因是我们完全不知道的"。(康德:《纯粹理性批判》,邓晓芒译,北京:人民出版社,2004 年,第 407 页。)康德在这里所说的"表象"就是指概念、思维环节、sense、concept、notion、idea。但是,他的这句话是有缺陷的,或者说是错误的,因为哲学研究的一部分就是这些表象的非感性原因。当然,这些表象的非感性原因中的最大一部分是由当今被划到自然科学的各学科来研究的。

②叶蜚声等人著,王洪君等人修订:《语言学纲要》,北京:北京大学出版社,2010 年第 4 版,第 30、44 页。

③叶蜚声等人著,王洪君等人修订:《语言学纲要》,北京:北京大学出版社,2010 年第 4 版,第 86 页。

④叶蜚声等人著,王洪君等人修订:《语言学纲要》,北京:北京大学出版社,2010 年第 4 版,第 30 页。

《现代汉语词典》正文共 1540 页中,几乎每一页都有一词多义的语词出现。例如,正文第 1 页的"阿姨",正文第 2 页的"腌臜""啊",正文第 3 页的 "唉""娭""挨",等等。第 670 页的"老"字,作为由单个音节构成的词,可以表达 15 种意思,即有 15 个义项,这还不包括"老"字是一个姓氏这个义项。在英语中,笔者目前使用的 1988 年版《牛津现代高级英汉双解词典》①正文共 1343 页中,也几乎是每一页都有一词多义的单词出现。如正文第 1 页所列 11 个单词中,至少有 6 个是多义词;该词典的第 1142 页,在其所列 14 个单词中,至少有 10 个单词是多义词。另外,在笔者案头所放的《法汉词典》②和《俄汉大词典》③的正文中,也是页页布满多义词。

此外,各种语言,尤其是在汉语中,一直存在着一字多义的现象。这是由于汉语是独立语,汉语的历史发展导致其至今还留存有很多单字成词的现象。例如,在笔者目前使用的由商务印书馆 1978 年出版的《现代汉语词典》所列出的一万个左右的单字,几乎个个都可独立表达一种乃至多种意思。

由于语义常常不能单独由语音来表达,从而无法被别人所了解,因此我们现在只能把词定为人类思维的最小表达单位。而对一个词所包含,或者说所扬弃的各种具体义素的表达,也就是人们为想出这个概念而经历,但是不能用这个词直接表达的一系列

---

① 张芳杰:《牛津现代高级英汉双解词典》(简化汉字版),北京:商务印书馆,牛津:牛津大学出版社,1988 年。

② 《法汉词典》编写组:《法汉词典》,上海:上海译文出版社,1979 年。

③ 刘泽荣:《俄汉大词典》,北京:商务印书馆,1960 年。

思维环节,则只能借助于使用短语、句子、文章,乃至一部著作或者是多部著作了。①

换句话说,每个词在一个具体句子中所要表达的真正含义,即某一个具体思维环节,也就是某一个显性思维环节的具体含义,还需要通过听,或者是读该词的上下文后,或者是在对话双方都知道使用该词的前因后果即语境后,才能得到最后的确定。例如,词组"老朋友"中的"老"字,从语法上讲,在这里起一个单音词的作用,与"新"字相对立,表示"很久以前就存在的"意思。而在句子"鸡蛋炒老了"中的"老"字,在这里也是起一个单音词的作用,与"嫩"字相对立,表示"火候大了的"意思。② 再如,马克思所提出的"相对剩余价值"和"绝对剩余价值"这两个概念所包含的各种具体义素的表达,几乎用了《资本论》第一卷整整几十万字的一本书。所以说,与义素相对应的思想内涵是思维环节。语义和义素的区别就在于,语义是直接表达某一个思维环节的含义,而义素则是指我们的大脑为形成这个语义所要经历的多个思维环节,也就是为形成这个语义所要经历和扬弃的许多思维环节。③我们可以称语义为显性思维环节,义素为隐形思维环节,也就是

①关于语义和语素的区别和辨析,请见徐威汉:《汉语词汇学导论》(修订版),北京:北京大学出版社,2008 年,第 29 – 30 页。

②"同样一种现实现象,一种语言(或方言)用一个词来表达,另一种语言(或方言)用两个、三个或更多的词来表达"。(叶蜚声等人著,王洪君等人修订:《语言学纲要》,北京:北京大学出版社,2010 年第 4 版,第 140 页。)

③关于词既不是人类的最小思维单位,也不是人类最小的语义单位这一命题,中国当代著名词汇学家徐威汉已有仔细的辨析。(徐威汉:《汉语词汇学导论》(修订版),北京:北京大学出版社,2008 年,第 26 – 31 页。)

说,显性思维环节是指人类在思维过程中,用词来表达的一个思维节点,或者说概括点。隐性思维环节则是指在形成一个显性思维环节中所要经历的一些乃至许多的思维环节。例如,要想搞清楚显性思维环节"脊椎动物",也就是要搞清楚"脊椎动物"这个词代表什么意思,需要先搞清楚什么是"脊椎",什么是"动物";而要搞清楚什么是"动物"这个概念,又要搞清楚什么是"新陈代谢"、什么是"新陈代谢能量来源"等一系列概念的含义。

黑格尔在其《逻辑学》和《小逻辑》这两本书中常常说到的"扬弃",实际上就是指人们在其思维过程中,把一个显性思维环节变为隐性思维环节的过程。从某种角度来看,"扬弃"的反义词是"研究"。"研究"是指对象化过程,即把一个个隐性思维环节逐步变为显性思维环节的过程。

当然,造成人们有时需要用几百乃至几十万字来说明一个概念所包含的各种具体义素这一情况的原因还有人类的个体思维是立体的,也就是说,人类在进行个体思维时,整个大脑的许多个相关思维细胞都在同时运动变化着。而人类的语言表达却是线性的,[①]只能一个字一个字地说,一个字一个字地写,无法像思维那样很快地就能完成一个过程。我们常见的有人急得说不出话的现象,就是这一情况的具体表现。比较高速地表达人类思维过程这一课题的任务,也许只能交给将来的自然科学家去完成了。祝愿他们能早日有实质性的突破。

目前,中国语言学界对为什么虚词和实词都被称作一个词的

---

① 叶蜚声等人著,王洪君等人修订:《语言学纲要》,北京:北京大学出版社,2010 年第 4 版,第 27 页。

实际原因还没有完全搞清楚,只是认识到实词是有所指称的,其所指称的一般是一个概念,实词往往可以在我们的感觉世界中找到相对应的对象或者是它们的代表;而虚词一般是起语法作用的,它们在语言中所起的主要作用是说明相关的概念之间的关系。

在我们搞清楚人类思维的最小单位后,就可以说,虚词和实词之所以都能被称作一个词的实际原因和根据是,虚词和实词都是反映人类思维环节的语言表达方式,都是能反映人类思维的显性思维环节。

对一个事物的观察、考察和思维,只有达到显性思维阶段,即给该事物起名称的阶段,也即黑格尔所说的"绝对理念"阶段,人类才有条件对该事物进行进一步的研究和考察。这是因为,只有达到这一阶段,人们才算是对该事物完成了对象化的过程,并能比较容易地将已有的认识进行交流和传承。绝对理念的产生过程,实际就是指一个新概念的形成,以及一个新名词的诞生过程。但是,对于同一个语言共同体来说,这一新名词必须是有新内容的名词,而不是对同一事物所起的另一个名字。因为从一个角度来看,起名字是完全主观的事情。对起名字这件事的自然限定完全以一个人或者是多个人的想象力为界限,同一事物完全可以起成千上万个名字。但对一个语言共同体来说,这样是无法在不同的语言共同体成员之间进行交流的,从而使该共同体无法组织起有效的分工和合作。所以,对于一个语言共同体来说,一个新名词必须是有新内容并得到该语言共同体的合意同意的新名词。

同时,我们还应该清楚,名词虽然是显性思维环节的语言表达方式,但是我们不能反过来说显性思维环节的语言表达方式就是名词，或者是其他实词，如形容词、副词等，这是因为，虚词也是显性思维环节的语言表达方式。我们只能说，词是显性思维环节的语言表达方式。否则，我们将犯形式逻辑中的定义过窄的错误。也就是说，虽然概念所反映和表达的是显性思维环节，但我们不能反过来说显性思维环节就是概念。这是因为，语法词汇也是显性思维环节，而且是我们中国人进行思维和表达不可缺少的显性思维环节。

再就是思维环节与语素及义素的区别。思维环节强调的是将一个语素或一个义素与其他语素或义素联系起来的过程，而语素或义素强调的是将一个语素或一个义素与其他语素或义素区别开来的结果。每个语素或义素都有自己固定的名称，而思维环节则是出现这些名称的原因。也就是说，思维环节更抽象一些，离具体事物或具体概念更远一些；而语素或义素则更具体一些，离具体事物或具体概念更近一些。而对思维环节的进一步研究，从生理生化层面说清楚思维环节到底是怎么一回事，则属于自然科学家借助先进的科学仪器和设备来完成的事情。对此，专门研究哲学方法论的人恐怕很难置喙。而其所能研究的最小单位，恐怕就是语素的本质或属概念，即思维环节了。

最后笔者想说的是，语言的属概念是人类自身所具有的一种功能，它的种特征，或者说它所起的社会功能，就是通过口腔、人体其他器官以及书写等方式来表达人类的思维过程和思维结果。

二、正确理解和翻译 BEING 和 ONTOLOGY

两千多年前的古希腊哲学家亚里士多德曾说过，研究作为

being 的 being(being qua being)是第一哲学。① 但是,凡研究西方哲学的人都知道,what is being 是一个至今仍然没有得到很好回答的问题。其中最重要的原因就是,直到目前中外哲学家都没有对什么是主观处理这一概念做出一个能够令人信服的属加种差式定义。

由于正确理解和翻译好 being 这个单词涉及汉语是否能真正消化好两千多年来多种西方哲学理论的问题,因此今天还是应该多花一点儿时间,继续讨论应该如何正确理解和翻译好这个单词的问题为好。

笔者认为,要想在理解和把握 being 的问题上超过自古以来西方哲学界的研究水平,就必须连续进行六个逻辑转换,或者说把握好六个相互关联的命题或认识,它们分别是:一、being 是英语单词的代表;二、词是语言的代表;三、语言可以表达思维过程和思维结果,语言是人类思维过程和思维结果的主要物质化、客体化的方式之一;四、所谓的思维过程就是人对客体进行主观处理的过程,思维的结果就是人对客体进行主观处理的结果;五、所谓的主观处理就是人对客体进行多方面、多角度、多层次的考察和描述的过程;六、西方哲学界两千多年来不断追问什么是 being,其所起的真正功能是在不断地追问什么是主观处理,以及追问主观处理与语言表达方式之间的关系。西方哲学界至今还没有对being 做出一个合适的公理化认识,还没有对 being 做出一个令人信服的属加种差式定义,其主要的原因之一,恐怕与他们至今还

---

① Aristotle, *Works of Aristotle*, Metaphysica, Vol. 8, p. 85;亚里士多德:《形而上学》,吴寿彭译,北京:商务印书馆,1959 年,第 120 页。

没有完全把握好这六重逻辑转换,或者说没有完全概括好这六个相互关联的命题或认识有关。

对于什么是主观,什么是主观处理,语言是人类思维过程和思维结果的主要物质化、客体化、客观化的方式之一,所谓的主观处理就是人对客体进行多方面、多角度、多层次的考察和描述的过程,所谓的思维过程就是人对客体进行主观处理的过程,思维的结果就是人对客体进行主观处理的结果等命题,前面已有比较详细的阐述,此处不再赘述。

这里应当说明的是,虽然词同语音语法一样,都是运用语言不可缺少的内容和条件,但是"词汇系统又比语音、语法系统复杂得多,直到现在,人们也感觉对词汇的系统难以把握"①。加上许多语言的词汇量大得惊人,例如,仅作者本人手中所持的上海人民出版社 1975 年出版的《新英汉词典》,就收录英语通用单词五万余个;上海辞书出版社 1989 年出版的汉语《辞海》,所收录的词条也有十余万条,如果再算上专有名词,如毛泽东、长江、黄河等人名地名,词汇量就更大了。因此,我们完全可以说,词是语言的代表。

日常经验告诉我们,一个智力发育正常的人,在 6 岁左右就已基本学会了正确地使用母语发音,这也是幼儿在 6 岁报名上学的原因之一;而一般人到了 12 岁左右,就基本上不会用母语说错话了。这一情况说明,一个智力发育正常的人,到 12 岁左右就基本上能够正确地掌握母语的语音、语法使用规则了。目前我国的

---

① 徐威汉:《汉语词汇学导论》(修订版),北京:北京大学出版社,2008 年,第 189 页。

小学教育一般在学生 12 岁左右开始重视写作的原因也就在于此。然而,我国和许多国家的法律都规定,只有满 18 周岁的人才具有政治选举权和被选举权。这一情况说明,一般只有满 18 周岁的人,才会具有进行全部正常社会生活的基本知识。而这些进行全部正常社会生活的基本知识,都是通过词语来表达的。这一情况说明,仅仅了解进行全部正常社会生活的词汇含义,就需要比学会正确使用母语的语音、语法基本使用规则多 6 到 12 年的时间。从这一点上看,我们也完全有理由说,词是语言的代表。这是因为,仅仅掌握进行全部正常的社会生活的词汇的含义,就要比学会母语的语音、语法基本使用规则更难,花费的时间更长。更别说从事一些专业难度较大的职业,如医学治疗,或者是处于国内国际科学研究前沿的工作,其所必须要学习的一些基本的母语和外语专业词汇的含义还需要更长的时间。一般来说,不到 22 岁,这些基本专业词汇的含义是很难学习完的。有关专业的学生,一般要到 22 岁以上才能取得有关资质证书,或是学士学位证书,在此以后才会被允许独立从事相关专业的工作。这一点已经非常清楚地被社会现实所证明。

下面再讨论有关正确理解和翻译 being 和 ontology 的问题。

每个懂得英语的人都知道,在每一本稍微大一点儿的当代英语词典中,作为 being 词根的 be 的种种用法和种种语义都已被解释和说明得清清楚楚。即使有不知道或者是不懂的地方,也完全可以通过查字典搞得清清楚楚。那么,为什么一些哲学家还要继续着力研究作为 be 种种用法和种种语义总括的动名词形式 being 呢?这不是舍简就繁吗?另外,当代英语通用单词已有数万,其中动词至少也有几千,那么,为什么西方哲学界单单垂青动词 be,

并单单把它的种种用法和种种语义的总括,即动名词 being 作为研究的重点呢? 能够证明这一点的一个典型事例就是,当代西方哲学界的两个重量级人物海德格尔和萨特,就是因为曾着力研究 being,并分别出版了 *BEING AND TIME* ①和 *BEING AND NOTHING*② 这两部著作,才被当代世界哲学界所格外推崇的。

笔者认为,当代西方哲学界单单把词根 be 的种种用法和种种语义总括的 being 作为研究重点的原因是,英语动词词根 be 是目前所有英语动词(含实义动词、联系动词、情态动词、助动词等动词的全部分支)词根中使用频率最高、功能最强的。这一点可以从 30 年多来在中国一直非常流行的一套英语教科书《新概念英语》中得到证实。如《新概念英语》第二册第一篇课文《私人谈话》共用英语单词 100 个,其中使用动词 24 个。在这 24 个动词中,be 的各种变化形式有 5 个,③是该篇课文中使用频率最高的一个动词词根。《新概念英语》第二册第二篇课文《早餐还是晚餐》使用的 100 个英语单词中,动词有 28 个。在这 28 个动词中,共使用了 be 的各种变化形式 9 个④,也是在该篇课文中使用频率最高的一个动词词根。在《新概念英语》第二册剩余的其他 98 篇

①Martin Heidegger, *BEING AND TIME*, Translated by John Macquarrie & Edward Robinson, Oxford:Blackwell Publishers Ltd,1962.

②Jean-Paul Sartre, *BEING AND NOTHING*, Translated by Hazel E. Barnes, Basingstoke, Hampshire:Philosophical Library, Inc. ,1993.

③亚历山大、何其莘:《新概念英语》第 2 册,北京:外语教学和研究出版社,1997 年,第 12 页。

④亚历山大、何其莘:《新概念英语》第 2 册,北京:外语教学和研究出版社,1997 年,第 16 页。

课文中,情况也大多如此。

作为系动词的 be 是目前英语系动词中用途最广,也最为"能指"的一个。人们在许多场合可以用它来说明英语的其他主要系动词,如"The word of 'ge' is a common linking verb."(get 这个词是一个常用系动词),而其他系动词则往往难以做到这一点。这是因为动词 be 的各种变化形式可以直接表达人们的纯粹主观判断,而不需要考虑其他的客观因素。

再者,作为助动词的 be 可以用其各种具体变化形式,如 be、been、being、am、are、is、was、were 等与其他各动词的过去分词合用,共同组成英语的被动语态,如"The book is being read by some-one."(有人正在看这本书),等等。而这一功能是所有其他英语主要助动词,如 shall、will、have、do 等都不具有的。

此外,在当代英语中,原为动名词的 being 在一些场合已被转用为与系动词功能几无联系的名词,用以指代前面已说过的事物,或者是人人都知道的事物,如 those beings(那些东西),human beings(人类),等等。

词根 be 也是目前英语动词中保留变化形式最多的一个词根。其他英语动词连原形在内一般最多保留 5 种变化形式,如 give、gives、giving、gave、given,而 be 连原形在内却保留了 8 种变化形式,即 be、being、been、am、are、is、was、were。

中国当代著名英语语法学家张道真先生,在 20 世纪 50 年代曾编著过一本在国内影响很大的《实用英语语法》,其修订本到现在都很畅销。在笔者案头所放的该书1995年的修订重印本,①正文共有738页。在这738页中,几乎页页都涉及动词词根 be 的各种变化形式,有的是专论动词词根 be 的各种变化形式在表达时态和语态时所起的作用,有的则是在例句中使用 be 及其各种变化形式。可以说,学好了 be 的各种用法,几乎就等于学会了英语的基本使用方法。

用中国当代汉语词汇学的术语来说,以上情况表明,英语动词词根 be 的动名词形式 being 是英语中义素最多的一个单词。②由于英语动词词根 be 是目前所有英语动词词根中功能最强、使用频率最高、保留变化形式最多的词根,因此笔者认为,英语动词词根 be 的动名词形式 being 在哲学方法论领域完全可以,或者说已经被当作英语单词/词语的代表来对待了。

以往的中国学人在如何正确翻译 being 一词的问题上,已经发表过多种意见。有的人主张翻译成"是",有的人主张译成"存在",有的人主张译成"有",有的人则主张译成"在",等等。

根据目前笔者对英语语法以及西方哲学的了解和理解,being 一词翻译困难的地方,主要是在"What is being?"这句问话中,以及在一些专门研究作为词根 be 的总汇的动名词 being 的确切含义的论著中。在其他涉及使用 being 的英文文献中,翻译水平稍微高一点的译者都能根据所译文献的上下文,找到适当的汉语词

①张道真:《实用英语语法》(1995年修订重印本),北京:外语教学与研究出版社,1995年。
②关于义素的定义和功能,请参见徐威汉:《汉语词汇学导论》(修订版),北京:北京大学出版社,2008年,第29页。

语来对 being 进行正确恰当的翻译。该翻译成"是"的时候,他们自然会翻译成"是";该翻译成"存在"的时候,他们自然会翻译成"存在";该翻译成"有"的时候,他们自然会翻译成"有";该翻译成"在"的时候,他们自然会翻译成"在";该翻译成"感性知识"时,他们自然会翻译成"感性知识";在仅仅起表达时态的作用,该省略不译以符合汉语的表达习惯时,他们自然也会省略不译。相关的中国读者在阅读时也没有发现有逻辑不通或语言不通的现象,或者是有读不懂的地方。几百年来,中外学者所翻译的千千万万本英国文学作品和各学科的专业论著在中国的命运,已经非常鲜明地证实了这一点。

以往的有关论著大多认为,在"What is being?"这句问话中的 being,以及在专门研究作为词根 be 总汇的动名词 being 确切含义的论著中的 being,其之所以难以翻译,主要是 be 的含义多种多样,同时在英语中所起的功能也是多种多样的,所以作为它的动名词,其含义来源也是多种多样的,致其所含义素太多的缘故。他们还认为,虽然 being 因可以被当作英语系动词 be 和英语助动词 be 的动名词形式来使用而可以用作主语,从而为英美人士研究 be 的种种用法和功能提供了方便;但是,由于 be 的含义和在英语中所起的功能多种多样,所含义素太多,致使中国人乃至英国人和不少以拉丁语系其他语种为母语的人,不知道到底应该选择 be 的哪一种含义和 be 在英语中所起的哪一种功能为好。我国第一个将古希腊文中相当于 being 的词语翻译成"是"的学者陈康先生就认为,古希腊文中相当于 being 的词语,"在中文里严格讲起来不能翻译"。① 陈康说,其中的原因就在于 being 所含的义素太多。

笔者认为,上述解决 being 翻译问题的思路是有缺陷的。这个缺陷就是,这是一种把问题仅仅推向具体一端的方法。使用这种方法虽然可以为最后重新概括和抽象某个问题或概念打下更为坚实的基础,但是,这种方法也存在着将使问题的头绪越来越多,最后出现难以进行更高一级的概括和抽象的结果。笔者认为,到目前为止,不论是在西方,还是在中国,多少年来对词根 be 总汇的动名词 being 的研究,基本上就处于这种状态。我们使用把该问题推向具体一端进行分析的方法,其目的还是为了最后能够进行更高一级的概括和抽象,以提高日后的演绎推理和实践水平。假如做不到这一点,那就不是一种好的分析和概括的方法。所以笔者认为,目前要想解决好 being 的正确翻译问题,需要使用把该问题推向更为抽象的一层,也就是推向更为抽象的一端的方法。而这一方法就是,我们需要连续追问,既然 being 是一个词,那么什么是词呢? 既然词是语言的一个构成成分,那么什么是语言呢? 既然语言是人类的思维过程和思维结果,或者说是人类进行主观处理和表达主观处理的主要物质化、客体化、客观化的方式之一,那么什么是思维呢? 当连续解决了这几个问题后,我想也就比较容易解决什么是作为词根 be 总汇的动名词 being 这个问题了。

笔者认为,西方哲学家几千年来不断提出什么是词根 be 的

总汇的动名词 being 的原因就在于,他们实际上是想知道什么是主观处理,也就是什么是思维以及主观处理或者说思维与语言表达方式之间的关系。笔者提出这一观点的根据是,虽然词根 be 总汇的动名词 being 所含义素很多,但当今每一本稍微大一点的英语词典,或者是英语百科全书,以及相关的英语语法书籍,都已将这些义素基本罗列完全,不用去探索什么是作为词根 be 总汇的动名词 being 确切含义的问题了。即使是古希腊语,也曾将相当于英语词根 be 的单词"on"的各种使用方式、变化形式和义素罗列得很清楚。① 所以说,西方哲学家几千年来不断提出什么是词根 be 总汇的动名词 being 这一问题,肯定另有原因。笔者认为,其直接原因就是,英语词根 be 的多种变化形式和多种使用方法,能够充分表现出人类对语言的多种多样的处理方式,从而表现出人类主观处理的多样性和复杂性。在他们还没有概括出什么是主观处理,以及主观处理与语言表达方式之间的关系这两个问题的情况下,他们只好以提出追问作为词根 be 总汇的动名词 being 的确切含义这一方法来代替。这样的做法是人类思维比较容易达到的水平。这是因为,对现象发问,总是比透过现象看本质要容易一些,总比透过现象找其中规律性的东西要容易一些,总是比找出现象乃至规律背后所隐藏的东西要容易一些。在一定情况下,把问题搞复杂,要比把问题搞简单要容易得多。把一个非常抽象的概念说糊涂容易,说明白难。

实际上,一些以英语为母语的哲学家也早已感觉到,哲学界

---

① 王晓朝:《读〈关于"存在"和"是"〉一文的几点意见》// 宋继杰:《BEING 与西方哲学传统》,保定:河北大学出版社,2002 年,第 48 – 54 页。

追问什么是 being 的真实目的并不是想追问作为词根 be 总汇的动名词 being 的具体含义问题,因此他们也在苦苦寻找追问 being 的真正目的到底是什么,并为此连续奋斗了许多年。对于这一点,美国学者 Arthur Lovejoy 在其《Being 之链》①一书中曾做过一些考证。

德国著名哲学家黑格尔在其《小逻辑》修订版一书中,已经把 being 一词作为建立他的辩证逻辑体系的开端,也就是把 being 认作人类认识的开端,但还没有达到概念的一个阶段,也就是客体主观化的第一个阶段。② 这一阶段实际上相当于毛泽东在《实践论》一书中所说的"感性认识阶段"。然而,黑格尔到最后还是没来得及专门论述什么是 being,从而未能解决"What is being?"的问题。

---

①Arthur O. Lovejoy, *The Great Chain of Being*: *A study of the History of an Idea*, Cambridge: Harvard University Press, 1964.

②"真正的开始将会从存在出发"。(黑格尔:《小逻辑》,贺麟译,北京:商务印书馆,1980 年第 2 版,第 326 页。)贺麟先生在翻译此处时,依据德文原著,将此处翻译为"存在"。英国学者 William Wallace 在将此书翻译成英文时,将此处翻译为" being"。(Hegel, *Hegel's Logic*, Translated by William Wallace, Oxford: Oxford University Press, Third edition,1975, p. 222.)笔者根据此处的上下文认为,此处"being"似乎应被理解成汉语的"东西"一词为好。这是因为,在汉语中,"东西"也是一个内含矛盾,有待进一步认识的名词。而黑格尔在此处的上下文中,所强调的正是 being 在人们思维中形成概念的过程中只是一个过渡环节,说"Being"与"本质"(essence)的统一就是"概念"(notion)。(Hegel, *Hegel's Logic*, Translated by William Wallace, Oxford: Oxford University Press, Third edition,1975, p. 222.)。

　　由于直到现在相关的哲学方法论还很不发达,尤其是主观辩证法基本要素还未实现公理化,致使他们未能将 being 是英语单词的代表,词是语言的代表,语言是人类思维过程和思维结果的主要物质化、客体化方式之一,所谓的思维过程就是人对客体进行主观处理的过程,所谓的主观处理就是对客体进行多方面、多层次、多角度的分析和概括的过程这五个命题联系起来进行思考,甚至可能还没有完全分别抽象或概括出这五个命题来。所以,直到今天,包括以英语为母语在内的拉丁语系的有关学者,都没有全面正确地回答出,在"What is being?"(什么是 being?)这一问句中 being 到底意味着什么。例如,海德格尔和萨特这两个几乎是当代世界最为著名的哲学家,尽管分别各自写了一大本几乎是专论 being 问题的著作,但是他们两个人终究还是没有说清楚究竟应该如何全面理解有关什么是 being,或者说 being as being 这一问题。①

　　关于当前如何正确翻译 being 的问题,笔者认为,由于准确翻译 being 含义的困难只出现在"What is being?"这句问话,以及在专门研究作为词根 be 的总汇的动名词 being 的确切含义的论著中,翻译困难的范围极小,同时我们又不能把"What is being?"翻译成"什么是主观处理",因为 being 的字面意思和主观处理这一概念之间差着许多环节,因此我们不妨把此处的 being 作为一个专有名词来对待。在这一情况下,笔者认为,在翻译"What is being?"这句问话时,最好把它翻译成"什么是 being?"。在讨论作为

---

① 马丁·海德格尔:《存在与时间》修订译本,陈嘉映、王庆节合译,北京:三联书店,2006 年第 3 版,第 4—6 页。

词根 be 的总汇的动名词 being 的确切含义的论著中,也相应地保留了 being 这一英语表达形式。首先,由于目前中国相关的专业人员在讨论作为词根 be 的总汇的动名词 being 的确切含义的论著中,一般也都是这么说的、这么问的、这么做的,这说明这么说、这么问、这么做是符合汉语语法的。其次,假如我们在这句问话中保留其原来的英语表达形式 being,就可以很方便地全面保留原有问话中的全部信息,以便于今后继续关心这一问题的人数极少的专业人士来讨论。更为重要的是,理解是第一位的,翻译是第二位的。在已经比较充分地理解和搞清楚了西方哲学界几千年来追问什么是 being 的前因后果之后,我们在翻译"What is being?"这句问话,以及在专门讨论作为词根 be 的总汇的动名词 being 的确切含义的论著时,保留其原来的英语单词 being 这一文字表达形式,就不会影响到我们对 being 问题的理解了。其实,不少中国学者在翻译其他学科的一些论著时,早已采取保留个别原外文字母、单词乃至词组这一方法,用以简洁或方便地全面保留原有词语所表达的全部信息。例如,在我国各种高等数学教科书乃至一些初高中数学课本中,保留原英文、拉丁文、希腊文字母、单词、词组的现象,比比皆是。如初高中以上的数学课本中保留 sin、cos、tan、cot,等等。此外,还有一些高等学校教科书乃至一些常见报纸杂志中出现音译部分外文内容的现象,如使用"拉普拉斯变换"、PM2.5 这类专用译名,用以节省中文表达字数。再如,现在已有不少学术出版单位和学术期刊业已规定,在汉语学术论著注明外文引文出处时,仅仅用原外文原文列出有关的著者、书名、出版地、出版社名、出版年份即可,而不必再写出中文译文,以方便有关的科研人员和编辑人员溯源查找或审阅。笔者认为,只要有利于中国人全面消化西方各学科的先进文化和知识,有利于中华文化全面赶超西方文化,在汉语学术论著中暂时保留个别原外文字母、单词或词组,不一定是坏事,只要不像中国古代一些翻译家在翻译佛经时满篇都是不加注释的音译梵文,搞得"中国僧侣念了一千多年还多半是照本宣科而实际不懂"①就行。其实,英国人在翻译德国哲学方法论著作时,也是这么做的。例如,英国人在翻译海德格尔的《BEING AND TIME》一书时,把书中最重要的一个德语单词 dasein(相当于英语中的 being)翻译成英语时,也是把 dasein 完全不变地写入英文,以保留其全部信息。②

　　这里还应当指出,两千多年来,包括古希腊的亚里士多德,18世纪的康德、黑格尔,以及 20 世纪的萨特和海德格尔在内的学者们没有说清楚 being 到底是什么的更深一层的原因可能还有,以古希腊语和古今拉丁语系各语种作为母语的人,在进行抽象思维和语言表达时,其本身就深深地陷在包括系动词时态语态和助动词时态语态在内的动词语态和时态的束缚之内。这种抽象思维和语言表达方式方法,实际上是把表达动作行为、判断、命题和时间等几个环节的事情混合在一起来进行思维和表达。加上英语

---

①王太庆:《我们怎样认识西方人的"是"》//宋继杰:《BEING 与西方哲学传统》上卷,北京:北京大学出版社,2002 年,第 69 页。

②Martin Heidegger, *BEING AND TIME*, Translated by John Macquarrie & Edward Robinson, Oxford:Blackwell Publishers Ltd, 1962, passim. dasein 是海德格尔《存在与时间》一书中相当于英语动词 to be 的第三人称一般现在时 is 和 are,当代中国学者一般将其翻译成"此在"。但是,由于海德格尔本人最终还是没有说清楚自古希腊以来人们为什么要提出什么是 being 这一问题,所以将 dasein 翻译成"此在"也是当代中国学者的无奈之举。

等拉丁语系的不少具体存在形式是缠绕语,它们的主语、谓语、宾语、定语、状语、补语在句子中的摆放位置自由度要比汉语大得多。因此,他们在对 being 进行定义时,很容易形成循环定义或同义反复,把"What is being?"中的动名词 being 与表达语态的现在分词 being,以及与表达变化时间的现在分词 being 混在一起,一大串 being 连在一起用,让人搞不清楚谁是谁,造成作者和读者思维混乱,想不清楚也表达不清楚的结果。幸好汉语属于独立语系统,不像英语等拉丁语系统的各具体语言几乎句句都要涉及时态和语态等问题,因此汉语在进行抽象思维和语言表达时,很少会把这几个环节的事情混合在一起进行思维和表达。所以,中国人可能更容易正确地回答"What is being?"这一问题。文章写到这里,笔者想起了中国宋代大诗人苏轼所写的一首诗:"横看成岭侧成峰,远近高低各不同。不识庐山真面目,只缘身在此山中。"把这首诗的意境用在这里,倒蛮合适。看来,抽象思维习惯和语言表达习惯还是保留多样性更好一些。当局者迷,旁观者清。

此外,笔者认为还应该提到另外一个与此相关的非常重要的英语单词 ontology 正确的英译汉问题。其实近百年来中国学者之所以不断讨论 being 问题,主要原因之一就是想正确地翻译 ontology 这个英语单词。过去我们常常把 ontology 翻译成"本体论",但是这一译法不符合几千年来中国传统文化对"本体"一词的理解和使用。① 尽管目前国内有一些学者提出,可以把 ontology 已被习惯地翻译成"本体论"这件事当成对中国传统文化中"本体"

---

①方光华:《中国古代本体思想史稿》,北京:中国社会科学出版社,2005 年,第 37 页;谢维营等:《本体论批判》,北京:人民出版社,2009 年,第 2－7 页。

思想的一种转义来对待,①但是,由于汉语有望文生义的特点,而且这一译法业已严重影响到当代中国哲学界完全消化多种西方哲学理论的进程,同时它也严重影响到中国哲学全面赶超西方哲学方法论的步伐。因此,这种译法严重混淆了中国读者,甚至包括一些相关专业人员对中国传统文化中"本原""本体""本源"等概念的理解,②同时,这种译法也无助于相关专业人员加深对 be-ing 问题的理解。所以,笔者建议,必须尽快改变这一译法。

笔者认为,由于我们已经搞清楚应当如何正确回答"What is being?",因此我们可以把 ontology 的汉译加上"主观处理论"。这是因为,在当代最常见的英语词典和大百科全书中,都非常明确地写明 ontology 是研究 being 的一门学问。例如,在英国常见的《钱伯斯英语词典》中,在解释 ontology 时,是直接写明 ontology 是研究纯 being 的一门学问(The science that treats of the principles of pure being.)。③

虽然我们不能把"What is being?"翻译成"什么是主观处理?",但是却可以把 ontology 翻译成"主观处理论"。这是因为,仅仅翻译一个单词的词义,与翻译一个句子中的同一个单词的词义是有所区别的。词义是显性思维环节,它可以不顾它在形成过

---

①谢维营等:《本体论批判》,北京:人民出版社,2009 年,第 21 页。

②王太庆在《我们怎样认识西方人的"是"》一文中对这一现象有鲜活的描述。(宋继杰:《BEING 与西方哲学传统》,广州:广东人民出版社,2011 年,第 61 页。)

③Robert Allen, *CHAMBERS ENGLISH DICTIONARY*, Edinburgh:W & R Chambers Ltd, Seventh edition,1994, p. 1004.

程中所经历的其他环节、其他因素、其他概念,直接用词语来表达。黑格尔曾在《小逻辑》一书中对此现象有过这样的论述:"概念本质上即在于扬弃它的前提。"①此话完全符合人类主观处理的实际情况。同时,黑格尔的这句话也从哲学角度清楚地说明了语言中为什么会有多义词的根本原因。

三、本体论的正确英译法

要想把 ontology 汉译改为"主观处理论",也需要相应地阐述好"本体论"这一概念的正确的汉译英问题。笔者认为,"本体论"这一概念的正确的汉译英应当是 induction,即还原论或归纳法。这是因为,中国古代思想史中的本体思想,或者是本原思想,是指把世界上的万事万物都还原为金木水火土加阴阳两极两气,"天意",或者是"道""仁""心"等这样一些非常抽象,或者是非常直观简单的概念这一现象。这种思想也是一种还原性思维方法,也就是归纳思维方法。这种思维方式应当算是 induction 所反映的一种情况或存在形式。而 ontology 所反映的情况的范围要比 induction 大。ontology 所反映的情况不但有归纳推理,也有演绎推理(deduction),还有各种其他推理,如类比推理,等等。它还包括简单说明、简单判断,乃至复杂说明、复杂判断,各种反思的结果,以及时态和语态这些中国古汉语依其上下文来判定,或者单独用词语来表达的意思。演绎思维是指寻找下位概念的过程,归纳思维是指寻找上位概念的过程,类比思维是指寻找平行概念的

---

①黑格尔:《小逻辑》,贺麟译,北京:商务印书馆,1980 年第 2 版,第 325 页。

过程。所以,当我们把 ontology 与 induction 相对立时,ontology 是
一个比还原概念更为抽象的概念,它是还原概念的属概念和上位
词。因此,当我们要把汉语中的"本体论"这一概念翻译成英语
时,应当翻译成 induction,而不是 ontology。笔者认为,这种译法应
该更为精确一些。

当然,要把"本体论"翻译成 ontology 也不能说是错误的,因
为 ontology 是 induction 的上位词,是一个比 induction 更抽象的
词。这就像把人说成哺乳动物是完全正确的,同时把人说成动
物,也是完全正确的一样。但是,形式逻辑讲究的是"定义来自最
近的属加种差",①因此还是翻译成 induction 为好。这就如同把
"哺乳动物"这一概念翻译成 mammal(哺乳动物)比翻译成 animal
(动物)一词要好。这是因为,mammal 一词能在一些情况下,使人
们在定义一些动物,如狗和猫时,更容易找到离这些动物最近的
属概念。此外,用最近的属加种差来定义一个概念或者是一个
词,可以让别人更快地了解某一客体更多方面的情况,加快联想
其他概念与概念的速度,从而帮助别人更快更好地利用这一客
体。例如,一个苹果的属概念可以有水果、植物果实、食品、东西、
物质,等等。但是,假如我们在没有特定条件的情况下将一个苹
果的属概念定格为水果,那么作为第一次听说苹果这个概念的读
者或者是听者的受众,马上就会知道这个苹果的许多特征,比如,
红富士苹果可以吃,在一定程度上可以充饥;它的水分比较大,在
一定程度上可以解渴;它的味道一般比较可口,等等。假如将这

---

① 马丁·海德格尔:《存在与时间》(修订译本),陈嘉映、王庆节合译,北京:
　三联书店,2006 年第 3 版,第 5 页。

个红富士苹果的属概念定格为植物果实,那么第一次听说苹果这个概念的读者或者是听者的受众,就不会知道这个苹果到底是水分较大的水果,还是比较坚硬且不能在一定程度下解渴的植物种子,如谷子、豆子、玉米粒,等等。所以为了加快彼此语言交流和理解的速度,人们在对一个客体进行定义时,需要讲究"来自最近的属加种差"。

四、老子"道生一"中的"道"

两千多年前,中国古代思想家老子在其《道德经》第 42 章中曾提出,"道生一,一生二,二生三,三生万物"①这几个命题。但是直到今天,这几个命题仍没有得到很好的解读或解释,仍在许多方面让人摸不着头脑。例如,在山西古籍出版社 2000 年出版的由梁海明主编的《道德经》今译白话文本中,在参考了自古以来一百多部相关学术专著之后,该文本在对这几个命题进行解释时说:"道:指阴阳配合之道,它是宇宙的本原。一:指天地未分时的原初混沌的元气……二:指天、地 ……三:指由天地产生的阳气、阴气和阴阳混合而成的和气。"在把这一段文字翻译成白话文时说:"'道'产生原初的元气,这原初元气生出天和地,天地生出阴气、阳气以及和气,和气生出千差万别的物质。"②

但是,这种解释最终还是无法让人搞清楚"道"指的到底是什么。这是因为,元气、阴气、阳气、和气这几个概念仍是一些让人

---

①老子:《道德经》,太原:山西古籍出版社,2000 年第 2 版,第 86 页。
②老子:《道德经》,太原:山西古籍出版社,2000 年第 2 版,第 87 页。

无法与实际的生产生活现实相对照,将其一步步周延至或外延至,或者是一步步精确地演绎到某个能让人直观感觉到,也就是能让人通过自己的眼、耳、鼻、舌、身等感觉器官直接感觉到的具体客体身上。在许多比较具体的概念的理解和认定问题上,绝大多数人类个体都是天生的唯物主义者。耳听为虚,眼见为实。绝大多数人类个体都是只有在通过自己的感觉器官眼、耳、鼻、舌、身的直接感觉之后,才会最终理解和认定一个事实,或一个事件,或一个道理,或一个自然规律,或一个社会发展规律。

当然,这些具体的客体也包括可以由人的眼、耳、鼻、舌、身等感觉器官直接感觉到的各种人造的仪器和设备。

那么,老子"道生一,一生二,二生三,三生万物"这句话中的"道"指的到底是什么呢? 笔者认为,这里的这个"道",指的是人的主观处理。

笔者之所以提出这一观点,一是因为这句话中的"道"所起的功能与主观处理所起的功能是一致的,二是因为这句话中"道"的外延"万物"与主观处理的结果是相重合的。

笔者在本书前面已提出,世界上存在的万事万物,只有经过人类的主观处理,并经过人类的语言表达这一环节,才能为人类群体所把握,才能成为人类的群体实践的对象,所以此处不再赘论"道"的外延"万物"与主观处理的结果相重合这一事实。

笔者还需要简单地说明一下,老子在《道德经》中所说的"道",在该书不同的地方,或者说在不同的语境,也就是在上下文不同的情况下,其所说的意思,或者是其所指的东西是不同的。

例如,在老子《道德经》开篇第一章第一句"道可道也,非恒道也"①中的第二个"道"字指的是解说、表述的意思,它有别于第一个"道"和第三个"道"字所指的主观处理的意思。

此外,在中国古代,"道"字所指的东西是五花八门的。例如,在"君子谋道,小人谋食"一句中的"道"字,指的是今天哲学界所说的包括自然科学、哲学、政治法律思想在内的各类意识形式和物质化的上层建筑,如监狱、军队、国家行政机构,等等。

总之,在中国古代,"道"字所指的东西到底为何,需要看其上下文来定,不能一概而论。

此外,老子在其《道德经》第一章中还曾提出:"名可名也,非恒名也。无名,万物之始也;有名,万物之母也。故恒无欲也,以观其眇;恒有欲也,以观其所徼。两者同出,异名同谓。玄之又玄,众眇之门。"②这段话讲的是主观处理与语言表达之间的关系。但是,由于当时中国哲学的发展程度远低于当代中国哲学的发展程度,当时的哲学概念没有今天这么多、这么精确,而且当时中国科学的发展程度也远低于当代中国科学的发展程度,无法对相关的概念进行属加种差式的定义,因此老子当时只能用"玄之又玄,众眇之门"来加以解释,从而让人感到玄之又玄,两千多年都未搞明白。但是,老子的哲学是中国哲学的一个必然发展阶段。我们没有理由鄙薄于它,就像我们今天没有理由鄙薄两百年前的中国农民还不能用联合收割机来收割小麦、玉米一样。我们今天要做的就是理解好当时的哲学用语,并用当今的哲学用语把它解释

---

① 老子:《道德经》,太原:山西古籍出版社,2000 年第 2 版,第 3 页。
② 老子:《道德经》,太原:山西古籍出版社,2000 年第 2 版,第 3 页。

好、解释准确,能让今天的人准确地了解中国古代哲学的发展程度。因为它是中华民族哲学发展史上一个重要的发展阶段,是我们中华民族哲学发展史上的少年阶段,没有少年阶段,也就没有当今中华民族哲学发展史上的青壮年阶段。它是我们中华民族哲学发展史上的一张珍贵的少年时代的照片,我们每一个中华民族的子孙都应当珍视、珍藏它,就像今天我们每一个成年人都应当珍视、珍藏自己婴幼儿和少年时代的照片一样。此外,搞好古文字学研究,对于我们发展主观辩证法和辩证逻辑也是大有好处,甚至是不可缺少的环节。

第五章　概念的定义和内容

一、概念的主观内容和客观内容

概念,或者是纯概念的属概念是思维环节。从一个角度来看,与概念平行的概念,也就是与其抽象程度相同的概念有现象、质料、本质、内容、形式,等等。从另一个角度来看,概念的下位概念,或者下位词是具体概念,如人、手、口、香蕉、苹果、大鸭梨,等等。

目前,在我国常见的形式逻辑教材中,常常把概念一词定义为"反映对象特有属性或本质属性的思维形式"。① 也就是说,这

---

① 王莘:《逻辑》,北京:北京大学出版社,2009 年,第 2、28 页;《普通逻辑》编写组:《普通逻辑》(修订本),上海:上海人民出版社,1993 年,第 105 页;周晓林:《逻辑学教程》,苏州:苏州大学出版社,2009 年,第 23 页;中国人民大学哲学系逻辑教研室:《形式逻辑》,北京:中国人民大学出版社,1979 年,第 20 页。美国学者帕特里克·赫尔利在其所著《简明逻辑学导论》一书中是以下列话来说明类似的观点的:"词项的约定涵义包括该词项在胜任地说该语言者的思想里通常所要求的那些属性。"(帕特里克·赫尔利:《简明逻辑学导论》,陈波等译,北京:世界图书出版公司,2010 年,第 86 页。)

类教材把概念一词的属概念定为"思维形式"或"思维形态",把概念一词的种特征定为"反映对象特有属性或本质属性"。[①]

但是,这种定义只是指出了概念所反映的部分客观内容是什么,并没有指出概念所反映的主观内容是什么。也就是说,现有的形式逻辑学著作和教材把"概念"一词定义为"反映对象特有属性或本质属性的思维形式",只是指出了概念的部分客观内容,或者是部分客观内涵,而没有指出概念的主观内容,或者是主观内涵。这样就把对"概念"一词的定义变成了一种描述式定义。

我国当代学者邢滔滔在其2008年出版的《数理逻辑》一书中曾明确指出:"遗憾的是,我们在哲学上对于什么是概念、什么是性质,理解得还相当肤浅……哥德尔认为,逻辑不但要研究外延,也要研究内涵,不但要有集合论,也要发展一种概念论。"[②]邢滔滔的这番话明确表明,人类社会至今还没有对"概念"这一词的主观内容/主观内涵形成合意,还没有对"概念"这一概念的客观内容和主观内容形成共同的认识,至少是对现有的概念论感到不满意。

由于当前计算机技术的飞速发展,人们对人工智能的发展也提出了更高的要求,因此,加深对"概念"这一概念的理解,已显得尤为迫切。

[①] "概念是反映对象特有属性的思维形式;判断是对对象作出断定的思维形式;推理是由已知知识推出一个新知识的思维形式……因此,思维的形式,就是概念、判断、推理三种思维形式联结方式。"(王莘:《逻辑》,北京:北京大学出版社,2009年,第2页。)

[②] 邢滔滔:《数理逻辑》,北京:北京大学出版社,2008年,第38页。

　　前已提及,黑格尔在《小逻辑》一书中曾说过:"概念本质上即在于扬弃它的前提。"①此话完全符合人类主观处理的实际情况。但是,这只是针对概念的外在特征而讲是正确的。笔者认为,只有将"思维环节"及"思维过程"这两个概念,与"概念""判断"和"推理"这三个概念联系起来,或者说对立起来,才能正确地反映"概念"这一概念的客观内容是什么。其中,"概念"的客观内容反映的是人类思维过程中一个可以由词或者词组来表达的显性思维环节,而"判断"和"推理"则反映的是由两个以上显性思维环节构成,并且由两个以上的词或者词组来表达的人类思维过程。这也是以往的一些形式逻辑教科书说"语词是概念的语言形式,概念是语词的思想内容……有的概念则是由词组来表达,如'伟大的祖国''社会主义现代化'等"②的根本原因。换句话说,"概念"的属概念是显性思维环节,而各概念的种特征就是不同的语言表达方式,即各个概念的名称。也就是说,语词是思维环节的语言表达环节,是思维环节的社会存在形式。

　　黑格尔《小逻辑》的一种流行英译本,是把显性思维环节称作直接的思维环节(immediate stage/ moment/ element)。隐形思维环节则是指人们在形成一个概念的过程中,一般所需要涉及的多

---

①黑格尔:《小逻辑》,贺麟译,北京:商务印书馆,1980年第2版,第325页。
②《普通逻辑》编写组:《普通逻辑》(修订本),上海:上海人民出版社,1993
　　年,第105页。

个思维环节。该英译本把隐性思维环节称作被扬弃了（suspend）①的思维环节（stage/ moment/ element）。例如，当我们说"苹果"时，就要无视在形成苹果这一概念时所要涉及的中国产的苹果、美国产的苹果、陕西省洛川县产的苹果，以及红富士苹果、国光苹果、青香蕉苹果、黄元帅苹果、美国蛇果、秦冠苹果等苹果的具体存在形式，苹果的属概念"水果"，以及与苹果平行的概念桃、李子、杏、香蕉、大鸭梨，苹果的色、香、味等方面的因素和概念。虽然这些因素和概念是形成"苹果"这一概念不可缺少的，但是在我们的表达过程中却不得不舍去这些因素和概念。在表达"苹果"这一概念的过程中，苹果就是一个显性思维环节，而其他各方面的因素就是被扬弃了的隐性思维环节。人类之所以要提出"苹果"这个概念，就是因为人类在自己的思维和表达过程中，主要是在语言表达过程中，需要提出抽象程度达到这一程度的思维环节。例如，人类提出"苹果"这个概念就可以直接表达其所蕴含的一切存在形式，如中国产的苹果、美国产的苹果、陕西省洛川县产的苹果，以及红富士苹果、国光苹果、青香蕉苹果、黄元帅苹果、美国蛇果等苹果的具体存在形式，并以一个概念、一个词的形式，与它的平行概念相对立，如与香蕉、大鸭梨等其他水果的存在形式相对立，使人在较短的时间里达到相互充分理解交流的目的。再如，在形成"祖父"这个显性思维环节中，至少要涉及"亲属""长辈""晚辈""男性""女性""父亲""母亲""父亲的父亲"

---

①Hegel, *Hegel's Logic*, Translated by William Wallace, Oxford：Oxford University Press, Third edition, 1975, p. 221；黑格尔：《小逻辑》，贺麟译，北京：商务印书馆，1980 年第 2 版，第 325 页。

这几个隐性思维环节。①

我们也可以从有些教科书或者是研究著作中所提出的"概念是反映对象特有属性的思维形式;判断是对对象作出断定的思维形式;推理是由已知知识推出一个新知识的思维形式"②的观点,反推出概念、判断、推理的客观内容是什么。这一观点既然说概念、判断、推理都是一种思维形式,那么概念、判断、推理这三个概念的客观内容就应当分别是思维环节和由两个以上的思维环节组成的思维过程,也就是说,概念的种特征是具有一个显性思维环节,判断的种特征是具有两个以上的显性思维环节,而推理、辩论等思维形式则需要更多的显性思维环节。这种观点主要是从概念、判断和推理所使用的词语数量上得到印证。概念常常可以由一个词、一个显性思维环节来表达,例如"苹果""天气"等。判断最少要由三个词语、三个显性思维环节来构成,如判断句"今天天气好"要涉及三个词、三个显性思维环节,它们分别是"今天""天气""好"。而一个推理过程则必须由四个以上的词语/显性思维环节来构成,如"我们只能在天气好的时候出门郊游。因为今天天气好,所以我们今天能出门郊游",至少使用了 21 个词/显

---

①康德曾以下面的这段话来说明这一现象:"尽管我们的一切知识都是从经验开始,它们并不因此就都是从经验中发源的。因为很可能,甚至我们的经验知识,也是由我们通过印象所接受的东西和我们固有的知识能力(感官印象只是诱因)从自己本身中拿出来的东西的一个复合物,对于我们的这个增添,直到长期的训练使我们注意到它并熟练地将它分离出来之前,我们是不会把它与那些基本材料区别开来的。"(康德:《纯粹理性批判》,邓晓芒译,北京:人民出版社,2004 年,第 1 页。)

②王莘:《逻辑》,北京:北京大学出版社,2009 年,第 2 页。

性思维环节。这又是量变导致质变,数量决定质的一个例子。①

　　当然,个体思维过程还需要避免不必要的重复,防止同义反复。也就是说,个体思维过程需要从一个概念周延或过渡到另一个相关的概念。例如,我们不能老是想或者是说,"我是我,我是我,我是我……",以致无穷。而是需要想,或者是说,"我是一个退休老头,我今年 63 岁了,我需要注意保养保重身体了",等等,这才是一种有意义的思维和表达。其实,个体思维过程就是一个不断在头脑中否定现在所想的概念,而过渡、周延到下一个概念的过程。

　　每个具体概念的客观内容,是由一个语言人类共同体所合意规定的,与人类已知的相关事物一一对应。例如,当代汉语一般将马铃薯称作土豆,当代英语一般将马铃薯称作 potato。对于这个具体概念的客观内容,人们只要指认一下认识的对象,并加以记忆就行了。这样,我们就可以将逻辑学与我们已知的语言学知识相契合了。因此,用通俗的话来说,每个具体概念,或者说每个具体的显性思维环节,就是一个能够用语言表达的词项、词义,相当于英语中的 sense。

　　人类之所以要在自己的思维中抽象出、概括出和创造出概念这一显性思维环节的原因是,只有抽象出、概括出和创造出概念

---

①康德认为:"思维就是把给予的直观与一个对象联系起来的行动。"(康德:《纯粹理性批判》,邓晓芒译,北京:人民出版社,2004 年,第 224 页。)笔者认为,判断才是与一个对象联系起来的活动,而思维则是要和更多的对象联系起来的活动。或者说,思维是人类在自己大脑活动中把不同对象联系起来的活动。

这一显性思维环节,人类才能固定自己思维对象化的成果,才能进一步研究和对其他人表达每一个具体概念所代表的客体本身的各种特征和特性,以及每一个具体概念所代表的客体与其他客体之间的关系。这也是人们常说的思维常常需要借助于语言的原因之一。这是因为,首先,只有给每一类客体或者是每一个客体起一个独特的名字,我们才能保持思维的清晰,保持思维对象的同一,实现对象化,以及与别人交流的顺畅。这个独特的名字或名称,就是客体的主观内容。因为不同的个人、不同的人类共同体,可以给同一个人或者是同一个事物起不同的名字或名称,如汉语称作土豆的东西,在英语里就被称作 potato。所以,这个独特的名字或名称就明显地具有主观性。其次,只有把一个人的主观思维物质化为一个个概念,尤其是变成一个个由文字语言表达的概念之后,人们才能对这些概念进行更深入一步的思考和研究,进而想出精品力作和好的计划,乃至一部理论著作来。

　　但是,这里应当指出的是,在人类的思维和表达中,唯有"概念"这个概念,或者说"纯概念"这个概念,也就是以往翻译为"绝对理念"这个概念的客观内容,是以其他概念为其存在形式的。这也就是说,"概念"这个概念的客观内容,即抽象意义上的"概念"的客观内容,或者说"纯概念"的客观内容,也同其他具体概念一样,是一个思维环节。但是,"纯概念""绝对理念"的客观内容,或者说存在形式,却是以其他思维环节的客观内容为其客观内容的。只有这样,人们才能保持思维清晰,才能使自己在思维中始终有一个对立面来限定所思维的对象,即用其他具体概念来限定"纯概念",也就是用其他具体概念来限定抽象意义上的"概念",才能使人们的思维对象化。

　　由于概念,或者说显性思维环节,是一个比词语更小的单位,因此人类要想全面理解某一个具体概念,或者说某一个具体显性思维环节的全部含义,或者说某一个具体概念的全部客观内容,往往还要多说一些话,也就是要多用一些显性思维环节,甚至要把形成该显性思维环节中的很多隐性思维环节逐个变成显性思维环节,乃至写上厚厚的一本书,甚至要让他人了解一个语言系统生成的许多历史背景,才能使其理解某个具体概念,或者说某个具体显性思维环节的全部含义。例如,要想理解中国古汉语"老吾老以及人之老,幼吾幼以及人之幼"这句话中由"老"字所参与组织的三个概念的全部含义,就要以了解中国古代的整个道德观念系统作为背景、语境和论域。① 这也是今天制度性地把有些人才,主要是有关中国古代文化史研究人才的基本教育和培养,延长到二十余年的重要原因之一。即便是想让人们了解马克思所提出的"绝对剩余价值"这个概念的全部含义,也需要对有关的专门人才进行制度性的近二十年的教育和培养才行。其实,各国研究古文字的学者,每天工作的具体内容就是研究古代相关语言共同体的概念的客观内容和主观内容。

　　概念是一个比词语更小的单位这一命题,还可以从其他一些语言现象中得到直接,或者是间接的证明。如在语言中,同一客体可能有过被起多种名称的情况。例如,在马铃薯被引进中国后的几百年中,不同的地方曾分别给它取名为"土豆""洋芋""洋山芋""马铃薯",等等。再如,在语言中,把主动语态变成被动语态,

---

① 一些逻辑学教科书把语境细分为"论域"。(《普通逻辑》编写组:《普通逻辑》(修订本),上海:上海人民出版社,1993年,第112页。)

其所表达的意思可以完全一样,如"我昨天骂了他","他昨天被我骂了",等等。这些情况都可以说明,概念是一个比词语更小的单位。当然,这一命题在语言学中最直接的证明和最典型的证明还是一词多义现象。

当年黑格尔写《逻辑学》和《小逻辑》这两本书的主要目的之一,就是想说明"概念"这一词语,或者说"概念"这一概念的客观内容/客观内涵是什么。① 他已经非常清楚地说明,包括"概念",或者说"纯概念""绝对概念",也就是以前被翻译成"绝对理念"的这个概念在内的每一个具体概念在形成过程中,都要在人们的头脑中经历一系列环节(stages,moments)或一些过程,或者说是要经历一系列否定之否定的过程,都是要涉及一系列因素(elements),如他所列举的质、存在/有(being)、定在、自为存在、量、纯量、定量、程度、尺度、同一、差别、根据等近百个概念。但是,由于他还没有正确理解和回答什么是 being 这一问题,而他在这两本

---

① Hegel, *Hegel's Logic*, Translated by William Wallace, Oxford: Oxford University Press, Third edition,1975, p. 228 ;黑格尔:《小逻辑》,贺麟译,北京:商务印书馆,1980 年第 2 版,第 334 页。

书中又把他的逻辑起点定在 being,同时又说 being 属于主观范畴,①并且他在很多地方又把 being 看作感性知识一般,②这样一来,他实际上就把他的逻辑起点定在了感性知识一般(being)这一层面之上。因此,尽管在他的论述中多次提到主体(subject)、客体(object),甚至还提到过没有经过主观处理的客体的混沌状态,即质料(mass, matters),③但他始终没有明确说明哲学工作者应当把他们的逻辑起点,或者说认识的起点定在主体和主体的实践之上。再加上他的逻辑终点定在了 absolute idea,也就是以往被

---

① "Being, for example, is a category of pure thought. "(Hegel, *Hegel's Logic*, Translated by William Wallace, Oxford:Oxford University Press, Third edition,1975, p. 40;中文本参见黑格尔:《小逻辑》,贺麟译,北京:商务印书馆,1980 年第 2 版,第 84 页。)"The first part of this metaphysics in its systematic form is Ontology, or the doctrine of abstract characteristics of Being. "(Hegel, *Hegel's Logic*, Translated by William Wallace, Oxford:Oxford University Press, Third edition,1975, p. 53;中文本参见黑格尔:《小逻辑》,贺麟译,北京:商务印书馆,1980 年第 2 版,第 102 页。)

② Hegel, *Hegel's Logic*, Translated by William Wallace, Oxford:Oxford University Press, Third edition,1975, p. 40, 159.

③ 英文常译作 mass 或 matter。以往中译本的译作常译为“质料”。(Hegel, *Hegel's Logic*, Translated by William Wallace, Oxford: Oxford University Press, Third edition,1975, p. 228;黑格尔:《小逻辑》,贺麟译,北京:商务印书馆,1980 年第 2 版,第 334 页。)

翻译成的"绝对理念"之上,①而不是定在主体的客观实践之上,②也没有定在主体或客体之上,因此他就只能武断地并且错误地认为概念发展的动力是来自于概念本身了。③

黑格尔作为人类辩证思维方法上的一位集大成者,他的著作处处透出真理的光芒,但是由于他的理论体系的逻辑起点和终点没有定在主体的客观实践之上,结果不但使他的著作晦涩难懂,

---

① 绝对理念实际上是指一个能够用语言表达出来的概念。

② "We began with Being, abstract Being; where we now are we also have the Idea as Being; but this Idea which has Being is Nature." (Hegel, *Hegel's Logic*, Translated by William Wallace, Oxford: Oxford University Press, Third edition, 1975, p. 296.)

③ "概念本身并不像知性所假想的那样自身固执不动,没有发展过程,它毋宁是无限的形式,绝对健动,好像是一切生命的源泉,因而自己分化自身。这种由于概念自身活动而引起的分化作用,把自己区别为它的各环节,这就是判断。因此判断的意义,就必须理解为概念的特殊化。但是在概念本身内,特殊性还没有显著地发挥出来,而是仍然与普遍性有着明显的统一……无论概念也好,判断也好,均不单纯是在我们脑子里找出来的,也不单纯是由我们造成的。概念乃是内蕴于事物本身之中的东西;事物之所以是事物,即由于其中包含概念,因此把握一个对象,即是意识这对象的概念。当我们进行判断或评判一个对象时,那并不是根据我们的主观活动去加给对象以这个谓词或那个谓词。而是我们在观察由对象的概念自身所发挥出来的规定性。"(黑格尔:《小逻辑》,贺麟译,北京:商务印书馆,1980 年第 2 版,第 339 页。)黑格尔上述理论的缺陷是,黑格尔从没有对主观、客观下过一个明确的属加种差式的定义。换句话说,他没有明确说明什么是主观、什么是客观。这样一来,在他的辩证逻辑学著作中,一些地方就把主观和客观混淆起来了,或者说,他在需要明确区分出主观和客观的地方没有明确区分出来。

而且也使他的理论在许多地方说不清楚,说不透彻,甚至说人类思维是有终点的,那就是"绝对理念",即人类能用语言表达出来的概念,这就与人类思维的现实不一致了。人类思维的现实是,只存在人类个体思维不停地中断,再思维,再中断,再思维,以至无穷;只存在个体思维是群体思维的存在形式;只存在群体思维的发展方式是实践,思维分工,实践分工,扩大的群体实践,扩大的思维分工,再扩大的实践分工,再扩大的思维分工,以至无穷。①人类的思维可以对同一个客体进行不同角度的主观处理,并用不同的词语表达出来;也可以从不同的抽象程度来对同一个客体进行主观处理,并用不同的词语表达出来。人类的思维并不终止于概念,而是继续向推理发展,并会发展到实践这一环节。此外,发展概念系统,不断增加新的概念的动力,是来自于主体要提高其绝对生活水平的欲望,是人们对更加美好生活的向往,以及要满足其所在人类共同体的生存和发展的需求,是其所在人类共同体存亡兴衰的要求。

同时,黑格尔有关概念的理论已不能满足当前社会发展的需要。就像上面提到的我国当代数理逻辑学家邢滔滔所说的那样:"遗憾的是,我们在哲学上对于什么是概念、什么是性质,理解得还相当肤浅。"②

那么,讨论概念的起点和终点应当是什么呢?

笔者认为,讨论概念的起点和终点都应当是主体的客观实

---

①康德没有提出和解决个体思维与群体思维之间的关系这一问题。(康德:《纯粹理性批判》,邓晓芒译,北京:人民出版社,2004 年,第 293 – 294 页。)

②邢滔滔:《数理逻辑》,北京:北京大学出版社,2008 年,第 38 页。

践。这是因为,形成概念的主要目的就是人类要进行客观实践和更好地进行客观实践,以保持和不断提高人类的绝对生活水平。①同时,客观实践也是检验真理的唯一标准。不过,由于本书已在前面的章节对主体和主体的客观实践这两个概念进行过较为详细的阐述,因此,此处不再详细讨论。笔者在此处将从客体这个概念谈起。

前面已比较详细地说明,由于人类个体的认识和实践能力都是十分有限的,因此人们为了不断提高自己的绝对生活水平,不得不在实践中进行分工和协作。当人们要通过分工协作来利用周围的客观环境,满足自己的吃喝拉撒和精神生活等生存和发展的要求时,必须对周围的客观环境中种种物质存在的各种特性有一定程度乃至较深程度的了解。这是因为,通过实践人类总会发现,周围的客观环境中种种物质存在的特性和特征是不一样的,水有水的功能和特性,空气有空气的功能和特性,手有手的功能和特性,脚有脚的功能和特性,等等。为了更好地利用周围的客观环境中种种物质存在的特性和特征,人类就要对自己所能接触到的各种现象和物质,即对实践的客体有一个分类。这里所说的各种现象和物质,包括日月星辰的存在和运行,五谷杂粮、金木水火土等各种人类可以通过感觉器官直接感知,或者是通过使用各类仪器仪表间接感知的各种具体物质;包括各种物质之间的必然关系,也就是人们常说的自然规律和社会发展规律;包括人类思维过程、思维规律,以及各种已经物质化的思维结果,如各种文字

———————————

① "人类理性并非单纯由博学的虚荣心所推动,而是由自己的需要所驱动"。
　（康德:《纯粹理性批判》,邓晓芒译,北京:人民出版社,2004 年,第 16 页。）

作品等;包括由人类自己建立起来的各种社会制度和人类自身的各种身体器官与功能。总之,人们所能感知和所能想象的一切都可以包括在内。只有对实践的客体有一个分类,使人类的实践活动能够有一个较有效率的分工和合作,人们才能较好地利用周围的客观环境,较好地满足自己在吃喝拉撒和精神生活等方面的需求和要求。①

由于人类的实践都是具有二重功能的,也就是既是个体实践又是群体实践,因此人类必须对自己进行实践的主体和客体进行概念化处理。我们必须给在分工过程中我们所能接触到的一切已知事物乃至无知事物起一个名字,以便能够进行较有效率的分工和实践,或者是进行具有更高效率的分工和实践。对主体要起人名或团体名,对客体要起物体名,或者是人名或团体名。而这些名字,从辩证逻辑的角度来看,都可以认作一些概念。比如,书桌就是一个物体名,它可以被认作一个概念,并可以构成一个客体。张三就是一个人名,它可以被认作一个概念,并可以构成一个客体,或者是一个主体。

这里应当特别说明的是,对于人类个体和群体来说,每一个人类个体和群体都具有二重性,或者说具有二重功能,即他们既都是一个主体,又都是一个客体。例如,我的名字董志勇就是一个概念,它代表着我这个人的整体,它可以构成主体,或是主体的一分子,也可以构成一个客体。当某一社会代表要求我对某一个物体,或者是某一个人或某个团体进行研究和考察时,对于整个

---

①黑格尔曾错误地认为先有概念,后有万事万物。(黑格尔:《小逻辑》,贺麟译,北京:商务印书馆,1980 年第 2 版,第 334 页。)

社会来说,我是一个客体,因为作为个人的我,是受社会这个整体所支配和左右的,我是社会这个整体的代表所观察、考察和使用的一个客体。但是,对于被我研究的某一个物体,或者是某一个人或团体来说,我又是一个主体。中国共产党就是一个组织名,它代表着所有参加共产党的人这个整体。中国共产党可以构成主体,或是主体的一分子,也可以构成一个客体。当作为整体的中华民族,要求中国共产党对某一个人,或者是某个团体进行研究或施加影响时,对于整个中华民族来说,中国共产党就是一个客体。但是,对于被中国共产党加以研究或施加影响的某一个人,或者是某个团体来说,中国共产党又是一个主体。

人类历史表明,每一个人类共同体都不得不采取各种措施,不断通过本共同体的每一个个体,加深本共同体对自然和社会的了解,不断加深本共同体对自然和社会发展规律的了解,甚至是通过增加本共同体的人口等措施,来不断发展和扩大自己的概念系统,从而不断地发展本共同体的整体生产力等利用自然和治理社会等各方面的能力。例如,当代每个国家为了自己的生存和发展,不得不断提高自己的军事作战能力,如不得不竞相生产出,或者是购买到高作战性能的作战坦克和相关运输车辆。而为了使这些高作战性能的作战坦克和相关运输车辆能正常开动起来,相关的人类共同体就不得不生产出或购买到适合这些坦克和相关运输车辆开动和工作的燃油与润滑油等石油化工产品。而为了不混淆适合这些坦克和相关运输车辆开动的燃油和润滑油等石油化工产品的不同用途,就需要给这些石油化工产品中的每一种产品都起一个不同于其他石油化工产品的名称,其结果之一就是增加了概念/名称,发展了有关的概念/名称系统。扩大概念系统的表现和结果之一,就是扩大了人们的知识面和知识系统。

甚至目前要加深对"概念"这一概念本身的研究和了解的这一历史要求,也是由于当今依托计算机的发展而发展起来的人工智能的发展需要,又逐渐被人重视起来。所以说,恩格斯当年所说的"社会一旦有技术上的需要,这种需要就会比十所大学更能把科学推向前进"①之论断,是非常正确的。

自古至今,对于一个人类共同体来说,不断发展其生产力具有生死存亡的意义,而发展生产力又离不开概念系统的发展和概念的增多。因此,群体的生存和发展,是每一个人类共同体发展其概念系统的根本出发点和根本原因。

只有不断通过本共同体的每一个个体,加深本共同体对自然和社会的了解,不断加深本共同体对自然和社会发展规律的了解,不断发展和扩大自己的概念系统,从而不断地发展本共同体的整体生产力和军事作战能力,不断地提高本共同体的平均绝对生活水平,每一个具体的人类共同体才不会被其他的人类共同体所彻底消灭或者是同化。一个人类共同体被另一个人类共同体同化的主要标志之一就是,该人类共同体全面采用别的人类共同体占主导地位的语言,同时该人类共同体的道德观和价值观也全面和比较彻底地采用别的人类共同体占主导地位的道德观和价值观。美国原住民印第安人的命运,历史上许多国家和部落已经灭亡,以及世界上许多语言已经变成了当今人们日常生活中没有人使用的死语言,就是这一历史现象的具体体现。反过来说,它也是人类社会历史发展的必然性,或者说是社会发展规律的表现

①《马克思恩格斯选集》(第四卷),北京:人民出版社,1995年,第732页。

形式之一。这是因为,社会发展规律,也就是生产力决定生产关系,经济基础决定上层建筑,生产关系可以反过来促进生产力的发展,上层建筑可以反过来促进经济基础的发展,就是通过人类一系列政治共同体的兴衰来表现其必然性和规律性的。人类的实践是群体实践。人类的群体实践就是通过一系列具体的人类共同体的群体实践,来代表和表现的群体实践。只有通过一系列具体的人类政治共同体和语言共同体的兴衰这一环节,才能保证生产力发展水平高的群体保持和发展其较高水平的生产力和生产关系。

因此,促使人类发展概念系统的东西,是每个人类政治共同体生存和发展的需要,是人们要求不断提高自己的绝对生活水平的需要,是发展人类实践的需要,而不是概念本身。

人类实践和人类理论是一个相互促进、相互协调发展的关系。当实践需要发展的时候,人类的理论也要发展,甚至是先导性发展。例如,近一百多年科学与技术的发展,大大促进了非欧几里得几何学的发展。非欧几里得几何学最大的特征是,其三角形内角之和大于或者是小于 180 度。这是因为,不论是对于水下螺旋桨推进和潜艇的推进速度来说,还是对于喷气发动机的热传导来说,以及对于天气预报极为重要的大气湍流的变化趋势来说,其都不是三角形内角之和等于 180 度所能说明的。要想提高潜艇和鱼雷的行进速度,要想发展喷气发动机的性能,要想更加准确地预报天气变化,就需要发展三角形内角之和大于或者是小于 180 度的非欧几里得几何学。但是,反过来说,要想发展非欧几里得几何学,又离不开不断地进行具体的实验,以验证新提出的各种湍流变化规律的新公式是否符合各种湍流的实际变化。

当然,发展概念系统绝不能采用给同一个事物起多种名称的办法,而是必须遵循消灭重名,有新的客观内容才能想出一个新概念的原则。也就是说,一个新概念所指的客体必须是一个新客体,如一个新出生的婴儿,一个新的人类共同体,一种新的社会形态,一种新发现或者是新合成的新物质,或者是从一个新的角度来联系不同的客体,或者是新提出一种抽象程度不同的概念,如动物分类学中所提出的相对于门、纲、目、科、属、种来说,更为具体的亚门、亚纲、亚目、亚科、亚属、亚种,等等。

不过,在人类的实际历史发展过程中,给同一事物起多种名称,不但是不同的语言共同体之间的基本历史事实,而且是同一语言共同体内经常发生的历史事实。这就需要同一语言共同体的权威组织,或者是权威个人,及时采取有效措施,来消除这种重名现象,以保证同一语言共同体内的人员,能够达到尽量提高其语言交流速度和效率的目的。

二、形成概念的主要环节

黑格尔曾说过,"由现实到概念的过渡是最艰苦的过程"。①这是由于,人类周围环境的客体有千千万万种,而对它们形成概念要经过一系列的过程和环节,以防止重名现象的出现。当代德

---

①黑格尔:《小逻辑》,贺麟译,北京:商务印书馆,1980 年,第 325 页;"The passage from necessity to freedom, or from actuality into the notion, is the very hardest."(Hegel, *Hegel's Logic*, Translated by William Wallace, Oxford:Oxford University Press, Third edition,1975, p. 221.)

国哲学家海德格尔也很重视概念的形成。他曾说过："现身是一种生存论上的基本方式,此(dasein)在这种方式中乃是它的此……在这种开展活动中,现象学阐释只是随同行进,以便从生存论上把展开的东西的现象内容上升为概念。"①

在形成概念的过程中,人们首先需要把握和确定的环节就是对象化环节。所谓的对象化,就是首先要在人们的思维中确定一个客体作为思维对象,以便最后对它形成概念并给它起一个名称,即达到黑格尔所说的"绝对理念"的思维环节,也就是人们在对象化过程中所必须达到的对该客体起一个名字的环节。② 人类的主观处理只有达到概念的环节,或者说能用一个词来表达的环节,即达到显性思维环节,才能算是完成了一个能够进行交流和

---

① 马丁·海德格尔:《存在与时间》修订译本,陈嘉映、王庆节合译,北京:三联书店,2006 年第 3 版,第 163 页。

② "这些表象就其在这种关系中(在空间和时间中)按照经验的统一性法则而被连接和能够得到规定而言,就叫做对象。"(康德:《纯粹理性批判》,邓晓芒译,北京:人民出版社,2004 年,第 407 页。)

传承的基本思维过程。① 这是因为,只有达到概念环节,人们才能将主观处理过程物质化,才能为与别人进行交流,进而为人类的社会分工和知识的传承和发展,提供实质性帮助。人类的认识只有达到概念的环节,才算是一次有效果以及对自己和别人有意义的思维过程。对自己有意义表现在它能帮助思维者自己进行记忆和进一步的思维,对别人有意义表现在它能帮助思维者与别人进行交流和传承,并能帮助别人进行相关记忆和思维。形成概念才算是人类思维对象化取得了成果。当然,一个完整的思维过程也包括命题、推理、思辨、辨析,等等。但是,达到概念的环节是人们进行命题、推理、思辨、辨析的基础,这是因为人们在进行命题、推理、思辨、辨析时都离不开思维环节,也就是说都离不开词项和词义。因此,只有达到概念这一环节,才算完成了一个完整的基

---

① 康德对"对象化"的过程的描述之一是:"先验理念……有一种极好的、必要而不可或缺的调节性运用,就是使知性对准某个目标,由于对这个目标的展望,一切知性规则的路线都汇集于一点,尽管这个点只是一个理念,即一个诸知性概念并不现实地从它出发的点,因为它完全处于可能经验的边界之外,然而却用来使这些知性概念除最大的扩展之外还获得最大统一性。于是虽然从这里就对我们产生出一种错觉,似乎这些路线是与一个处于可能经验性知识领域之外的对象本身毫无关系的一样(如同所看到的客体在镜面背后那样),不过这个幻觉(我们毕竟可以防止它造成欺骗)仍然是必要而不可或缺的,如果我们想要在那些摆在我们眼前的对象之外同时也看到远离它们而对我们处于背后的那些对象,就是说,如果我们在目前场合下想要使知性超出每个给予的经验(即全部可能经验的每个部分)、因而甚至指向那最大可能的极度的扩展的话。"(康德:《纯粹理性批判》,邓晓芒译,北京:人民出版社,2004 年,第 466 页。)

本思维过程,或基础性的思维过程。

在上述过程中,确定一个客体,并在思维中保持该客体不变,也就是客体对象化过程,就是最重要的工作之一了。反过来说,对象化过程中最重要的工作之一,就是主体要保持思维客体的同一。对一些简单的可以直观地看到或者是直接地感觉到的东西,确定一个客体并在思维中保持该客体不变,是比较容易的。人们在翻译两种不同的语言时,感到名词比较好翻译的原因也就在于此。说两种不同语言的人,只要当面同时确认其所说的是同一个人或者是同一个东西,就可以达到互相理解的目的和程度。例如,对于一个说英语的人来说,当他想表达"wheat"这个概念时,他只要把小麦放在手里让说汉语的人一看,说汉语的人可能很快就会非常容易地明白他所要表达的是小麦了。这是因为,对说两种不同语言的人来说,其所表达的客观内容是一致的,谁也无法改变。但是,在翻译动词和形容词时,人们往往要踌躇和斟酌一下,因为这要涉及两个不同语言共同体极其复杂的语汇学问题。而要把握和确定一个比较抽象仅仅涉及主观处理的客体,例如"抽象"这个词的含义,就更不容易了。作为一个以汉语为母语的人,笔者本人也是活到 22 岁时,才对"抽象"这个由汉语表达的概念/客体的客观内涵有了初步的了解。这其中也可能有我本人智力发育比较迟缓的原因吧。但我对自己在 5 岁时就知道什么是红薯、红薯的客观内容、它所起的客观功能这件事还是记忆犹新的。这一点说明,人们在思维中将可以直观地看到或者是直接地感觉到的东西保持不变,还是比较容易的。因此,要把握和确定一个比较抽象的客体不太容易这条认知规律还是存在的。

当今世界,形成概念比较难的一关是在本语言共同体内达成语言表达合意。这是因为,为了达到高效率地进行思想交流的目的,对一个语言共同体来说,最理想的状态就是对同一事物、同一客体,只用一个名称去表达。而历史事实是,对同一个事物、同一客体,不同的人可以有不同的主观处理办法,从而出现不同的人对同一事物有不同的语言表达方式。就连最常见的给一个新生婴儿取名字这件事来说,至少在当今的中国往往会出现婴儿父母、婴儿祖父母、婴儿外祖父母等相关亲属争相给同一个婴儿取不同名字的现象。而最后的结果,往往是家庭地位最强势的人,或者是社会规定在这一问题上有最终决定权的人的意见,可能最终得到认可。在一些涉及人数更多的人类共同体的事物上,在给这些事物定名时,更是需要经济势力强大、政治势力强大、学术地位高、技术水平高、具有发明发现者或者是首先作为者的地位等条件作为后盾。例如,在把学名定名为马铃薯的这个东西引进中国后的几百年中,不同的地方曾分别给它取名"土豆""洋芋""洋山芋""马铃薯",等等。经过几百年的竞争,一直到普通话已在中国基本普及的情况下,"土豆"这一名称才基本取得了优势地位,其具体表现就是在中央电视台新闻报道中,在说到马铃薯在各地的价格时所使用的名称是"土豆价格"。再如,在给一个新成立的大公司取名和定名时,在给一种新的化工产品定名时,在给一些内涵较小、外延很大的事物定名时,都需要经济实力强大、政治势力强大、学术地位高、技术水平高、具有发明发现者地位或者是具有首先作为者的地位作为后盾。尤其是在科学技术已经发展到信息大爆炸的今天,给一些新研制出来的化合物和一些新的社会关系取名,或者是为了科学事业的发展,从一个新的角度来对同一事物起一个新的名字,已经成为连该领域的专家都可能感到头疼的事情了。这是因为,搞不好就会出现与其他相关事物重名,或者被人称为有歧视嫌疑,或者是从语汇学角度来看有难以达到与预期的最终目的相符等方面的原因。在以事物本身的特征为取名原则之一,且取名用字要尽量少的汉语中,情况尤其严重。这也是包括中国在内的世界各国每隔一些年,就要重新编写其母语词典和母语大百科全书的主要原因之一。

从辩证逻辑的角度来看,编制词典的过程,其实质就是一个语言共同体强制统一概念的客观内容和主观内容的过程。此外,现在许多国家每年都要召开一些标准化大会和国际标准化大会。召开这类大会的目的和实质,就是要根据有关概念的外延来对该概念的客观内涵进行强制性定义。这是因为,自从进入 20 世纪以后,人类的科学技术突飞猛进,几乎天天都有新产品和新技术问世,如仅 2015 年全年,在中国登记的新产品和新技术的专利数就已接近一百万件。为了保证这些新产品和新技术得到正确的应用,减少假冒伪劣产品和服务对顾客和应用者的伤害,加快各个国家国内和各个国家之间的商业贸易往来和科学技术的交流,世界各国的有关企业和科学技术组织,每年都不得不费时费力地召开一些制定新产品正式名称(主要是学名)和规定产品标准的大会,或者是召开企事业单位内部规定新产品的名称和产品标准的大小会议。不过,召开这类会议,确实是一个进一步加快和加深各国国内各经济主体之间,以及各个国家之间的商业贸易往来,以加快提高各国人民绝对生活水平的必要之举。反过来看,从概念体系发展规律的角度来说,这也是强制各人类共同体承认对同一种物质、同一个客观对象,只能保留一个名称并遵循这一规律的表现。①

从辩证逻辑的角度来看,对一个概念进行说明,实际上就是在对一个概念的内容进行规定。

有的语言学家认为:"语言的词汇反映出该语言社团对现实世界的概念分类。客观世界对各民族来说是统一的,各个民族的人具有的对客观世界的认知能力也是相同的。但当需要利用一套符合编码系统进行思维运作时,不同的语言反映出不同民族的语言社团对现实世界的概念分类有很大不同。同一条光谱,人的视觉感知是共同的,但抽象为概念类,就有不同了。汉语切成红、橙、黄、绿、青、蓝、紫七段,英语切成 purple、blue、green、yellow、orange、red 六段,有的语言切成五段、三段,甚至两段,而且,即使段数相近,各段的起讫点也有差别……类似的现象在语言中比比皆是。除了科学的术语之外,可以说两种语言中很少有意义、色彩等各方面都完全等同的词。一种语言里的词语通常要根据它所处的上下文才能在另一种语言里找到恰如其分的说法。"②

笔者认为,从辩证逻辑的角度来看,一个语言共同体内不同

---

① 康德对这一现象的认识是:"原则的节约不仅仅成为理性的经济原理,而且成为了自然的法则……理性的寻求统一性这一法则是必然的,因为我们没有这种统一性就不会有任何理性,而没有理性就不会有知性的任何连贯的运用,并且在缺少这种连贯运用的地方也就不会有经验性真理的任何充分的标志了,所以我们必须就这种标志而言把自然的系统统一性绝对地预设为客观上有效的和必然的。"(康德:《纯粹理性批判》,邓晓芒译,北京:人民出版社,2004 年,第 511 页。)

② 叶蜚声等人著,王洪君等人修订:《语言学纲要》,北京:北京大学出版社,2010 年第 4 版,第 18 页。

的人员之间之所以可以进行语言交流,不同语言共同体之间的人员之所以可以进行语言交流和翻译工作,其客观基础就是对同一事物或者是同一思维过程,既可以用同等抽象程度的显性思维环节来概括和表达,也可以用数量不同、抽象程度不同的显性思维环节来表达。这是因为,思维环节是一个比词还小的思维单位。不同的个人、不同的语言虽然有不同的表达方式,但是只要我们采取增加上下文的办法,是完全可以做到互通互译的。这就像数学中存在着二阶进位法和十阶进位法一样。在人们的计算中,只要把十阶进位法的数字变成通过使用计算机计算所使用的具有更多位数的二阶进位法数字,就可以通过二阶进位法得到和十阶进位法相同的计算结果。因此,尽管不同语言系统的文字由于历史文化发展道路不同,其词语的表达方式往往也有很大的不同;但是,要是双方所指的客体一致,那么不论这两种语言的语汇学和语法差别有多大,只要我们增加一些概念,增加一些显性思维环节,增加一些简单或者是复杂的说明,这两种语言最终就能够达到准确理解和互译的目的。这也是我们把概念的起点和终点定在主体、定在主体实践的原因之一。因为,只有作为主体的人,才能主动增加概念、显性思维环节、简单的说明,或者是复杂的说明。此外,人们还常常使用旧有的词汇系统来解释新的词汇和新的思想,这一情况也说明,只有作为主体的人才能主动通过增加概念、显性思维环节、简单的说明或者是复杂的说明,来解释新的思想。

由于思维环节,也就是汉语中的义素、英语中的 sense,是一个比词语还小的东西,因此在一词多义的条件下,人们是如何在语言的相互交流中,正确解决选择词义的问题的呢? 实际上,人们所使用的办法,就是根据上下文来判断在一词多义的情况下选用一个较好的词义。这里的上下文,也就是语境、论域,可以是一个判断,可以是一番论证,可以是一篇学术论文,可以是一部书稿,也可以是一个民族的整个价值观系统,等等。例如,上面曾举例说,要想理解中国古汉语"老吾老以及人之老,幼吾幼以及人之幼"这句话中的由"老"字所参与表达的三个概念的全部含义,就要以了解中国古代的整个道德观念系统作为背景和语境/论域。因此,对一切现实中具体概念的理解,都是要看需要和可能而定的。

当今社会早已出现学术论文和学术专著越来越多的现象,也早已出现通过互联网建立互联网群,以及出现建立网上杂志、专业互联网群和群内新专业术语的情况。这些现象和情况说明,新概念的增多正处于加速的状态。这一现象具有历史的必然性,是社会发展的必然趋势和必然结果。为了中华民族的生存和发展,我们只能顺应这一历史潮流,促进"互联网+"的发展。对于历史潮流,人类各共同体为了生存和发展,所能采取的态度只能是"顺之者昌,逆之者亡"。美国经济学家约瑟夫·斯蒂格利茨曾说过,"全球化及其不满情绪所传达的主要信息是,问题并不在于全球化,而在于如何管控这一进程"。①

当然,在具体运用语言来表达和说明每个新概念、新思想时,语言并不是越长越好。人们对语言表达,尤其是汉语,自古以来就有争取简约、对仗、音韵起伏有一定规律等一些文学方面的要

---

① 国纪平:《推动世界经济迈向包容普惠的新时代》,《人民网——人民日报》,2017 年 1 月 19 日。

求,即越简约越好,越对仗越好,音韵起伏越是有一定的规律越好。在起书名这个问题上,也是如此。凡是汉语历史名著,其名称一般都不会超过三个字。例如《论语》《道德经》《史记》《西游记》《红楼梦》,等等。甚至有些原来名字超过三个字的历史名著的名称,也会在人们的口头语言交流乃至文字语言中简化为两个字,如《水浒全传》被简化为《水浒》,《三国演义》被简化为《三国》,《聊斋志异》被简化为《聊斋》。再如,亚当·斯密所写的《国富论》一书的正式名称为《国民财富的性质和原因的研究》,但人们大多记不住这一正式名称,反而只记得它的三字简称《国富论》。所以,笔者原想将本书稿的名称定为《主观辩证法基本要素公理化初探》,但是考虑到书名太长人们恐怕记不住这一因素,最后决定采用将书稿名定为《主观辩证法公理化》,同时决定采用将基本要素和初探等因素放在导言和书中其他部分加以说明的办法,来解决书名与书中内容相符这一问题。

另外,这里还必须指出,在马克思哲学体系中,"对象化"这个概念还常常被用来指称人类进行某些活动的目的和人类活动本身,也就是指客观实践的目的和客观实践活动本身,"是指事物具有的作用于他物的性质",[1]是指"主体有目的对象性活动的过程及其结果的哲学范畴,是主体本质向客体的转化"[2]。例如,马克思在《1844年经济学哲学手稿》中说:"通过实践创造对象世界,

---

[1]李怀春:《马克思主义哲学全书》,北京:中国人民大学出版社,1996年,第115页。

[2]李怀春:《马克思主义哲学全书》,北京:中国人民大学出版社,1996年,第115页。

即改造无机界,证明了人是有意识的类存在物,也就是这样一种存在物,它把类看作自己的本质,或者说把自身看作类存在物……正是在改造对象世界中,人才真正地证明自己是类存在物。这种生产是人的能动的类生活。通过这种生产,自然界才表现为他的作品和他的现实。因此,劳动的对象是人的类生活的对象化:人不仅像在意识中那样理智地复现自己,而且能动地、现实地复现自己,从而在他所创造的世界中直观自身。"①再如,马克思在《关于费尔巴哈的提纲》一文中曾说过:"从前的一切唯物主义——包括费尔巴哈的唯物主义——的主要缺点是:对对象、现实、感性,只是从客体的或者直观的形式去理解,而不是把它们当作人的感性活动,当作实践去理解,不是从主体方面去理解。因此,结果竟是这样,和唯物主义相反,唯心主义却发展了能动的方面,但只是抽象地发展了,因为唯心主义当然不知道现实的、感性的活动本身的。费尔巴哈想要研究跟思想客体确实不同的感性客体,但他没有把人的活动本身理解为对象性的活动。因此,他在《基督教的本质》中仅仅把理论的活动看作真正人的活动,而对于实践则只是从它的卑污的犹太人的表现形式去理解和确定。因此,他不了解'革命的''实践批判的'活动的意义。"②

马克思提出上述观点,是从一个角度来说明,人的客观实践既是与人的认识相连,也是与人的肢体活动相连的。人的客观实践是连接人的认识与人的肢体活动的一座桥梁,是使人对客观世界产生影响的一座桥梁。这是非常正确的,而且从某种角度来

①《马克思恩格斯全集》第42卷,北京:人民出版社,1979年,第96-97页。
②《马克思恩格斯选集》第1卷,北京:人民出版社,1995年,第58页。

看,肢体活动本身也是一种肢体语言,也是人类思维物质化的一种重要表现形式。但是,由于本书是以研究人类的主观处理过程为主的,因此对象化在本书中是指人们在思维中首先确定一个客体作为思维对象,并在思维中保持该客体不变,最后对它形成概念,并给这个客体起一个名称这件事。这个客体可以是一种人类的感觉器官可以直接感觉到的东西,如苹果、西瓜;可以是某种人类的感觉器官无法直接感觉到的东西,如空气热传导规律;可以是人类社会为本共同体制定的社会行为法则,如近亲不得婚配;可以是某个具体人类思维过程的结果,如一部小说、一篇感想;也可以是人体各种器官,如人的眼睛、耳朵、鼻子、舌头,等等。总之,除了思维者正在进行的思维过程之外,一切自然现象和社会现象都可以成为一个客体。

最后还要重复一下黑格尔曾说过的,"由现实到概念的过渡是最艰苦的过程"①。对此,笔者在自己的研究经历中也深有体会。1992—1998 年,笔者曾在英国贝尔法斯特女王大学攻读欧洲古典哲学博士学位。在此期间,为了从更高层级和更抽象的意义上对人类的实践活动和理性活动做一个概括,说明人类活动的属概念和种特征,说明人类为什么能够超出其他动物,并将自己的一部分活动称为实践和理性活动,而从不称呼其他动物的任何活动为实践和理性活动,以便绝对量化劳动,进而说明什么是绝对

①黑格尔:《小逻辑》,贺麟译,北京:商务印书馆,1980 年,第 325 页;"The passage from necessity to freedom, or from actuality into the notion, is the very hardest."(Hegel, *Hegel's Logic*, Translated by William Wallace, Oxford: Oxford University Press, Third edition,1975, p. 221.)

价值和绝对价值量,曾花费三年多的时间冥思苦想,最后才想出"多环节活动"(multi-moment activity)这个概念或词汇。① 之后,笔者才顺利完成博士毕业论文。在这三年多的时间里,笔者每天几乎除了正常的日常活动与交流,偶尔再次翻翻黑格尔、康德等人的著作找找灵感外,就是昼思夜想,想找出一个合适的概念来概括它们,这期间没给博士生导师 Bernard Cullen 教授交一个字。好在导师对我能够写好论文充满了信心,每年圣诞节还是照样请我到他家,与他全家人一起吃圣诞大餐,并年年为我签字注册、交学费、发生活费,从来没问我要过论文初稿或是相关文章的草稿,直到我交给他整个论文的初稿,由他帮我修改为止。对此,我深深地感激我的博士生导师 Bernard Cullen 教授以及我所就读的英国贝尔法斯特女王大学。

有失就有得。在想出"多环节活动"这个概念之后,我真是有一种"众里寻他千百度,蓦然回首,那人却在,灯火阑珊处"的感觉。其愉悦之情,真是难以言表,人生难有几回。

三、概念的大小和等级

当代形式逻辑的教科书中一般都已明确说明,不同的概念可以形成蕴含和被蕴含的关系。当具有蕴含和被蕴含关系的概念放在同一思维过程中时,蕴含别的概念的概念,就是相对来说的大概念,被蕴含于别的概念的概念就是相对来说的小概念。在语

---

①董志勇:《劳动、所有制与绝对价值》,西安:陕西人民出版社,2005 年,第 12 页。

言学中,具有蕴含和被蕴含关系的词语被定名为上位词和下位词。例如,水果和苹果这两个概念就具有蕴含和被蕴含关系,水果蕴含苹果,苹果可以被蕴含于水果之中。在语言学中,水果被称为苹果的上位词,苹果是水果的下位词。也就是说,抽象程度高的词,即内涵更少、外延更大的词是上位词;抽象程度低的词,即内涵更多、外延较小的词是下位词。

这里应当说明的是,由于主观处理具有可以虚构和假设的特征,在人类思维过程中,常常又把具有蕴含和被蕴含关系的概念都看作具有同样抽象程度的概念。也就是说,它们常常都被看作具有同等地位的词。这一点可以在当今任何一个字典中得到证明。例如,尽管世界、国家、省、地区、市、县、区、乡、村这几个概念具有蕴含和被蕴含的关系,即这几个词具有上位词和下位词的关系和区别,但是,它们在每一种汉语词典中都被看成是具有同等地位的东西——一个汉语单词。从辩证思维的角度来看,人类之所以能做到这一点,就是因为它们都是一个显性思维环节。

人类之所以想出这么多抽象程度不同的概念和词语,并把它们看成是具有同等地位的东西,是为了使自己的表达简洁和清晰。例如,当我们要说清楚一只猫和一棵树的区别时,只要说"猫是动物,树是植物"就行了。而当我们要说清楚一只猫和一棵树的相同之处时,只要说"猫和树都是生物"就行了。当我们要说清楚一只猫和一只狗的区别时,只要说"猫是猫科动物,狗是犬科动物"就行了。而当我们要说清楚一只猫和一只狗的相同之处时,我们只要说"它们都是食肉动物",或者"它们都是哺乳动物",或者"它们都是脊椎动物",或者"猫和狗都是生物"就行了。当然,具体要说清楚它们的相同之处时,还需看上下文。这是因为,说清楚一个事物与另一个事物之间的相同之处,属于需找本质、属概念或共性的事情。而需找本质、属概念或共性的事情,是因人类的主观需要不同而不同的一种现象。

　　人类之所以要想出越来越多的显性思维环节/概念,是为了发展思维和表达,以满足人类客观实践活动日益发展的需要。例如,由于人类医学的发展,外科医生已从几千年前只会做简单的缝合包扎和接骨等手术,发展到今天已会做换心、换肺、换肾、换人工关节等高难度手术,并且开始准备进行换头手术实验。几百年前的一个外科,发展到今天,在一些大医院里已经分化出了神经外科、脑外科、眼外科、鼻外科、耳外科、头颈外科、心脏外科、胸外科、普通外科、肝胆外科、骨外科、腹外科,等等。每一外科分支的发展,都需要一大批新的概念和理论作为其后盾。① 因此,人类

---

① 中国科学院院士、北京大学化学系教授徐光宪认为:"5000 年前,世界上只有三门学科:语言、图腾、技艺;到公元 2000 年时已经增加到 5000 门;预计到 2050 年时,应该有 20000 门学科,其中 15000 门是等待新创的。"(《新华文摘》,2006 年第 17 期,第 149 页。)一些当代学科分类学家把一个新的学科形成的标志定为,具有一本本学科的专业核心杂志,具有一批将一生工作主要贡献给该学科的存在和发展。其中最具客观性的一个标准是具有一本本学科的专业核心杂志。这也就是说,随着一个新学科的产生,必然有一大批新概念产生,而且这些新概念的内容,需要从事该学科的骨干人员一辈子去学习和了解。目前新学科出现得这么快,说明当今人类分工和整体智力发展得特别快。当今世界新学科出现得这么快,是以互联网技术的高速发展为基础和表现的。互联网技术的发展和新学科的发展相辅相成,它是人类社会历史发展的必然,每个国家都要重视之。"顺之者昌,逆之者亡",人类社会发展规律在其中扮演着重要的角色。

不断地想出这么多新的显性思维环节、新的概念,就是要进行新的客观实践,要进行更高水平的客观实践。从辩证逻辑的角度来看,没有新的概念,就没有新的客观实践。当然,没有新的客观实践,也就没有新的概念。

实际上,只要在语言共同体内达成合意,概念的等级是可以无限制地划分和运用起来的。就汉语来说,只要给每一个新的概念加上适当的限定词即可。这是因为,限定词代表着主观限定条件,增加限定词代表着增加主观限定条件。例如,瑞典生物学家林奈(Carl von Linne,1707—1778)当年提出现代生物学分类法时,只提出了界、门、纲、目、科、属、种这几个大的分类学概念。随着生物分类学的发展,人们发现的新物种越来越多,生物分类学家们感到旧有的这几个分类学概念已不够使用,或者说已不利于人们继续对生物物种进行分类研究,不利于人们继续区别和确定某一个生物到底是已经制定过学名的旧物种,还是没有制定过学名的新物种了,因此人们又提出了亚门、亚纲、亚目、总目、亚科、总科、亚属、总属、亚种等新的分类学概念,这样做更有利于有关的科研人员将自己有限的生命投入到可以无限发展的科学研究事业之中去。

因此,说到底,是人们的生产实践和生活实践推动着概念系统的发展。例如,据昆虫学家的估计,当今世界上存有的昆虫种类在三百万到三千万种之间。但是,直到今天,人类给这些昆虫定过学名并做过简单描绘的仅有一百万种左右;而对之进行过比较深入的观察和描绘的种类,也就是对其整个生命过程,如对其虫卵孵化、觅食、羽化、交配、产卵的过程有过比较全面的观察和描绘的种类,不超过十万种,并且这十万种昆虫都是与人类生产和生活有着密切关系,或者是较为密切关系的昆虫,如一些蜂类、蚁类、蝇类、蝶类、介壳虫类,等等。

当然,对于许多专门从事理论研究(如数学、理论物理、哲学等学科)的具体个人来说,其应该具有为理论而进行理论研究的精神。这是因为人类所进行的实践是群体实践,对于许多专门从事数学、理论物理、哲学等学科的具体个人来说,社会给他们的劳动分工就是研究理论,并根据人们社会实践的结果和需要发展理论,他们的工作任务就是写出具有新观点的论文和著作来。这就跟职业围棋手每天都要研究如何下好围棋的道理一样,下好围棋就是职业围棋手的人生实践。对于许多专门从事理论研究的具体个人来说,研究理论并根据实践的需要发展理论,就是他们的人生实践。群体与个人到底还是既有联系又有区别的。

另外,从人类思维不断向前发展的角度来看,概念就是一次思维过程的完成,是否定的完成,是否定之否定的完成,是一次有意义的思维中断,一次产生了结果的思维中断,是由个体代表群体进行思维的一次有意义的中断,一次避免了循环思维的中断,一次可以与别人进行交流和传承的思维的中断。这也是个体思维常常具有二重性(两种功能)的来源,即个体思维既是个体思维,又常常可以代表群体思维。当然,每一次避免了循环思维的中断,也是由个体思维来完成的。这是因为,每个具体的个人,其体力十分有限,尤其是在进行高强度的抽象思维时,每一个人每天都要花一定的时间专心用于吃饭、喝水等补充营养的活动。更别说,每个人每天都要花不少时间睡觉,否则,他连生存都保障不了,更何谈进行高强度的抽象思维。

在这里,笔者还想谈谈 idea、notion、conception 和 concept 这四

个英语单词在哲学译著中的英译汉问题。在过去的一些哲学译著里,这四个词往往有不同的译法。idea 常常被译为"理念",notion 常常被译为"观念",conception 常常被译为"概念",concept 也常常被译为"概念"。其实这四个英文单词都可以翻译成"概念"。从某种角度来看,这四个词只是抽象程度不同的同义词。其中 idea 的抽象程度最高,notion 的抽象程度次之,conception 的抽象程度又次之,concept 的抽象程度最低,即相对来说最具体。因此,当把这四个词放在一起来翻译时,我们可以把 idea 翻译作"大概念",把 notion 翻译作"中概念",把 conception 翻译作"小概念",把 concept 翻译作"具体概念",同时加以必要的注释。这样翻译的话,可能会使我国的读者觉得更好理解一些。同时也可以避免在讲授西方哲学史时说出"理念的分有"(division of idea)①这类对大多数中国人来说很难理解的半"洋泾浜"式的哲学术语。毛泽东同志当年曾向国内的哲学工作者发出过号召,让哲学从哲学家的课堂和书本里解放出来,变为群众手中指导实践的武器。在目前国内生产力发展水平和财政能力还不能提供非常多的支持的情况下,要想让国内所有对哲学感兴趣的人都专职研究哲学,是根本不现实的。但是,笔者相信,让目前国内一部分专职哲学工作者把一些哲学理论说得通俗一点,总还是可以做到的。

---

① 其实,division of idea 这个英文短语的实际意思是概念的具体化,或者说是从大概念过渡到小一些的概念,即从上位词过渡到下位词。

第六章 现象、本质、形式、质料、内容

一、现象和本质

当现象与本质相对立时,现象是指人能够通过自己的感觉器官直接感觉到的外界情况和现实情况。黑格尔在《小逻辑》和《逻辑学》这两本书中所提出的自在状态(in-itself)之一,就是指现象。外界情况既有外界的真实情况,如人在说真话时所说的各种情况;又有各种人类主观处理物质化的结果,主要指人类的语言文字作品和各类客观实践产品,如锅碗瓢盆、飞机大炮,等等。现象也包括各种假象,如人在说假话时所说的各种情况,以及由人制造出来用来骗人和糊弄人的假冒伪劣产品,乃至欺骗敌人用的假的军事装备和工事等。外界情况也包括思维者本人身体的各个器官及其生理生化运行情况,等等。因此,现象是进行主观处理的基础和出发点,并且是一个随时可以返回到那里的基础和出发点。它就像科学研究中的原始数据,是有关科研人员根据需要随时可以和应该查阅的原始数据。

与牛顿(Issac Newton, 1642—1727)同时代的英国大科学家、牛津大学三一学院院士、普卢姆讲座天文和实验哲学教授罗杰·科茨,曾在牛顿一生中最重要的哲学著作《自然哲学之数学原理》

第二版序言中说,"一切殷实可靠的哲学都是以事物的现象为基础的"①。由于罗杰·科茨所说的这句话是在牛顿生前发表的,而且牛顿终生也没反对或者是反驳过这句话,因此我们可以认为,在现象和主观处理关系的问题上,牛顿应当也持有相同的认识和看法。

不过,在世界哲学发展史上占有重要地位的德国哲学家康德(Immanuel Kant,1724—1804),在现象和主观处理关系的问题上却是一个二元论者。他在《纯粹理性批判》一书中开篇就说:"我们的一切知识都从经验开始……但尽管我们的一切知识都是以经验开始的,它却并不因此就都是从经验中发源的。因此很可能,甚至我们的经验知识,也是由我们通过印象所接受的东西和我们固有的知识能力(感官印象只是诱因),从自己本身中拿来的东西的一个复合物……某些知识甚至离开了一切可能经验的领域……正是在这样一些超出感官世界之外的知识里,在经验完全不能提供任何线索、更不给予校正的地方,就有我们的理性所从事的研究……只要我们离开了经验的基地,我们就不要用我们所具有的不知其来自何处的知识、基于对不知其起源的原理的信任而马上去建立一座大厦,而不对其基础预先通过仔细的调查来加以保证,因而我们反倒会预先提出这样的问题:知性究竟如何能够达到所有这些先天知识,并且这些知识可以具有怎样的范围、

---

①牛顿:《自然哲学之数学原理》,王克迪译,北京:北京大学出版社,2006年,前言,第4页。

有效性和价值。"①在这里,康德没有把人类个体思维与群体思维分离开来,或者说,他没有正确认识到人类个体思维与群体思维之间的关系。他也没有把人类具有的获取知识的能力和已获取的知识彻底分离开来,也就是他把现象、质料、内容和主观处理混为一谈了,把人类认识过程中的不同环节混为一谈了。实际上,人类所获取的任何知识,都离不开现象和实践经验。包括他所论述的人类具有的时间和空间这两个概念,也是离不开现象和实践经验的。最简单的证明就是,连时间和空间这两个名称都需要遵守先辈提出的说法,否则就会既不知道别人所说的是什么,也不能让别人知道自己说的是什么。而能够使你明白别人所说的时间和空间这两个概念指的是什么,以及让别人知道你在说时间和空间这两个概念指的是什么的,正是别人的语言实践和你自己的语言实践。虽然语言的产生和发展离不开人类思维的存在和发展,但语言本身就是一种现象,并且语言现象的产生和发展离不开人类的实践和人类群体的合意,也就是说话人所在语言共同体的人们的同意和理解。

这里还应当特别提出并说明一下属人现象这个概念。其原因是,在人类活动的影响下,在人类活动的范围内,出现了许多原来通过天然进化永远也不会自然出现的客观现象和物品,如电视机、汽柴油发动机、人造卫星、航天飞机,等等。但是,从一个角度来看,尽管这些现象是人造现象,但他们还属于现象界,因为它们都是客观存在的。对于那些不知道它们产生原理、制造原理、制

①康德:《纯粹理性批判》,邓晓芒译,北京:人民出版社,2004 年,导言,第 1 页。

造技术的人来说,它们都是需要加以主观处理的现象。只有经过小学、中学、大学、硕士研究生、博士研究生、博士后、操控专门训练等中的几个学习阶段后,人们才能把它们变成可以由人类正确操控并为人类谋福利的东西和现象。在小学、中学、大学、硕士研究生、博士研究生、博士后、操控专门训练等中的几个学习阶段,有关人员将以分工、再分工、压缩和浓缩的形式,组织他们学习和理解相关理论和制造技术,从而使他们能够在比较短的时间段里正确操控这些人造的东西,为人类谋福利。

　　本质这一概念在中国古代已经出现,它是指"①事物的本来形体……②事物的根本性质"①。黑格尔当年在《小逻辑》和《逻辑学》这两本书中所提出的,同一事物或同一事件可以处在自为状态(for-itself),指的就是事物处于本质阶段和概念阶段。

　　在当代汉语语境中,当现象与本质这两个概念相对立时,本质是指外界情况和现实情况的属概念/共相,或者某一事物抽象的一端,或者某一事物与其他事物之间的共同之处,或者某事物的共性,或者某一事物与其他事物之间的联系。例如,当我们说"猫在本质上也是一种动物","苹果在本质上也是一种水果"时,"本质"这一概念的内容基本相当于英语中的 genus 或 essence。人们可以通过本质这一概念,将许多具有某些共同之处的事物联系在一起,帮助自己加深对这些事物特征的认识,记忆这些事物的有关特征,进而为人类进行群体实践提供帮助。因此,本质这一概念的第一项基本功能是对事物进行分类。

---

① 广东、广西、湖南、河南词源修订组,商务印书馆编辑部:《辞源》(1980 年修订本),北京:商务印书馆,1980 年,第 1503 页。

　　这样一来,本质这一概念就有了它的客观内容和主观内容。其客观内容就是事物的功能和特征,其主观内容就是给人们的认识和观察的具体对象起一个名称。由于不同人类共同体所经历的具体历史发展过程不同,因此不同人类共同体所使用的词汇系统一般都有差异,对同一个客观事物有可能起不同名称,如被中国人称为"土豆"的东西,英国人称其为"potato"。在这种情况下,不同人类共同体可以通过指认事物做到相互理解,这是因为他们所指的东西具有同一客观内容。

　　人类之所以要提出本质这一概念,是因为人类所要面对的事物太多,不得不建立起一个庞大的和多层次的概念系统,以方便人类对所要面对的事物进行分类,进而方便人类的分工和合作。

　　比起一些个体事物、具体事物和一些较小的概念来说,具有本质功能的概念更加抽象一些。例如,比起我家的那只猫,"猫"这个概念就更抽象一些,所以它是我家的那只猫的本质。其实,所有的类名词都既是本质又是概念,对其上位词/上位概念,它们是下位词/下位概念;对其下位词/下位概念,它们是本质。例如,哺乳动物是猫科动物的本质,它是统摄猫科动物、犬科动物等许多种类动物的本质。而猫科动物又是老虎和猫等动物的本质,它又成了老虎和猫等种类相对较少的动物的本质。因此,本质与现象的区别、本质与内容的区别,从一个角度来说,也是一种量和度的关系,是一种抽象程度高低的区别。本质的抽象程度高一些,现象和内容的抽象程度低一些。

　　此外,由于同一事物的属概念/共相可以有很多种,因此同一事物的本质也可以有很多种。例如,前面所说的,猫的本质或者属概念有"猫科动物""食肉动物""哺乳动物""脊椎动物""脊索动物""动物""生物"等。黑格尔曾说过,"本质是不曾规定的东西"①。在这种情况下,本质具体指何是受人们的主观需要和客观需要的变化而变化的一种现象。因此,在现象与本质这一对立中,在人们的头脑中,也存在着向对立面转化的情况,现象变本质,如猫变动物,即把猫这一概念向动物这一概念过渡;本质变现象,如动物变猫,也就是把动物这一概念向猫这一概念过渡。这里的主观需要,是指个体思维和表达的需要。这里的客观需要,是指群体思维和表达的需要。

本质还指种特征。它相当于英语中的 nature、identity、differentia 或 distinguish feature。例如,前面所说的黑格尔曾在《小逻辑》中说过:"概念本质上即在于扬弃它的前提。"②这里的本质就是指种特征。例如,我们之所以说猫是猫科动物、狗是犬科动物,从动物分类学上来看,就是因为猫的爪子有肉垫,狗的爪子没有肉垫,而猫科动物和犬科动物的种特征就体现在它们的爪子上。因此,从动物分类学上来看,猫科动物和犬科动物的本质区别就在于它们爪子的构造不同。

在中国现代汉语的语境下,本质还指客观规律。例如,当我们说"大江入海、日落西山、潮起潮落等自然现象的出现,在本质上都是由万有引力定律在起作用"时,本质就是指客观规律。它相当于英语中的 law。

本质这一概念的形成过程,也是一个显性概念形成的过程。本质这一概念也是经历了一系列思维过程才出现的一个显性思

---

①黑格尔:《逻辑学》下卷,杨一之译,北京:商务印书馆,1976 年,第 79 页。
②黑格尔:《小逻辑》,贺麟译,北京:商务印书馆,1980 年第 2 版,第 325 页。

维环节。因此,本质这一概念可以和多个概念相对立。

实际上,当我们把现象与本质相对立时,主要是从主观处理的角度来看待所有客体的。因此,我们现在的教科书和字典,一般都把本质解释为"事物所固有的,决定事物性质、面貌和发展的根本属性。事物的本质是隐蔽的,是通过现象来表现的,不能用简单的直观去认识,必须透过现象掌握本质"①。而现实情况是,当我们把现象与本质这两个概念相对立时,是在从各种有关客观现象中找出其共同之处。

与此相关的是,我们可以提出客观本质、主观本质、外在本质、内在本质这四个概念。其中,客观本质是指事物的属概念。如前所述,每一个具体事物可以有多个属概念。主观本质是指我们给客观本质起的名称或名字。每一个具体事物可以有多个主观本质,因为人类可以给同一个事物起多个名字,例如人类已经给马铃薯起过土豆、洋芋、洋山芋、potato 等多种名称。外在本质是指人们根据事物的外在客观现象将某个事物归类于某类事物,如我们可以根据狮子、老虎的外在特征或者是内在特征,将它们归类于脊椎动物。内在本质是指人们根据事物的内在联系,将某个事物归类于某类事物,如将大江入海、日落西山、潮起潮落等自然现象的出现归类于由万有引力定律在起作用。在人们实际的日常生活和科学研究中,客观本质和外在本质都比较好确定,而主观本质和内在本质却比较难确定。例如,人类至少在几千年前就已观察到并记录下了大江入海、日落西山、潮起潮落等自然现

① 中国社会科学院语言研究所词典编辑室:《现代汉语词典》,北京:商务印书馆,1979 年,第 52 页。

象。但是,直到三百多年前,英国大科学家牛顿才将这些现象内在地联系起来,提出了万有引力定律。因此,找出各种现象之间的内在联系和内在本质,在科学和哲学上往往具有重大意义。

由于主观本质还涉及各人类共同体力量的大小与否和不同语言语法结构之间先进与否等问题,因此,事物的主观本质主要指不同的语言共同体之间给一个客体起名这个问题。这是一个更不好解决的问题。因为,这可能牵扯到不同人类共同体的兴衰和同一个语言共同体内不同地区政治、经济、文化、科技实力强大与否的问题,甚至涉及一个国家的文化安全和主权完整的问题。

对于本质,黑格尔曾说过:"本质正是对一切直接事物的扬弃……本质和内心只有表现成为现象,才可以证实其为真正的本质和内心……当我们认识了现象时,我们因而同时即认识了本质,因为本质并不存留在现象之后或现象之外,而正由于把世界降低到仅仅的现象的地位,从而表现为本质。"①在这里,黑格尔非常正确地说明了本质这一概念的来源和种特征,并且非常正确地说明了本质和现象这两个概念之间互相过渡到对方的必然性。只不过他在用实例去说明这些真理时,所举实例有点间接,往往使许多人感到有些费解,一头雾水。

二、形式和本质

当我们把本质和形式这两个概念相对立时,本质是指外界情

---

①黑格尔:《小逻辑》,贺麟译,北京:商务印书馆,1980 年第 2 版,第 244 - 245、276 页。

况和现实情况的属概念/共相,或者某一事物抽象的一端,或者某一事物与其他事物之间的共同之处,或者事物的共性;而形式是指某一事物特殊的一端,或者说具体的一端,是指事物的个性。

形式与现象不同。形式这个概念常常指我们已从本质这个思维环节返回到现象界,返回到客观世界后,再对现象界进行主观处理的结果。黑格尔曾说过,"一切被规定的东西都属于形式"①。他是说,形式是在我们主观上已经对现象界、客观世界有了一定处理和界定之后,由主体带着本质概念和一定主观规定性,对现象界、客观世界再进行一次主观处理的结果。

而现象则不受主观处理这一思维环节的限定。它是指我们直观/直觉上所感受到的任何东西。例如,就看 X 光片这件事来说,普通人看到是一种现象,而受过多年放射科医学训练的人看到的就是我们身体内部各有关器官和组织的存在形式。

在这里,我们应当分清楚客观形式和主观形式这两个概念。客观形式相当于现象,是我们的思维可以随时面对的各种可以直接感知的客观现象。主观形式则是指概念,因为只有概念才是有了规定性的显性思维环节。而正是因为如此,包括一切概念在内的一切被规定的东西都属于形式。这一规定性来自于群体合意。这是因为,概念是用来进行人与人之间交流的,它们需要通过使用词汇这一客观物质化环节才能起作用。词汇的含义是需要通过群体合意这一环节才能最后形成,并起客观作用的。所谓的群体合意,是指一个词的表达内容需要得到本语言共同体一人以上的同意才能使用。群体合意要经过一系列客观流程才能形成,它

①黑格尔:《逻辑学》下卷,杨一之译,北京:商务印书馆,1976 年,第 77 页。

不是任何个人可以随意改变的东西。因此,概念的主观形式也是一种受到限定的客观现象。于是,这里也出现了向对立面转化的情况,本来具有多种选择的主观形式,变成了一种受到限定的、个人无法改变的客观现象。只要有思维,只要思维过程还没有结束,在主观处理方面就会出现一系列向对立面转化的情况。

黑格尔本人并没有提出形式还可以再分为存在形式和表现形式这两个概念。而我们现在提出存在形式和表现形式这两个概念,对我们今后发展和提高对客观世界和主观世界的认识,却有着非常重要的意义。这是因为,我们发展对客观世界和主观世界认识的最终目的,是为了提高我们的绝对生活水平。为此,我们必须经历演绎推理过程,进而将我们的正确认识过渡到客观实践活动中去,也就是过渡到人的肢体活动中去。

存在形式可以表明直接同一关系。它是指我们在演绎推理过程中,将一个大命题或者是大概念过渡到一个相对来说是小命题或小概念的结果,即从一个上位词过渡到下位词的结果。例如,当我们说脊椎动物的存在形式有鱼类、两栖类、爬虫类、鸟类、哺乳类等时,就是在从脊椎动物这个相对来说的大概念过渡到鱼类、两栖类、爬虫类、鸟类、哺乳类等相对来说小的概念上来。当我们说人是脊椎动物时,是从脊椎动物这个相对来说的大概念过渡到人这个相对来说的小概念。而在实际生活中,人们一般是从一个命题或者是一个相关的较大概念直接过渡到具有客观直接性的小概念上的。如该吃饭的时候,人们一般会直接从肚子饿了该吃饭这一命题,直接过渡到米饭、馒头、炒白菜、饼干、三明治等具有客观直接性的小概念上来,很少有人会想到早餐、午餐、晚餐、消夜等相对大一点的概念上来的。这是因为,人们在自己的思维和表达过程中,处处要贯彻简约的原则。这也是人类经过千万年进化所得到的一种生物学本能。只有这样,每个具体的个体才能在自己有限的生命过程中,做出更多对自己个人和直系血亲的生存和发展有利的事情来。就当今社会现实而言,说话干脆利落,一言中的,也是一种不可多得的谋生技能和本事。

存在形式是在人类对客观现象有了一定的了解和主观处理之后再返回到现象界,并对现象界进行再一次分类的结果。这一分类是带着本质和形式这两个概念的分类,是带着主观确定性的分类。从形式逻辑的角度来看,这次分类一般是一次演绎推理过程。例如,我们可以说,苹果是水果的存在形式,水果是苹果的本质;红富士苹果是苹果的存在形式,苹果是红富士苹果的本质,等等,一直推理到某一个具体的客观存在的苹果为止。这是一次从无限到有限的推理,是一次从本质到个体的推理,是一次从共性到个性的推理,是一次从一般到特殊的推理,是一次与人类客观实践更加接近的推理。

与演绎推理相对立的是归纳推理。归纳推理具有从有限到无限的特征,是一种从个体到本质的推理,是一种从个性到共性的推理,是一次从具体上升到一般的推理,是一种与人类客观实践和各种客观现象更远的推理。

但是,无论是演绎推理还是归纳推理,都是人类经过几百万年的进化而得到的一种生物学本能。每个成年人类个体,在其生命体征正常的情况下,为了进行自己的客观实践,以及为了更好地进行自己的客观实践,为了自己的生存和发展,每天都要进行多次演绎推理和归纳推理。从一个角度来看,进行推理也是人类生物学本能的一种表现,是人类种特征的表现形式之一。

存在形式一般具有直观的性质,表现形式一般不具有直观的性质,它们都是人类思维的结果和产物。当然,这种思维的结果和产物都反映着一种客观实在。

表现形式可以表明非直接同一关系。它是指我们在推理过程中,将两个中间存在多重非直接具有种属关系的现象联系起来考察和观察的结果,即考察事物之间内在联系的结果。例如,当牛顿和当代科学家们将大江入海、日落西山、潮起潮落等看起来毫不相关的自然现象联系起来进行考察和观察时,他们会告诉我们,在本质上,大江入海、日落西山、潮起潮落等看起来毫不相关的自然现象,都是由万有引力定律在起作用的,它们都是万有引力定律在起作用的表现形式。再如,当我们看室内温度计时,我们可以知道房间内空气内部离子运动速度的高低。这是因为,室内温度表现着房间内空气分子的运动速度,运动速度越高,室内温度也越高。因此,人类可以通过事物的表现形式这一概念,去设计出许许多多的仪器仪表和方式方法,来帮助自己去了解和利用无法直接观察/考察的自然现象和社会现象。例如,人类可以利用水银和红色酒精的膨胀系数,来测定房间内空气分子的运动速度,即室内温度。在一些无法直接确定量的客体上,如物体的重量、电压、电流、电阻,一个上面镶满宝石的王冠的确切体积等问题,人类都是通过设计一些仪器仪表和使用一些间接的办法来解决的。磅秤的指针位置,万能表上的指针位置,一个盛满水的容器放入王冠后流出的水量,都是相关量的表现形式。

从康德《纯粹理性批判》一书的一些论述中我们可以知道,康德曾把事物的存在形式称为"分析的判断"的结果,把事物的表现

形式称为"综合的判断"的结果。① 康德做出这样的分类,是由于
他对人类取得知识的方式研究得不够深入,尤其是对人类个体认
识和群体认识之间的区别和联系认识的深度不够。② 这也是导致
黑格尔要发展辩证法,要解决由康德首先提出来,但他自己并没
有解决的一些需要用辩证法来解决的问题的直接原因。

此外,由于在当代汉语里,分析和综合这两个概念所表达的
内容,要比英语和德语中的这两个概念所表达的内容要多一些,
因此在我们建立中国现代哲学方法论系统时,还是用存在形式和
表现形式这两个术语来表达康德所提出的"分析的判断"的结果

---

① 为此,康德曾说过:"分析的(肯定性的)判断是这样的判断,在其中谓词和
主词的连接是通过同一性来思考的,而在其中这一连接不借同一性而被思
考的那些判断,则应叫作综合的判断。前者也可以称为说明性的判断,后
者则可以称为拓展性的判断,因为前者通过谓词并未给主词概念增加任何
东西,而只是通过分析把主词概念分解为它的分概念,这些分概念在主词
中已经(虽然是模糊地)被想到过了;相反,后者则在主词概念上增加了一
个谓词,这谓词是在主词概念中完全不曾想到过的,是不能由对主词概念
的分析而被抽绎出来的。……分析的判断固然极为重要且必要,但只是为
了达到概念的清晰,这种清晰对于一种可靠的和被扩展了的综合,即对于
一个实际的新收获来说,是必不可少的。"(康德:《纯粹理性批判》,邓晓芒
译,北京:人民出版社,2004 年,第 8、11 页。)
② 康德曾模模糊糊地感觉到存在着个体认识与群体认识的区别,因为他已提
出"本源的直观""智行直观""原始存在者""不独立的存在者"这些概念。
但是由于时代的限制,他未能确切地认识到个体认识与群体认识之间的区
别,更未能科学地解决个体认识与群体认识之间的关系到底是怎么一回事
这个重大问题。(康德:《纯粹理性批判》,邓晓芒译,北京:人民出版社,
2004 年,第 50 页。)

和"综合的判断"的结果更好一些。笔者认为,这样的表达更符合汉语的表达习惯,更能确切地表达中国人的思维过程和思维成果。

在人们的思维中,概念、形式、本质这三个概念之中本质处于中间位置,或者说处于中介位置。从形式到概念的过渡,以及从概念到形式的过渡,都要经过本质这一概念的限定或者否定,即要受到经过群体合意这一思维环节的限定。也就是说,本质是一个人类语言共同体对某类事物的共性有了一定的共同认识后的产物,它受一个人类语言共同体对某类事物的共性有了一定的共同认识这一环节的限定。而现象则可以不受这种限定,除非人类需要把对某一具体现象的认识,从简单感觉提高到给出概念的高度。现象是人们认识的最低层次,它就是人类对外界事物的一种简单感觉,一种没有经过进一步主观处理的简单感觉,一种生物器官的简单感应或反映,或者是人们在主观处理过程中没有做到属加种差式定义的一些简单概念。

目前我们保留本质和形式这两个概念的对立,是为了发展我们的思维和实践。例如,我们可以把一个具体客体抽象的一端概括成另外一个概念,以便把这个客体与更多的客体联系起来,使相关人类共同体进行更多更好的分工与实践。例如,我们可以把狗的抽象一端概括为"犬科动物""食肉动物""哺乳动物""脊椎动物""脊索动物""动物",等等,从而为我们更好更多地利用狗这一种动物提供方便。又如,人类可以利用狗奶来喂养其他哺乳动物,如老虎的幼崽等。再如,人类可以利用狗的生命过程来试验一些新型的药物和手术方法,作为进行这些药物和手术方法的人体试验的先行过程,以最终造福人类,等等。

　　在人类社会领域,所谓的形式还可以指一些社会制度。这是因为人类可以通过建立和维护某种社会制度作为手段和可利用的社会形式,来实现人类的一些思维成果的目的。例如,人类可以利用社会分工作为手段和形式,来实现群体实践和群体思维。

三、形式、质料、内容

　　黑格尔曾提出,形式可以与本质、质料和内容这三个概念相对立。① 但是,黑格尔始终没有给质料和内容这两个概念做出过明确的属加种差式的定义。由于这个原因,我国过去研究西方哲学的人,对于质料和内容之间的区别和联系也不清楚。

　　康德曾对质料和形式之间的区别有过如下论述,"在现象中,我把那与感觉相应的东西称为现象的质料,而把那种使得现象的杂多能在某种关系中得到的东西称为现象的形式……一般感觉则是质料","可规定的和规定(质料和形式)的关系"。② 笔者认为,康德的这几句话说得很有道理,也很有分量,因为这几句话是把质料和形式这两个概念对立起来,并对它们做了属加种差式的说明。但是,要想真正搞清楚质料和形式之间的区别,还需要把内容和本质这两个概念拉出来,与质料和形式这两个概念一起进行辨析。这是因为,康德在上述话中所说的"某种关系",实际上

---

① 黑格尔:《逻辑学》下卷,杨一之译,北京:商务印书馆,1976 年,第 75 – 87 页。

② 康德:《纯粹理性批判》,邓晓芒译,北京:人民出版社,2004 年,第 25 – 26、42、236 页。

是指本质。但是,由于康德并没有对本质这一概念做过比较深入的研究,更没有对它进行过属加种差式的定义,因此我们绝不能说康德对质料和形式之间的区别有过先进的属加种差式的说明。而且,当我们把质料、内容、本质、形式这几个概念对立起来时,也就是把这几个概念放在一起考察时,就会发现,康德在上面那句话中所说的现象的形式,实际上就是指本文所说的内容,也就是当我们把质料和内容这两个概念对立起来时的内容。①

黑格尔曾在《逻辑学》一书中对质料这一概念做过如下的论述:"思维形式,在质料中时,它们是沉没在自觉的直观、表象以及我们的欲望和意愿之内的,或者不如说,沉没在带有表象的欲望和意愿之内的——没有人的欲望和意愿是没有表象的——使思维形式从质料中解脱出来,提出这些共相本身,并且使其成为考察的对象,像柏拉图、尤其是像亚里士多德所做的那样,这首先应被认为是一种了不起的进步;这是认识共相的开端。"②但是,由于黑格尔也没有把质料、内容、本质、形式这四个概念直接对立起来进行考察,因此他对质料的论述也没有达到属加种差的程度,让普通读者搞不清他说的到底是什么。

---

① 康德没有搞清楚质料和内容之间的差异,可以从康德所说的下面这些话中得到更清楚的表达:"在一切对象由以被给予我们的那个现象中存在着两个方面:直观形式(时间和空间),它是能够完全先天地得到认识和规定的,以及质料(自然之物),或者说内容,它意指一个在时间和空间中所碰到的、因而包含某种存有并与感觉相应的某物。"(康德:《纯粹理性批判》,邓晓芒译,北京:人民出版社,2004年,第559页。)

② 黑格尔:《逻辑学》上卷,杨一之译,北京:商务印书馆,1966年,第二版序言,第10页。

　　笔者认为,当质料和内容这两个概念相对立时,它们都是一个显性思维环节,都是指客体。但是,质料和内容这两个概念的内容本身的性质是不一样的。其中质料的内容,也就是质料这一概念所指的东西,是没有经过本质和形式这两个思维环节整理的现象,即混沌状态、杂乱无章的状态,也就是康德所说的"那与感觉相应的东西"①,因此质料不能直接进入形式。

　　上面所引用的黑格尔的话语也对形式做了一定的说明。在黑格尔这段话中,表象一词是指对直观事物的回忆和联想,共相一词是指事物抽象的一端,是指事物本质和属概念一端。这样一来,黑格尔对内容这一概念算是有过接近于属加种差式的描述式的说明,或者是近乎于正确的属加种差式的说明了。但是,黑格尔毕竟还没有对内容这一概念直接做过属加种差式的说明,尤其是没有将内容、质料和形式这三个概念对立起来,以对它们做出过属加种差式的说明。

　　笔者认为,"内容"这一概念的内容,也就是"内容"这一概念所指的东西,是经过本质和形式这两个思维环节整理的现象,它是可以直接进入或者是直接变成形式的现象,是指我们已知其本质的现象,也就是康德所说的"那种使得现象的杂多能在某种关系中得到的东西"②。例如,当我们要从众多动物中寻找哺乳动物时,必须寻找已知能够通过哺乳养育幼仔的动物,并把它们当作哺乳动物的存在形式来对待。而对那些我们不知道是否能够通

---

①康德:《纯粹理性批判》,邓晓芒译,北京:人民出版社,2004 年,第 25 页。

②康德:《纯粹理性批判》,邓晓芒译,北京:人民出版社,2004 年,第 25 - 26页。

过哺乳养育幼仔的动物,只能把它们当作质料来对待。它们是否是哺乳动物,需要我们先对它们进行间接观察,即向书本或是曾直接观察过它们是否能够通过哺乳养育幼仔的人请教,或者是通过直接观察看它们是否能够通过哺乳养育幼仔,然后我们才能做出正确的判断。因此,在质料和内容这两个概念相对立的情况下,内容是经过一定程度的主体考察和主观处理的现象,而质料是没有经过一定程度的主体考察和主观处理的现象。黑格尔在《逻辑学》第二版序言中曾说过:"内容不如说是在自身那里就有着形式,甚至可以说唯有通过形式,它才有生气和实质……随着内容这样被引入逻辑的考察之中,成为对象的,将不是事物,而是事情,是事物的概念……这个概念本身是不能以感性来直观和表象的;它只是思维的对象、产物和内容,是自在自为的事情,是'逻各斯'(Logos),是存在的东西的理性,是戴着事物之名的东西的真理;至少它是应该被放在逻辑科学之外的'逻各斯'。"①黑格尔在其1830年出版的《小逻辑》第三版中还曾说过:"每一内容(内容总具体的)不仅包含不同的规定,而且也包含相反的规定。"②

当然,质料和内容这两个概念在一定条件下是可以向对方过渡的,也就是主体把质料变成内容,把内容变成质料。这个条件就是,是否经过一定程度的主体考察和主观处理。经过一定程度的主体考察和主观处理后,原来的质料就可以变成内容了。当一些成年人或青少年已经知道一个事物的某些特征时,对这些人来说,该事物就是内容。但是,对于那些对该事物一无所知的人来

---

①黑格尔:《逻辑学》上卷,杨一之译,北京:商务印书馆,1966年,第17页。
②黑格尔:《小逻辑》,贺麟译,北京:商务印书馆,1980年第2版,第299页。

说,该事物就是质料或者现象。例如,现在只有一部分人知道鲸鱼类、海豚、江豚、白鳍豚等是哺乳动物,在这种情况下,对于那部分知道鲸鱼类、海豚、江豚、白鳍豚等是哺乳动物的人来说,就会在列举哺乳动物时把鲸鱼类等列入哺乳动物的存在形式;而那些不知道鲸鱼类等是哺乳动物的人,就只能把它们列入质料或者现象了。而对于那些不知道鲸鱼类、海豚、江豚、白鳍豚等是哺乳动物的人来说,需要学习或者是直接观察,才能知道其是否属于哺乳动物,然后才能做出正确的判断。由于每一代人都要重新学习前一代人所继承和新发现的知识,对前一代人来说是内容的事情,对后一代人来说又会变回到质料,因此每一代人都要重复把质料变成内容这件事情。也就是说,每一代人都要重新认识世界,这就像一代一代的新生儿都要学说话这件事一样。当然,重复把质料变成内容这件事情,一般都是通过教育即学习理论知识的方式进行的,是以分工、分专业、压缩和浓缩的方式,以及编写教科书、词典和百科全书,来进行教育和理论知识学习,用以节约后代人的学习时间,以便使前代人掌握的有利于后代生存和发展的知识能在较短的时间内被后代人所掌握,并使后代人能有时间去探索未知领域、掌握新的知识,进而再次提高后代人的绝对生活水平。我们目前保留质料和内容这两个概念,其目的就是为了让人类能够通过质料变内容这一过程,传承前代祖先已经得到的知识和经验,并且不断地发展和增加新的知识和经验,让人类能够不断地把未知事物变成已知事物,或者是不断地从一个新的角度去考察和观察一个已知事物,例如,从现代分类区系学的角度研究江豚的生殖和哺乳规律,等等。

　　这里还应当再次说明的是,每一个具体的个人,每一个具体的人类共同体,其在每一个具体的时间段内所具有的认知能力,即把质料变成内容的能力,虽然具有无限发展的可能性,但是在现实生活中,他们能够使用的能力是有限的,或者是十分有限的。这种有限性是由历史和人口这两方面的原因造成的。历史的原因是每一个具体的人类共同体,或者是具体的语言共同体的历史总是有限的,长则几百数千年,短则几十年,因此他们能够通过浓缩形式传承的知识是有限的,人口方面的原因是每个人的生命周期都是有限的,目前绝大多数人的寿命只有几十岁,长了也不过是一百多岁。历史上实际存在的每个具体的人类共同体的人口总量也总是有限的,即使将来世界政权和官方文字语言统一,也会因为不可再生资源和可再生资源的有限性,而无法允许人口无限制增加。有的人不知道人类群体思维的限定性从哪里来,就是因为他们没有把人类的思维与人口因素联系起来。

内容有时候没有直观性。相对来说,形式距离直观性的东西更近一些。内容常常指某一客体所能起到的自然功能或社会功能。人们为了追求某种功能或属性,常常以追求形式的方法为其表现形式。内容也常常指某一客体的自然结构或社会结构。内容具体指何,还需视上下文,也就是视具体情况而定。

笔者认为,形式也可以分别与客观内容和主观内容这两个概念相对立。其中,形式与客观内容相对立,是指一个语言共同体内的成员,对同一事物(如苹果)的客观存在形式有了共同认识时的对立。形式与主观内容相对立,是指一个语言共同体内的成员对同一事物已经达成合意,有了语言表达方式的统一,也就是对该事物已经起了一个共同的名称时的对立。实际上,确定一个概念内容的过程,就是取得群体合意的过程。正如前面所说过的,从辩证逻辑的角度看,编制词典的过程其实质就是一个语言共同体强制统一概念的客观内容和主观内容的过程。

我们设立和保留形式与主观内容对立的目的之一,就是为了帮助不同语言共同体的人,在对同一个事物的内容有了共同的认识时能够尽快达成语言合意,也就是使不同语言共同体的人能够尽快地实现准确的相互翻译,以方便有关的语言共同体的人们之间加速进行思想交流和分工合作。

笔者认为,当我们把形式这个概念与质料和内容这两个概念相对立时,主要是从客观现象的角度来看待主观处理的。也就是说,当我们把形式这个概念与质料和内容这两个概念相对立时,主要是在众多事物中找出与某个概念有关的不同之处。

内容在很多情况下并不具有直观性,也就是人们无法通过自己的眼、耳、鼻、舌、身等感觉器官直接感觉到。质料和形式一般具有直观性,也就是人们可以通过自己的眼、耳、鼻、舌、身等感觉器官直接感觉到。

这里需要指出的是,"现象""本质""形式""质料""内容""概念"这几个概念实际上可以指同一个客观事物,或是指同一件客观历史事件。只是由于我们观察和考察同一事物或同一件客观事件时的角度和进度有所不同,因此才对同一个客观事物或同一件客观历史事件有了不同的认识和指称,即分别把它们指称为现象、概念、本质、形式、质料和内容等。当年黑格尔在《精神现象学》《大逻辑》和《小逻辑》这三本书中反复提出,最想说明的主要东西之一就是概念、现象、本质、形式、质料、内容这六个概念,可以在我们的思维过程中,在一定的条件下随时相互过渡到对方这一历史事实。只是他没有说清楚这个一定条件是什么。

笔者认为,这一条件就是重新开始一个思维过程。所谓重新开始一个思维过程,是指从一个新的角度或新的抽象程度来认识同一客体,即把一个客体或事件与一个新的客体或事件联系起来进行考察和描述。这是因为,人类个体可以随时中断一个思维过程,将自己以前的一个或多个思维过程,通过语言表达这一环节,或者是将别人已通过语言表现出来的一个或多个思维过程,当作新的现象或质料,开始一个新的思维过程。这一新的思维过程可以由原来的思维者来进行,也可以由其他人来进行。这也是为什么我们能够在思维过程中、在对象化基础上,让概念、现象、本质、形式、质料、内容这几个概念相互过渡到对方的客观基础。①

有了这个客观基础,人们就可以通过语言表达这一环节,使自己的思维过程物质化和客体化为一个概念或一系列概念,然后再把这一概念或一系列概念变成能够帮自己记忆并需要让别人理解的一种现象或内容。这也是黑格尔当年在《小逻辑》《逻辑学》和《精神现象学》这三本书中提出,同一个事物或同一个事件,可以处在自在状态(in-itself)、自为状态(for-itself)、自在自为状态(in-and-for-itself)这几个不同发展状态的根本原因和客观基础。

例如,当我还没有能力将自己面前的一个土豆与其他客体相区别,并且也没有把这个土豆当作研究和描述的对象,即没有将该土豆对象化时,对于我的认识来说,这个土豆就处于现象阶段。当我准备把这个土豆当作认识的对象,与其他东西联系起来看时,即当我把这个土豆对象化后,对于我的认识来说,这个土豆已

---

① 康德曾描述此现象为"范畴包含有不被任何感性条件限定的机能"。(康德:《纯粹理性批判》,邓晓芒译,北京:人民出版社,2004 年,第 169 页。)

经是我认识的质料了,或者说我对这个土豆的认识已处于质料阶段了。当我已经把这个土豆与其他土豆联系起来看,并把这个土豆看作土豆的样本或标本时,我就是把这个土豆当作本质了,或者说我对这个土豆的认识已处于本质阶段了。当这个土豆已经得到其所在人类共同体合意同意的名称(如土豆),或者说当我把别的土豆当作这个土豆的本质时,我对这个土豆的认识已处于显性思维阶段,即土豆这一客体已经处于我的认识的概念阶段了。当我把这个土豆与"土豆"这个概念联系起来看并认定它是一个土豆时,我已经将这个土豆当作"土豆"这一概念的内容了,即土豆这一客体已经处于我的认识的内容阶段了。当我把这个土豆与其他土豆对立起来看,并把它当作一个与众不同的土豆时,那么我就是把这个土豆当作土豆的存在形式了,也就是说,土豆这一客体已经处于我的认识的形式阶段了。总之,土豆还是那个土豆,客体还是那个客体,只是主体对它的认识处于不同的发展阶段或角度,因此才有了概念、现象、本质、形式、质料、内容这几个不同的概念。一般对于婴幼儿来说,他处于认识的现象阶段的时候较多一些,同时处于认识的内容阶段和形式阶段的时候较少一些。而对于成年人中理论学习时间相对比较长的人来说,情况正好相反。

在一些非常抽象的概念如概念、现象、本质、形式、质料、内容以及 being、物质、运动等问题上,情况也是如此。例如,在 being 问题上,对一个完全不懂英语或是对 being 问题毫不了解的人来说,being 对他们来说就是一种现象。对于想研究 being 但还没有进行研究的人来说,being 就是质料,是已经对象化的现象。当他已经把 being 与其他英语单词联系起来看,并把 being 看作英语单词的样本时,他已经把 being 当作本质了,或者说他对 being 的认识已处于本质阶段了。当他把别的英语单词当作 being 的本质和样本时,对于他的认识来说,being 已经处于他的认识的概念阶段了。当他把 being 与英语单词这个概念联系起来看,并认定它是一个英语单词时,他已经将 being 当作英语单词这一概念的内容了,即 being 这一客体已经处于他的认识的内容阶段了。当他把某个 being 与其他 being 对立起来看,并把它当作一个与众不同的 being 时,他就是把这个 being 当作 being 的存在形式了,即这个 being 已经处于他的认识的形式阶段了。being 还是那个 being,客体还是那个客体,只是主体对它的认识处于不同的发展阶段或角度,因此才有了概念、现象、本质、形式、质料、内容这几个不同的概念。

上面曾提到,黑格尔当年在《小逻辑》《逻辑学》和《精神现象学》这三本书中提出,同一个事物或同一个事件可以处在自在状态、自为状态、自在自为状态这几个不同的发展状态或存在形态。实际上,在我们的主观处理过程中,同一个事物或同一个事件可以有千千万万种不同的发展状态或存在形态,并不仅限于自在状态、自为状态、自在自为状态,或者是概念、现象、本质、形式、质料、内容这六个不同的发展状态或存在形态。只要我们对同一个事物或同一个事件考察和描述的角度不同,或者是对同一个事物或同一个事件考察和描述的抽象层次不同,就可以提出一个新的概念来概括它。例如,我们可以从语言和一个客体之间关系的角度来考察一个客体,可以从一个客体与另一个客体之间关系的角度来考察一个客体,可以从主体与客体之间关系的角度来考察一个客体,也可以从客体与主体之间关系的角度来考察一个主体。

当然,从方法论角度来概括人类的思维规律并不是一件容易的事情,即发展逻辑学不容易。历史事实表明,自从人类有了文字以来的五千多年中,真正能把逻辑学往前推进一步的学术专著只有几本,如亚里士多德的《工具论》,康德的《纯粹理性批判》,黑格尔的《小逻辑》《逻辑学》和《精神现象学》,等等。而在今后的每一百年中,全世界能出一本真正能把逻辑学往前推进一步的学术专著就很不错了。

让概念、现象、本质、形式、质料、内容这几个概念及其他相关概念相互过渡到对方,是人类经过几百万年进化所得到的一种思维能力。对每个人类个体和群体来说,这是一种天然获得的能力。这也是当年康德提出人有"超验""先验"和"先天"能力的最根本原因。

人类让概念、现象、本质、形式、质料、内容这六个概念随时可以相互过渡到对方的功能之一是,它可以让人类加速个体思维和群体思维,以便人类进行更高层次的思维和实践,进而不断提高人类的绝对生活水平。例如,我们既可以把"苹果"这个概念当作本质,也可以把"苹果"这个概念当作形式。当我们把"苹果"这个概念当作本质,即把"苹果"这个概念当作属概念时,我们可以让各种品种的苹果发生关系,从而帮助苹果生产者增加收入。当我们把"苹果"这个概念当作形式,即把"苹果"这个概念当作水果的种概念和存在形式时,我们可以让苹果与其他水果(如桃、杏、李子、橘子等)的种概念和存在形式发生关系,从而也能帮助苹果生产者增加收入。例如,20世纪70年代,陕西省每年生产的各种品种的苹果仅几十万吨。经过30多年的发展,到2010年时,每年可生产各种品种的苹果至少800万吨。其中600万吨是可以很快被卖出作为鲜食的高等级苹果,其余 200 多万吨是中低档苹果。假如这些中低档苹果最后确实不好卖作鲜食,设立在陕西省的大大小小的果汁厂就会把它们收购加工成果汁在国内出售或出口。来自全国各地的苹果销售商,他们只关心把"苹果"这个概念当作本质时的各种品种的苹果产量,以便定出一个合理的价格来收购各种可以鲜食的苹果。而陕西省果业局则更关心把"苹果"这个概念当作形式时的苹果产量,他们需要根据每年统计包括苹果在内的全省果树种植面积和预测产量,来提前布局果汁生产厂家和设备的数量,以避免出现到水果成熟季节果农卖不出去中低档苹果或其他水果的现象,从而保证和增加果农的收入。这是因为,每套果汁生产设备每年加工和处理水果的数量是有限的。例如,2016 年陕西省最大最先进的一套果汁生产设备,当年加工和处理水果的数量为鲜果 18 万吨左右。因此,陕西省果业局需要统计包括苹果在内的全省乃至全国各种果树的种植面积并预测产量,以便提前布局本省果汁生产厂家和设备的数量,保证不减少或是增加本省果农的经济收入。

当然,对于每个具体的思维者个体和群体来说,让概念、现象、本质、形式、质料、内容这几个概念相互过渡到对方这种自然能力,只是一种潜在的能力,它还需要通过思维者个体和群体不断的努力,才能得到使用、表现、发挥和发展。而且这种潜在的自然能力在一个个体和一个人类共同体中到底能得到什么程度的使用、表现、发展和发挥,还要受到其所在的历史条件的限制,这就是中国古代思想家所说的天时。例如,人类在 20 世纪 60 年代末期登陆月球这件事表明,当时人类对我们周围的客观事物已经有了非常深入的认识。而在两千年前,人类对我们周围的客观存在的认识还没有如此深入,因此当时的人类也就无法实现登陆月球这件事情。对于两千多年前的人来说,他们想登陆月球这件事,就是天时不到,做不成。中国人自古以来就认为,在做事上要讲究天时、地利、人和,其中天时被放在第一位,不但是很有道理的,而且是千真万确的。因此,不论是古代人,还是现代人,或者是我们的子孙后代,做事都要注意天时,也就是要注意从宏观上把握做这件事时的主客观条件的总和;否则,将一事无成。知无涯,人有涯。以有涯求无涯,殆乎!

对于同一个个人或同一个人类共同体来说,让概念、现象、本质、形式、质料、内容这几个概念相互过渡到对方的目的,除了要传承前代所取得的对个人和群体生存与发展有用和有利的知识外,还有要从一个新的角度或新的抽象程度,来认识同一客体或同一个事件。否则,这种反复过渡就会变成一种从某种角度来看完全没有意义的重复过渡,白白浪费时间和相关人员的生命历程。这就像公安局办案,只要还没有查清楚事实,办案人员就可以反复勘查现场,从不同的角度来勘查同一现场,直到查清楚事实为止。当然,每次反复勘查现场,都要有一个新的思路、新的角度,或者使用一种新的方法;否则就是白浪费时间和相关人员的生命历程。

康德当年写的《纯粹理性批判》一书,对现象、概念、形式、质料、内容这五个概念的一些特征进行了描述。但是,由于康德对本质这一概念的内容和功能的认识不够,或者说对象化程度不够、层次较低,因此他始终没有认识到,概念、现象、形式、质料、内容可以在一定条件下在我们的思维过程中相互过渡到对方。黑格尔当年写《精神现象学》这本书,主要就是想说明概念、现象、本质、形式、质料、内容这六个概念是可以在我们的思维过程中,在一定条件下相互过渡到对方的。因此,比起康德的理论来说,这已经是一个很了不起的进步了。但是,由于黑格尔没有在上述书中事先对这几个概念全部进行属加种差式的定义或说明,同时他对主观和主观处理这两个概念/思维环节也没有进行属加种差式的定义,结果使得《精神现象学》这本书自问世以来,就很少有人能看懂。

而我们今天要想说明概念、现象、本质、形式、质料、内容这几个概念之间的关系,就需要首先对主观处理和主观这两个概念,以及概念、现象、本质、形式、质料、内容这六个概念分别进行描述式的说明,并分别下一个属加种差式的定义。只有这样,才有可能说清楚上述概念之间的关系,并使后面的学者能在此基础上比较容易地向前继续发展主观辩证法和辩证逻辑。

笔者还认为,实际上黑格尔在写完《精神现象学》之后,可能已经明确地认识到他需要对上述有关概念分别下一个属加种差式的定义。他在接着所写的《小逻辑》和《逻辑学》这两本书中,已经有试图给许多概念下一个属加种差式定义的特征了。但是,由于他始终未能正确理解和解释什么是 being 这一问题,也就是说,他始终没有正确理解和解释什么是主观和主观处理这两个思维环节,因此导致他始终未能对上述有关概念做出有说服力的描述式说明,或者是分别下一个正确的属加种差式的定义。这也是他所处时代的限制使然,他所处的时代缺乏旁观者清这一历史条件,因而他无法对什么是 being 这一问题做出正确的理解、解释和回答,从而使他无法对主观和主观处理这两个思维环节做出正确的理解,也无法对这两个概念做出正确的属加种差式的定义。但不论怎么说,黑格尔所写的《精神现象学》《小逻辑》《逻辑学》这三本书,为我们今天解决上述问题做了非常好的铺垫和准备。

这里还需要指出的是,笔者是在当前的语境下,把概念、现象、本质、形式、质料、内容这几个概念当作在抽象程度上完全一致的概念来处理的。在其他场合或语境下,作者本人或是其他个人并不一定需要把这几个概念都当作在抽象程度上完全一致的概念来处理。具体怎么处理,需要当事者根据当时的需要和语境,即根据当时的上下文来处理,此处不赘述。

第七章　质、量、度

一、质

　　质是人类的一个思维环节。在这个思维环节里，人类对周围的客体，即周围的客观事物，包括主观处理物质化后的物质进行分类处理，也就是将周围的客观事物分别分为不同类别的事物，并对它们的特征加以规定。在当前的汉语里，对这一主观处理结果的语言表达也被称为质，不同的概念表达不同的质。换句话说，质是一个反映我们汉语文化圈，对我们周围的客体进行主观分类处理的思维环节。① 这一主观分类处理的结果就是概念，或者说是某一具体事物的质。不同的质是指不同类的事物或不同类的东西具有不同的属性、功能或特征。反过来说，我们思维规定和认定的不同类的事物或东西具有不同的质，不同的属性、功能、特征，不同的量，或者说不同数量的存在形式。

　　由于人类可以从多个角度和多个层次考察世界上的每一种

---

①黑格尔对质的定义是："实有是规定了的有；它的规定性是有的规定性，即质……量和质都是纯粹的思维规定。"（黑格尔：《逻辑学》上卷，北京：商务印书馆，1966 年，第 101、198 页。）

客体,并且可以从多个方面利用同一个客体,因此世界上的每一种客体都可以有多种属性和多种质。人类考察每一种客体的角度和抽象层次,就是其确定每一个客体的质的标准。由于人类每一次实践和思维的目的可能不一样,因此其每一次确定客体的角度和抽象层次就有可能不一样,从而人类考察每一种客体的质的标准也会不一样。换句话说,确定每一个客体的质这件事,是受到人类每一次实践和思维的目的的限定,或者说影响。再者,由于人类的实践和思维从一开始就是群体实践和群体思维,因此确定每一个客体的质这件事,要受群体思维及其表达方式的限定,或者说影响。

笔者在前面已经说过,人们为了不断提高自己的绝对生活水平,满足吃喝拉撒睡和精神生活等生存和发展的要求时,必须对自己周围的客观环境中种种物质存在的各种特性有一定程度乃至较深程度的了解。这是因为,人类通过实践发现,在我们周围的客观环境中,种种物质存在的特性和特征是不一样的。为了更好地利用周围的客观环境中种种物质存在的特性和特征,人类就要对自己所能接触到的各种现象和物质,即对实践的客体有一个分类。这里所说的各种现象和物质,既包括日月星辰的存在和运行,以及五谷杂粮、金木水火土等各种可以通过人类感觉器官直接感知或是通过使用各类仪器仪表间接感知的各种具体物质,又包括无法通过人类感觉器官直接感知,常常需要通过使用各类仪器仪表间接感知,并经过人类的思维才能知道的各种物质之间的关系,也就是人们常说的自然规律和社会发展规律。此外,它还包括人类的思维过程、思维规律、各种已经物质化的思维结果(如各种文字作品,等等),以及由人类建立起来的各种社会制度和人类自身的各种身体器官与功能。总之,人们所能感知和所能想象的一切都可以包括在内。

只有对实践的客体有一个较好的分类和语言表达,从而使人类的实践活动能够有一个较有效率的分工和合作,才能较好地利用我们周围的客观环境,较好地满足我们在吃喝拉撒和精神生活等方面的需求和要求。

但是,由于每个人每次实践的目的和内容并不一定完全相同,因此我们对同一客体的主观处理的结果可能并不一致。例如,在前面所举的例子中,我们在不同的场合可以把同一只猫分别叫作"一只家猫""一只公猫""一只猫科动物""一只食肉动物""一只哺乳动物""一个脊椎动物""一个脊索动物""一个生物""一个东西",等等,而且这里的每种叫法都是正确的,或者说都是合适的。

在这里我们还需要反过来说明的是,在人类对一个客体进行主观处理的过程中,假如我们的主观处理环境或主观处理条件受到我们所在的主客观条件的限制,那么我们对该客体主观处理的结果将是比较接近的,或者是完全一致的。例如,假如我或是其他任何人要确定我邻居家所饲养的一只猫的性别,那我或是其他任何人的主观处理就既要受到该猫本身的客观事实存在的限定,同时对它的称呼也要受到所在人类共同体语言主观规定的限定,只能称呼它为公猫、母猫、雄猫、雌猫,不能胡乱称呼。否则,别人就搞不清你鉴定的结果,或者是不会承认你鉴定的结果,从而达不到能够帮助自己与别人记忆,以及帮助自己与别人快速交流信息的目的。

在确定某物的质的思维环节里,还要注意,当我们的主观处理环境,或者说主观处理的主客观条件发生变化时,我们对它的处理结果和对它的称呼也要马上随之改变。否则,别人就搞不清你的主观处理的结果,或者是不会承认你的主观处理的结果,从而达不到能够帮助自己记忆,以及帮助自己与别人快速交流信息的目的。例如,当我们要从所有制的角度来确定我邻居家所饲养的一只猫的属性时,就要称呼该猫是我邻居家的猫,而不能说它是我家的猫,否则,别人会认为你在胡说八道。更不能说它是一只公猫、一只母猫、一只雄猫或一只雌猫,等等;否则,别人会认为你逻辑混乱,答非所问,达不到与别人快速交流信息的目的。

从以上两个例子中可以看出,在我们确定一个具体客体的质,也就是性质,以及关于它的语言表达时,要受到客观情况的限制。从根本上讲,这种限制来自于语言的合意,也就是来自于一个人类共同体为了达到快速交流信息的目的,对一系列客体所制定的习惯性称呼。而一个人类共同体对一系列客体所制定的习惯性称呼,并不是某个个人所能改变的。例如在汉语里,东西南北这四个方向都有着严格的定义和指称,它们都是按照地球绕太阳自转运行的方向来指称的,并不是某个个人所能改变的。对于某个个人来说,这一过程常常被称为"习得"。

二、量

量也是人类的一个思维环节。① 人类为了更好、更有效率地进行自己的实践,在经历了质这个思维环节之后,还要经历量这个思维环节。黑格尔也持有先有质、后有量的观点。②

在量这个思维环节里,人类主观处理的对象是客体的多少、大小、程度、规模、结构秩序、存在时间的长短、存在空间的远近等问题,即使是真空状态,也有其体量大小的问题。量这个概念就是对这类问题的一个抽象。

提出量这个思维环节的另一个目的是,人类需要提出一个与质这个思维环节在抽象程度上相对等的思维环节,使质这个思维

---

①黑格尔认为,"量是扬弃了的自为之有……量和质都是纯粹的思维规定……量是分立和连续两者的单纯统一……量的东西是扬弃了规定性"。(黑格尔:《逻辑学》上卷,北京:商务印书馆,1966 年,第 195、198、199、251 页。)

②黑格尔在《逻辑学》一书中的原话是:"在别处,量的规定是列在质的规定之前的,而这——和很多事一样——是毫无理由的,开端是用有本身,因此也就是用质的有造成的,这一点已经指出过了。从质与量的比较,就很容易明白质就本性说,是在先的。因为量是已经否定地变了的质;大小是这样的规定性,它不再与有合而为一,而是已经与有不同,受了扬弃,变为无差别的质。大小包括了有的可变性;有的规定就是大小,而事情本身,即有却不因大小而变化;反之,质的规定性却与它的有合而为一,既不超出这个有以外,也不居于这个有之外,而是这个有的直接限制。因此,作为直接的规定性,质是最初的,必须用它来作开端。"(黑格尔:《逻辑学》上卷,北京:商务印书馆,1966 年,第 66 – 67 页。)在这句话的"有",就是英语中的 being。

环节有一个相对等的对立面,从而使人类能够在思维中把握质。这是因为,没有对立面的思维,是无法把握任何一个抽象概念的。例如,就抽象这个概念来说,假如我们不提出和不知道具体、个别等概念,就无法把握什么是"抽象"这个抽象概念。再如,假如我们不提出和不知道国家、人类共同体、人口、宗教信仰、生活习惯、心理、地域、地理位置等概念,就无法把握民族这个抽象概念。

在量这个思维环节中,人类思维的最主要内容之一是,我们需要从某一方面把有关的不同个体和不同类别的事物当作具有相同性质的事物来处理,或者说我们需要无视客体的一些属性或功能,只关注客体的数量,以便进行相应的数学计算,从而帮助我们更好地进行实践(这些实践包括生产劳动、消费、娱乐、人类自身的再生产,等等)。黑格尔曾说过,"在质的规定中,量的区别只是环节"①。同理,在量的规定中,质的区别只是环节,并且是隐性思维环节。

为了使量这一思维环节真正有利于人类的实践,我们的思维还需再来一次否定,将我们的思维从量这一思维环节过渡到数,或者说自然数(1、2、3、4、5、6、7、8 等)这一思维环节。

自然数的基本单位是 1,其余的自然数都是 1 的倍加。1 的对立面是多,如 2、3、4、5、6、7、8 等就是多的存在形式。自然数这一思维环节,或者说概念,就是英语中的基数词这一思维环节,或者说概念。

自然数最原始的来源,是每个人类个体的眼、耳、鼻、舌、身等感觉器官对外界客体的直接感觉和文化的传承。每个人从小就

①黑格尔:《逻辑学》上卷,北京:商务印书馆,1966 年,第 280 页。

通过自己的生活实践慢慢得知,每天要吃几顿饭、几个馒头、几碗面条或几碗米饭才能吃饱,每天要喝几碗水才能不渴,自己家里有几口人,自己有几个兄弟姐妹,一个人有几个手指、几个脚趾,等等。再加上长辈亲属的教育,慢慢就会形成1、2、3、4、5、6、7、8等自然数的概念,①并学会其语言表达方式,以便与人交流,满足自己的物质生活和精神生活等方面的需要。

自然数是文化的一部分或是其存在形式,而因为自然数的发音和其所指,所以需要得到包括长辈在内的其他人的教育和示范来传承。由此,文化最重要的特征之一,是其相关行为和语言表达需要得到包括长辈在内的其他人的教育和示范来传承。

自然数具有有限的、可分的和无限的、不可分的这两种对立的、完全冲突的特征和特性。首先,就一个具体的自然数来说,它总是有限的、可分的。例如,自然数8不仅表示1个8,而且可以被分解为8个1、2个4、4个2等。就一个具体的自然数来说,它一般是由部分构成的。这是因为人类在自然界和社会生活中所面对的客体有许多是可分的。例如,时间就是可分的,一天的时间可以分为早晨、上午、中午、下午、黄昏、晚上,等等。

自然数同时也具有无限的和不可分的特征和特性。例如,我们可以随便想象和表达1的倍加数,如一千、一万、一亿,等等。1的倍加数可以随人类的想象力而表现为无限多。自然数之所以具有不可分的特征和特性,是因为自然数具有连续性的特征和特性。如一千去掉了1就不是一千了。自然数具有不可分的特征

①"数依赖于……在经验上出现的事物"。(黑格尔:《逻辑学》上卷,北京:商务印书馆,1966年,第376页。)

和特性的最根本原因是,在自然界和人类社会生活中所存在的客体中有许多是不可分的。例如,一只活猫就是一只活猫,把它去掉一半,它就不再是一只活猫了;一天就是一天,去掉一半就不是一天了。

自然数这个思维环节之所以具有两种对立冲突的特征和性质,完全是因为我们的主观处理可以根据我们在不同场合的不同需要,来对事物的存在状态和属性进行片面的考察、思维和表达。对于这一点,前面已有概述,此处不再赘述。

为了进行有效的分工和实践,还需要将我们的思维发展到另一个思维环节,即序数词(第一、第二……)。这是因为,我们的实践活动在很多时候需要在时间和空间范围内,将我们所要面对和处理的客体进行排序,以便按照我们的需要和实践及思维能力的大小,来逐个对它们进行处理。

当然,在人类实际的思维和实践中,不论是在中文中,还是在英文以及在其他语言中,人们为了使表达简洁,常常也将基数词1、2、3、4、5等变换为序数词第一、第二……来使用。但是,这仅仅是一种语言上的借代关系,人们从其上下文中完全可以鉴别出来。

接着,我们还需要将思维发展或过渡到另外两个思维环节,即数学计算和纯理论数学。这是因为,在实践中,人类总是力争不进行不必要的生产性浪费。也就是说,人类在进行每一项生产活动前,必须进行尽可能精确的数学计算,以防止浪费。例如,假如像北京市这样一座城市每天需要消费十万个面包,而面包师李四领导下的10人每天能烤五万个面包,那么北京市每天只需要安排两个像在面包师李四领导下的10人烤面包组生产面包即可。如果安排更多的班组来烤面包,就将造成不必要的生产性浪费。再如,目前中国有 13 亿多人口,到 2016 年时,中国已连续实现 12 年的粮食增产,粮食年产量超过 6 亿吨,已足以保证中国每年食用口粮的绝对安全。如再连续增产,必将造成中国在粮食上的生产性浪费。所以,2016 年 12 月中国政府在中央电视台新闻联播栏目中宣布,以后将不再追求小麦、水稻和玉米这三大主要粮食品种的连年增产,而改为实行在一些产粮区休耕轮作,并加强粮食单产增产科学技术的发展,实行藏粮于地,和藏粮于技的政策,以避免造成不必要的生产性浪费,同时又能保证中国每年食用口粮的绝对安全。为此国家今后还可能实行不增加,或者是减少对小麦、水稻和玉米这三大主要粮食品种的国家最低保护收购价等措施。

在其他生产领域,也都需要在进行生产实践之前,进行尽可能精确的数学计算。如在工程设计和实践领域,进行精确的数学计算乃至一些非常复杂的数学计算,更是工程设计和实践的主要内容之一。

在黑格尔所著《逻辑学》一书中,在描写量的章节中,曾多次出现过纯数和定数这两个概念。实际上,他所说的纯数,指的是还没有进入人们计算过程的自然数/数目字,即 1、2、3、4、5、6、7、8 等数字。他所说的定数,指的是已经进入人们计算过程的自然数/数目字。正是有了是否进入人们的计算过程这一层限定和不同,纯数和定数这两个概念才有了性质上的不同,不能混为一谈。

黑格尔的《逻辑学》一书描写量的章节中,曾多次出现过数目和单位这两个概念。① 这两个概念分别指人们在计算过程中所设立的两个对立面。② 它们在计算中可以同时过渡到对方,但不能合而为一。这是因为,假如把它们合而为一,那人类的计算过程就无法进行了。例如,在乘法中,四乘三等于十二,就是以四为数目,以三为单位。在这类算式中,单位本身也是一个数目。所以,假如反过来把四作为单位,把三作为数目,那么其计算结果也是十二。虽然结果一致,但我们还是不能把数目和单位合而为一,混为一谈。这是因为,人类计算的对象和客体与人类的计算过程是不一致的。我们不能将主观处理混同于客体。人类计算的对象和客体是客观的,在很多情况下,它的代表是单位。而人类计算的自然数或数目,以及它们的表达方式,则是人类主观创立的。因此,人类计算的数目可以随人类的想象力而随意变化。例如,我们可以随意地将数目字 1 划分为 10 份或是 100 份,使 1 变为10 个 0.1 或是 100 个 0.01;也可以相反地将 0.01 变作 1 或将 1变成 100。而客体在很多情况下是不能被随意划分的。一个军人就是一个军人,他具有一个军人的战斗力;一个太阳就是一个太阳,它具有一个恒星发光发热的能力。尽管在量这个思维环节中,我们已经将客体和计算对象的质扬弃了(把它变为了隐性思维环节,不予考虑了);但是,我们的计算过程到底还是与我们计算的客体和对象有着根本的联系,这是我们进行计算的大背景。因此,在我们的计算过程中,始终无法摆脱客体的限制或限定,即始终无法摆脱数目和单位这两个对立面。在人们的计算过程中,

---

① 黑格尔:《逻辑学》上卷,北京:商务印书馆,1966 年,第 223 页。
② 黑格尔:《逻辑学》上卷,北京:商务印书馆,1966 年,第 393 页。

单位,或者说计算单位或计量单位,如距离长度中的米、电阻中的欧姆、电压中的伏特、电流中的安培,实际上就代表着客体。

人类计算的自然数或数目,以及它们的表达方式,则是人类主观创立的这一命题或者说论断,可以从汉语把 1 说成是 1,而英语把 1 说成是 one 这一事实中得到证明。

在人们的计算过程中,最重要的两个数目字是 1 和 0。这是因为,人们是从 1 开始计数的,其他的数目字都是 1 的倍加,1 是最基本的计数单位。[①] 0 具有既是自然数,又不是自然数的特征。说它是自然数,是因为 0 是构成 10、20、100 等自然数的一个组成部分;说它不是自然数,是因为 0 本身不能像其他数目字那样被分割,它在很多地方单单表示计算过程的起始点或终点。这从乘除法的计算过程就有所表现了,到高等数学时,更是如此。从主观辩证法的角度来看,0 可以表示对立面的缺失,因此无法进行计算。

此外,半个多世纪以来,随着计算机制造技术的发展,适合计算机运算的二进制的计算数学有了极大发展。作为二进制文字表现形式的 0 和 1,其所起的作用越来越大,被使用的地方越来越多。目前的 0 和 1,已经能在计算机的帮助下表达和记载人类已经想出的任何文字符号了。但 0 和 1 在二进制计算中所起的这种作用,是人们根据 0 和 1 的书写特点(书写最为简单)而挑选出来作为人类操控计算机的一种工具,它已与人类当初想出和创造出来的纯数学符号 0 和 1 所起的功能有了天壤之别,即有了质的

[①]"数的根本是一"。(黑格尔:《逻辑学》上卷,北京:商务印书馆,1966 年,第 218 页。)

区别。在电路设计中,它们分别代表着电路的开和闭。从某一角度来看,它已成为计算数学研究的对象(例如数字压缩技术),而不再是更为抽象的形而上学和哲学方法论的研究对象。因此,此处不再继续讨论这一现象。①

由于在量的这一环节,我们需要把有关的不同个体和不同类别的事物当作具有相同性质的事物来处理,或者说我们需要无视客体的属性和它所能起到的自然功能或社会功能,只关注客体的数量。这样一来,通过数学计算得出的结果对我们的实践用处就不大,或者说毫无用处。例如,当我们说 3 乘 4 等于 12 时,我们无法判断 12 到底是指长度方面的 12 米,还是指面积方面的 12 平方米,②或者是 12 头猪,还是 12 个人,等等。因此,为了实践需要,我们还需再来一次思维否定,将我们的思维过渡到度的环节。

三、度

在度这个思维环节,人类主要是将质和量这两个概念与人类所要处理的具体事物相联系,并处理由此而引起的质和量这两个概念之间的关系。在度/尺度这个思维环节,质和量这两个概念

---

① 黑格尔曾在《逻辑学》一书中谈到质和量的关系时说,"在质的规定中,量的区别只是环节"。(黑格尔:《逻辑学》上卷,北京:商务印书馆,1966 年,第280 页。)反过来说,同理,在量的规定中,质的区别只是环节。

② "大小相乘,立刻便产生从线过渡为面这样质的变化。"(黑格尔:《逻辑学》上卷,北京:商务印书馆,1966 年,第339 页。)

是既不同又相互联系、相互限定、相互制约、相互过渡的。①

在前面的论述中，笔者曾说过，由于人类可以从多个角度和多个层次考察世界上的每一种客体或从多个方面利用同一个客体，因此每一种客体都可以有多种属性和多种质。同时，由于人类每一次实践和思维的目的有可能不一样，因此人类每一次确定客体的角度和抽象层次就有可能不一样，从而人类考察世界上的每一种客体的质的标准也会不一样。换句话说，确定每一个客体的质这件事，是受人类每一次实践和思维的目的的限定影响的。

在受到人类每一次实践和思维的目的的限定或影响的情况下，我们对一个客体的质的认定，将影响到与这个客体有关的量的关系，也就是影响到与这个客体有关的存在形式的数量。例如，在没有主客观条件限制的情况下，我们可以把同一只家猫说成是"一只家猫"，也可以说成是"一只猫科动物""一只食肉动物""一只哺乳动物""一个脊椎动物""一个脊索动物""一个生物"，等等，而且每种叫法都是对的，或者说都是合适的。但是，这种称呼的不同，实际上表明我们把同一只家猫看成是不同质的事物，而且与这只家猫有直接联系的其他动物在量上也有着极大的不同。例如，当我们把这只猫说成是"一只家猫"的时候，与其有直接联系的其他动物也就仅仅是其他家猫，其活体数量全世界加起来也不会超过百亿只。当我们把这只家猫说成是"一只哺乳动物"的时候，与其有直接联系的其他动物则有几千种，其活体数量

---

① 黑格尔曾说过，"度是质与量的统一……尺度就是质与量的统一，它既是一种一般的定量，又是一种特殊的定量……尺度就是比率"。（黑格尔：《逻辑学》上卷，北京：商务印书馆，1966 年，第 354、408 页。）

全世界加起来至少也有几千亿只。当我们把这只猫说成是"一只动物"的时候,与这只家猫有直接联系的其他动物则至少有几百万种,这是因为仅已经定过学名的昆虫就有上百万种,其活体数量全世界加起来就算是有数千万亿只也不为过(仅蚂蚁就有过亿只)。因此,决定一个客体的质,对其存在的数量有着直接的限定作用。

反过来讲,一种客体的数量也可以影响人类对其质的认定,产生极大或是决定性的影响。例如,黑格尔在《逻辑学》一书中谈到客体的数量也可以影响人类对其质的认定时,曾提到古希腊一个著名的悖论,即秃头和谷堆的悖论:"人们问道,从头上或从马尾巴拔掉一根毛发是否会造成秃子? 如果拿走一粒谷,一堆谷是否会停止其为一堆谷? 既然这样的拔掉仅仅造成完全不重要的量的区别,人们便可以毫不踌躇地同意这样做;于是,再拔掉一根毛发,再拿走一粒谷,并且这样重复下去,结果,每一次都根据大家的意见,只拿走一根或一粒,最后出现了质的变化,头和尾巴变得光秃秃的,谷堆消失了。在同意时,人们不仅仅忘记了重复性,而且忘记了自身不重要的量(像财产中一笔本身不重要的支出那样),集聚起来,其总和就构成质的整体,以致这整体最后消失了,头光了,钱袋空了。"①

总之,对质和量的认定,是受到人类每一次实践和思维的目的的限定/决定/影响的。同理,对度或者说尺度的认定,也是受到人类每一次实践和思维的目的的限定/决定/影响的。

不过,目前我们在日常生活中对度的认定,主要是与客体的

①黑格尔:《逻辑学》上卷,北京:商务印书馆,1966 年,第 364 页。

内涵定量相联系的,即指日常生活中对量的认定的一个存在形式。也就是说,我们保留度这一概念,实际上是要找出一个能够方便地得到公认的量化每一种相关客体的量化标准。

黑格尔在《逻辑学》一书中曾提到外延定量和内涵定量这两个概念。① 外延定量是指能被人类眼、耳、鼻、舌、身等感觉器官直接精确地把握到的量,即人类能够凭借眼、耳、鼻、舌、身等感觉器官直接用自然数数出来的量。内涵定量则是指人类无法凭借眼、耳、鼻、舌、身等感觉器官直接精确把握到的量,如重量大小、时间长短、空间远近、温度多少、湿度大小、硬度大小、光度大小、电压大小、电流量多少、电阻大小,等等。到了科技十分发达的今天,人类每天要处理的内涵定量,好像已远远超出外延定量。对于内涵定量,我们需要通过使用一些仪器设备才能比较精确地把握。从这个角度来看,内涵定量就是表现为度的量。因此,黑格尔在《逻辑学》一书中,是写到了尺度这一部分才比较详细地论述了外延定量和内涵定量这两个概念的。

在度这个思维环节中,人类需要把握的一个内容是,从事实践和科学研究的人需要把握从量变到质变的交错点,②也就是马克思主义哲学教科书中所说的从量变到质变的关节点。这是因为,从量变到质变是认识的一次彻底改变,是认识的一次飞跃、一次中断。处于从量变到质变交错点的客体,其本身变化的渐进过程突然中断了,被遏制了,因此,我们对相关量的认识也需要随之改变。例如,水的温度从低到高先后经历了固体、液体和气体这

---

①黑格尔:《逻辑学》上卷,北京:商务印书馆,1966 年,第 214、232 页。

②黑格尔:《逻辑学》上卷,北京:商务印书馆,1966 年,第 403 页。

三种状态。而在这三种不同的状态中,等量水每升温一摄氏度所需要的热量不同,即比热不同。水温 0 摄氏度和 100 摄氏度就是这种从量变到质变的交错点。在社会领域也是如此。例如贪污行为,当今中国一般以 5000 元人民币为质变点、交错点,贪污5000 元人民币以下的是经济方面的错误,不需要负刑事责任;贪污 5000 元人民币以上的是犯罪,需要负刑事责任。毛泽东同志当年之所以能成为中国共产党的最高领袖,其中最重要的原因之一就是,他能在中国革命的各个质变点、交错点及时指出中国革命的主要任务已经发生变化,全党的工作重点也应随之变化。例如,当日本军国主义发动全面侵华战争时,以他为核心的党中央及时调整了中国共产党总的政策,变打倒和消灭以蒋介石为代表的反动军阀为与以蒋介石为代表的反动军阀组成抗日统一战线,首先打败日本军国主义的侵略。当日本投降后,国民党反动政权要消灭共产党,在全国建立以蒋介石为首的独裁政权之时,以毛泽东同志为核心的党中央又及时调整了中国共产党总的政策,变打败日本军国主义的侵略为打倒以蒋介石为代表的反动政府。当人民军队已经消灭蒋介石军队主力,以毛泽东为核心的党中央又及时提出,我党的工作重心需要从农村转向城市。

人们设立度这一思维环节的另一个原因是,当人们需要保持特定事物的质时,就应当尽可能地依照事物的发展规律,把事物的量变控制在不可能产生质变的范围之内。反之,当人们需要改变特定事物的质时,就应当依照事物的发展规律,尽可能地创造条件,使量变超出度的限定,使特定事物的质发生变化。

笔者觉得,在这里我们可以讨论一下前些年中国哲学界,以及其他一些学科曾经热烈讨论过的"知识经济时代"的问题。

　　据笔者所知,大约从 1996 年起,国内学术界的一部分人在国外学者相关学术观点的启发下,开始对"知识经济"或"知识经济时代"这两个新概念表现出极大的兴趣,不少报纸和学术理论刊物相继登载了多篇相关文章,有些地方和学术组织还召开了专题讨论会,从而使对"知识经济"的讨论一时显得十分热烈和时髦。由于当时公开发表的相关论著一般都支持用"知识经济"一词来概括当时世界所处的经济时代,因此前些年一些大学统编哲学教科书时竟然也采用了这一提法。

　　然而,笔者认为,用"知识经济"一词来概括当时世界所处的经济时代,并没有准确概括出当时世界所处的经济时代的特征。这是由于持有"我们已进入知识经济时代"这一观点的论著,在划分经济时代时违背了形式逻辑中的划分原则,犯了"子项相容"和"混淆根据"这两种逻辑错误,其带来的社会影响也不是很好。

　　凡是学过形式逻辑的人都知道,划分是将一个属概念划分为若干个种概念/子概念。这个被划分的属概念也被称为划分对象。划分由三个要素组成,被划分的概念被称为母项,划分后所得的概念叫子项,划分时所依据的对象的属性或特征叫作划分的根据。划分时必须遵守的规则之一是,划分所得的各子项,其外延必须互相排斥。违反这一规则就要犯"子项相容"的逻辑错误。划分时必须遵守的另一条规则是,每次划分必须按同一标准进行。违反这一规则就要犯"混淆根据"的逻辑错误。① 进一步分析持有"我们已进入知识经济时代"这一观点的论著所持的划分标准时,我们就可以发现其错误之所在了。

从前些年相关讨论的论著内容来看,持有"我们已进入知识经济时代"这一观点的论著,一般都强调当代经济的发展主要依靠新知识、新技术。应当承认,这一认识是非常正确的。但是,要进一步把知识作为划分一个新的经济时代的标准就不对了。

笔者承认,了解和掌握知识量的多少,可以决定一个人类共同体的经济发展水平和所处的经济发展时代;了解和掌握知识量的多少,是决定一个人类共同体所处的经济发展水平和所处的经济发展时代的基础。例如,人类在17—18世纪进入"工业经济"时代时所掌握的知识数量,就远远高于此前的"农业经济"时代所掌握的知识数量。

但是,在谈论划分经济时代的问题时,如果用"知识"与"农业""工业"相对立,就不对了。这是因为,不论是进行工业生产还是农业生产,乃至渔猎生产,都需要当事者掌握和了解大量的知识。而当持有"我们已进入知识经济时代"这一观点的人,把"知识经济"与"农业经济""工业经济"相并列时,即将"知识经济"与"农业经济""工业经济"相互对立时,马上就会使人产生"农业经济"和"工业经济"似乎不大需要知识的感觉或印象。然

---

① 华东师范大学逻辑学教研室:《形式逻辑》(修订本),上海:华东师范大学出版社,1983年,第42－44页;《普通逻辑》编写组:《普通逻辑》,上海:上海人民出版社,1979年,第126－131页;James Edwin Creighton, *An Introductory Logic*, New York:The Macmillan Company,1861,p. 77－83.

而,这种结果却是与人类历史实际完全相悖的,从而犯了"子项相容"的逻辑错误。这是因为,人类历史表明,自从进入文明时代以后,生活在每一个经济时代的人类社会的每一个人类共同体,为了其生存和发展,都需要知道和掌握大量的知识。

例如,在"农业经济"时代,即当农业是一个社会的主导产业时,每一个人类共同体如要搞好农业,都需要掌握和知道大量有关农作物生长规律、灌溉工程建设、手工业生产等方面的知识,以及大量的天文学和地理学知识。我们可以设想,在一个农业占主导地位的社会中,假如人们搞不清楚四季变化的规律,那么这个社会就绝对不可能搞好它的农业生产。而单单要搞清楚四季变化的规律,做出一份能表明节气变化的老皇历来,就需要掌握大量的天文学、地理学和物候学知识。据中国最早的历史书籍之一《尚书·尧典》记载,早在三千多年前的帝尧时期,帝尧就曾任命过一批官员到东南西北四个方向去做官。这些官员的重要职责之一就是要组织人员观测天象,用以编制历法,预报季节,安排农时,方便耕作。①

在谈到大工业占主导地位的近代社会时,更是如此。假如英国在十八九世纪时还没有掌握大量的科学技术知识,那么它就不可能完成第一次工业革命。这也是十七世纪英国哲学家培根之所以能够喊出"知识就是力量"这一口号的主要原因之一。

当然,持有"我们已进入知识经济时代"这一观点的论著,一般都还强调说,承认"知识经济"这一概念有利于全民族重视知识,有利于全民族重视知识创新,有利于全民族重视知识分子在

①《尚书》,慕平译注,北京:中华书局,2009年,第3-8页。

建设社会主义祖国的过程中所发挥的重要作用,有利于实现党提出的科教兴国的方针政策,等等。

笔者承认,持有"我们已进入知识经济时代"这一观点的论著所说的以上观点,在很大程度上是符合事实的。

但是,笔者也不得不指出,由于持有"我们已进入知识经济时代"这一观点的论著并未正确地概括出我们当前所处的经济时代的特征,因此它更有可能会给中国的经济发展带来不利影响。这是因为,假如我们不能正确地归纳和概括出当前经济时代的特征,我们的各级党政领导就有可能制定不出最为科学的产业扶持和产业发展政策,从而导致需要加大投资的产业和科研项目得不到应有数量的政府投资,甚至可能还会影响到民营企业的投资方向,进而减缓我国经济的发展速度。我想,这绝对不会是引进和讨论"知识经济"或"知识经济时代"这两个新概念的学者们的初衷吧。

既然我们不能用"知识经济"来概括当前经济时代的特征,那么应该用什么概念来概括呢,或者说应该用什么标准来划分当前的经济时代呢?

我们知道,在汉语中,每当一个新的学术术语或新的学术概念被提出时,我们必须考虑到它与原有的相关学术术语体系或学术概念体系之间的传承关系。在我们应该用什么概念来概括当前经济时代的特征,或者说应该用什么标准来划分当前经济时代的问题上,也应遵循这一原则。这是因为,在提出划分经济时代的标准问题上,还存在着一个遵守形式逻辑中的同一律,即每次划分必须按同一标准来进行的问题,以防止出现"混淆根据"的逻辑错误。

据笔者所知,在划分经济时代问题上,人们过去主要使用过四种划分标准。第一种是依照所使用的包括武器在内的主要生产工具,人们提出了旧石器时代、新石器时代、金石并用时代、青铜时代、铁器时代、蒸汽时代、电气时代、信息时代等概念。第二种是依照主导产业来划分,人们提出了渔猎经济时代、农业经济时代、工业经济时代、知识(信息)经济时代、生物技术经济时代,等等。第三种是依照占主导地位的社会经济制度来划分,人们提出了原始公社经济时代、奴隶制经济时代、封建制经济时代、资本主义经济时代、社会主义经济时代,等等。第四种是依照经济交往的范围来划分,人们提出了部落经济时代、小生产经济时代、大工业大农业生产经济时代、全球化经济时代,等等。

由于此处主要分析与"农业经济时代""工业经济时代"相对立、相并列的"知识经济时代"这一观点,因此与此相对应的涉及划分经济时代的标准就是主导产业。再由于持有"我们已进入知识经济时代"这一观点的论著讲的都是当前世界正处在什么经济时代的问题,因此笔者所说的经济时代自然也相对应地是指今天全世界正处在什么经济时代。那么,当前世界经济中的主导产业是什么呢? 全世界目前正处在一个什么样的经济时代呢?

实际上,对这一问题,许多学者已经做过大量的论述。笔者在这里只赞同其中的两种观点,即当前世界的主导产业是以计算机及现代通信工具的大量制造和使用为基础的"信息产业",以及全世界目前正处在"信息经济时代"。"互联网+"、大数据、云计算、人工智能、机器人等说法,则属于这两种观点中的一些子概念,即具体说法或具体存在形式。

笔者赞同以上两种观点的理由是,首先,当前世界上最强大的经济共同体是美国,因其每年的 GDP 是世界上最高的。例如,2003 年美国产生的经济总量为 11 亿万美元,[1]约占当年世界经济总量 33 万亿美元中的三分之一。[2] 据美国商务部发表的《2000 年数字经济》报告显示,1995 年至 2000 年,美国经济增长中的百分之三十来自信息技术产业,信息技术产业是当时美国发展最为迅速的产业。[3] 其次,2004 年 2 月 25 日中国中央电视台在新闻联播栏目中也报道说,2003 年中国通信产业的产值和计算机产业的产值,均超过上一年度产值百分之三十以上,是中国发展最为迅速的产业。第三,中国中央电视台在 2004 年 3 月 18 日早间新闻 30 分栏目中报道说,由于信息技术产业发展太快,日本国内严重短缺信息技术产业方面的人才,日本国不得不修改移民和入境签证法规,破例规定凡是持有与信息专业有关的大专以上文凭的含中国人和印度人在内的外国人,可以申请长期多次进入日本的工作签证,而且在申请此类签证时还将获得优先批准。这一情况说明,当时在日本发展最快的产业也是信息技术产业。由于中日美三国当时每年产生的经济总量已占到世界经济总量的百分之五

---

①陶坚等:《世界经济前景与中国外部经济环境》//中国人民大学书报资料中心:《复印报刊资料·F8 世界经济导刊》,2004 年第 2 期,第 3 页。

②范幸丽等:《广场协议、日本长期经济萧条与人民币升值》//中国人民大学书报资料中心:《复印报刊资料·F8 世界经济导刊》,2004 年第 2 期,第 103 页。

③罗文东:《当代资本主义的新变化与世界社会主义的发展前景》//中国人民大学书报资料中心:《复印报刊资料·D1 社会主义论丛》,2003 年第 9 期,第 111 页。

十以上，①因此，中日美三国当时的产业发展状况可以说代表着当时整个世界的产业发展状况。

另外，世界著名信息技术专家比尔·盖茨能在短短的四十年内依靠经营信息产业，由当时几乎是白手起家，到今天已成为拥有超过八百亿美元资产的世界首富，也从一个侧面反映了以计算机及现代通信工具的大量制造和使用为基础的"信息产业"已成为世界的主导产业这一事实。

正是由于"知识经济"或"知识经济时代"这两个新概念在历史事实和哲学上都站不住脚，因此现在人们对这两个新概念的讨论也越来越少，这两个概念也正在被人们渐渐淡漠。笔者认为，出现这种结果是非常正常的，因为任何新概念最终都是要接受逻辑和历史的检验的。

但是，笔者认为，我们不能对历史事实采取鸵鸟政策，让关于"知识经济"或"知识经济时代"这两个概念的讨论就这么无声无息地过去，而未能从中总结出什么。那么，我们到底能从持有"我们已进入知识经济时代"这一观点的论著所犯的逻辑错误中悟出点什么东西来呢？或者说能总结出点什么东西来呢？

首先，我们不能随随便便盲目地跟在外国人后面瞎起哄，不能外国人新提出一个论题，我们就把它当作当下讨论的热点。例如，前几年又在讨论的现代性论题，等等。

其次，笔者认为，持有"我们已进入知识经济时代"这一观点

---

① 范幸丽等：《广场协议、日本长期经济萧条与人民币升值》//中国人民大学书报资料中心：《复印报刊资料·F8 世界经济导刊》，2004 年第 2 期，第 103 页。

的论著之所以能在划分经济时代时违背形式逻辑中的划分原则，犯"子项相容"和"混淆根据"两种逻辑错误，还有着更深层次的学理原因。这更深层次的学理原因就是我们目前所使用的辩证逻辑体系还有不完善之处。具体地说，我们目前所使用的辩证逻辑体系还没有明确提出"原质排除"或是"原质消解"这一概念和思维原则。

那么，什么是"原质排除"或是"原质消解"呢？

前面已经论述过，在很多情况下，从一个角度来看是同质的事物，可能因其数量上的不同而对其他事物产生程度不同的影响，或者是具有了不同的功能，从而被人们确定为不同质的事物。

但是，在表达这一问题时，人们可以而且需要使用其他任何新的名词或概念，来表达这些原先从一个角度来看是同质但不同量的东西，但唯独不能用原先用来表达该质的同一概念或同一名词来表达，否则就会引起思维和表达的混乱。例如，在军事学中，军人是军队的基础。同时，不同数量的军人可以而且必须被编成规模大小不一的军事编制单位，如军、师、旅、团、营、连、排、班之类的军事编制单位，等等。在一般情况下，即在被编制双方所持武器水平相差不大的情况下，规模大小不一的军事编制单位一般也相应地具有大小不一的战斗能力。然而，人们在划分军事编制单位时，完全可以把按军人数量的不同逐级划分的军事编制单位叫作军、师、旅、团、营、连、排、班，或者叫作晚清时新军的镇、协、标、营、队、排、棚之类的东西，唯独不能把军人作为一个军事编制单位。这是因为，从军事编制学的角度来看，虽然不同数量的军人可以形成不同质的东西，但是在这一因数量不同而把原来从一个角度来看是同质的东西划分，或转换成从另一个角度来看是不同质的东西的过程中,我们必须使用其他的概念和名词而绝不能使用原来从一个角度来看是同质的东西的概念和名词来称呼这些已经受过数量限定的军人。表达不同数量的军人的概念,其抽象程度是不一样的,因此对不同数量的军人的称呼也应该是不一样的,此军人非彼军人也;否则就会引起思维和表达的混乱,从而引来上面所说的形式逻辑中的逻辑错误,如"子项相容"和"混淆根据"等逻辑错误。

这也就是说,尽管了解、掌握和应用知识量的多少是决定一个人类共同体所处的经济发展水平,以及所处的经济发展时代的基础;但是,在我们划分和称呼这些具体的经济时代时,我们可以自由地,而且也应该将它们称作"渔猎经济时代""农业经济时代""工业经济时代""后工业经济时代""信息经济时代",等等。

黑格尔曾非常明确地描述和说明了可以根据量的不同来设定不同的质这一思维原则,但他始终没有明确提出,在我们描述和表达根据量的不同来设定不同的质的过程中,应当遵循"原质排除"或是"原质消解"这一思维规则和表达规则。①

但是,"原质排除"或是"原质消解"这一思维现象和思维规则,是一种客观存在。它对人们的逻辑思维和概念表达都有着重大的影响,我们应当对它进行承认和研究。否则,人们今后可能还会在其他问题上犯类似的逻辑思维和表达错误。为此,笔者谨在此提出"原质排除"或是"原质消解"这一辩证逻辑学中的新概念和新规则,以就教于方家,并盼辩证逻辑学体系能在我们不断

---

①黑格尔:《逻辑学》下卷,杨一之译,北京:商务印书馆,1976 年,第 7 – 114 页;黑格尔:《小逻辑》,贺麟译,北京:商务印书馆,1959 年,第 197 页。

解决新时代所提出的各种新问题的过程中,得到不断的发展。

这里还应当指出的是,我们不使用"知识经济"或"知识经济时代"这两个概念来描述当前的经济时代,并不会妨碍我们全民族更加重视知识,更加重视知识创新,更加重视知识分子在建设社会主义祖国的过程中所发挥的重要作用,以及更加重视科教兴国的方针政策。

反之,如果用"信息经济"一词来概括和表达业已到来的,以信息产业为主导产业的新经济时代,那么它更加符合新经济时代的基本情况和主要内容,并可使人们更加明确自己行动的目标和手段,从而能够促进信息产业得到更加高速的发展,加快人们利用计算机和新的通信手段装备,改进和改善包括工业生产、农业生产、行政管理、医疗服务、军事指挥、金融产业、自然科学研究,以及哲学社会科学研究等在内的各行各业之过程。

最后需要指出的是,黑格尔在《逻辑学》和《小逻辑》这两本书中已经把质、量、度这三者可以相互过渡这一道理讲得非常清楚了。只是他没有说清楚,这三者可以相互过渡的情况只会发生在我们的主观处理过程中,而且这种相互过渡还要经过我们主观处理的一系列其他过程,也就是黑格尔所说的"环节",并不是随便就可相互过渡的;而且,他也没有明确提出,质、量、度这三个概念都是人类的三个思维环节,它们都是人类把握主观世界和客观世界不可或缺的三个思维环节。因此,目前许多读者搞不清楚他在《逻辑学》和《小逻辑》这两本书中到底在说些什么,他为什么这么说。笔者认为,说到底,黑格尔的上述理论缺陷还是来自于他没有完全搞清楚什么是 being、什么是主观处理这一历史事实。

第八章　时间、空间

时间和空间是辩证逻辑中的两个非常重要的概念,这是因为人类在思维和表达过程中,经常使用这两个概念。在拉丁语系各语言分支中,每个动词的表达都离不开与时间这一概念直接相关的时态。在有了时间和空间这两个概念之后,人们就可以确定地指称某物和一切事物了。因此,时间和空间也是辩证逻辑经常要处理的两个概念。

一、时间概念

早在一千多年前的中世纪就有人指出,人类还没有回答好什么是时间这一问题。例如,公元 5 世纪初,西方著名哲学家奥古斯丁在其名著《忏悔录》一书中曾说过:“那么时间究竟是什么?没有人问我,我倒清楚,有人问我,我想说明,便茫然不解了。”①直到今天,人们在时间问题上仍处于这一状态。对此,中国当代学者夏天保曾于 2012 年刊载在《北京日报》的一篇文章《怎样数出时间的脚步?》中指出:“时间,一种看似十分简单的事物,人人都能理解。然而,它又是那么的复杂和神秘,甚至直到今天也很难

①奥古斯丁:《忏悔录》,周士良译,北京:商务印书馆,1963 年,第 242 页。

说被人认清了本质,物理学家和哲学家们仍为它头疼不已。"①他实际是在说,人们至今还没有从抽象的一端回答好什么是时间这一问题,即人们至今还没有从抽象一端解决好什么是时间概念的本质和种特征这一问题,没有从属加种差这一角度定义好时间这一概念。

当代各国所有的字典和百科全书都列有时间(time)这一词语,所有关于时间的条目都写着,时间(time)这一概念具有多种含义和义项。例如,1978 年版的《现代汉语词典》在注解"时间"这一词语时,共列举了三个含义和义项:"①是物质存在的一种形式,由过去、现在、将来构成的连绵不断的系统。是物质的运动、变化的持续性的表现。②有起点和终点的一段时间:地球自转一周的时间是二十四小时……③时间里的某一点:现在的时间是三点十五分。"②再如,商务印书馆和牛津大学出版社 1988 年共同出版的《牛津现代高级英汉双解词典》中写明,时间(time)一词具有十二个名词义项,它可以指:①过去、现在、将来的日子,all the days of the past, present and future;②时间的度过,光阴的流失,the passing of all the days, months and years, taken as a whole;③一段时间,portion or measure of time;④以当日的小时和分说明的时刻,what is the time(几点了);⑤以年、月、小时等单位量出的时间;⑥时机、时限、时候、机会,every time I looked at her(每次我看她的时

①夏天保:《怎样数出时间的脚步?》,原载《北京日报》2012 年 10 月 10 日,《新华文摘》2012 年第 24 期,第 125 页。

②中国社会科学院语言研究所词典编辑室:《现代汉语词典》,北京:商务印书馆出版,1978 年,第 1032 页。

候),now is your time(你的机会来了);⑦次数,occasion;⑧倍数,乘,three times five is fifteen(三乘五等于十五);⑨时代,时期,in ancient time(在古代);⑩某一时期的生活状态,生活环境等,times are good(年头好);⑪格林尼治时间、当地时间、夏令时间、标准时间,Greenwich time(格林尼治时间);⑫音乐节拍,style of rhythm depending upon the number of beats in the successive bars of a piece of music。此外,time 一词还有三个动词义项:①选择……的时机;安排……的时间;使……合时宜;②记录事件发生的时间,计算时间;③调整、校准。从以上两种词典中我们可以看出,英语的 time 所包含的含义和义项,要比汉语的时间概念所包含的含义和义项要多一些。

从上面所列举的两本常用词典有关时间的内容和义项来看,不论是英语还是汉语,人们所列举的有关时间的含义和义项,要么是指人们测度和标度时间的结果,要么是指测度和标度时间的过程,或者是与人们测度时间结果相联系的其他显性思维环节,如时机、生活环境,等等。在英语中,还有与测度时间无直接关系的倍数、乘等含义。最为关键的是,它们都没有说明时间概念的属概念,也没有说明时间概念的种特征。而事实上,上述义项都是时间这个概念的子概念/种概念/存在形式/子项,是比时间更为具体的概念,是时间所蕴含的概念。

笔者认为,要想从抽象的一端回答好什么是时间概念本质这一问题,以及从属加种差这一角度定义好时间这一概念,首先需要考虑与时间概念抽象程度相对等的空间概念,以及其他一些不被时间概念所蕴含的概念,如水果、动物,等等。这样就可以设法找到时间概念的属概念了。其次需要说明形成时间这一显性思维环节过程中的一些隐性思维环节,即理解和说明人类为什么要提出时间这一概念。理解了人类为什么要提出时间这一概念,就理解了时间概念的种特征,从而就非常容易地解决什么是时间的本质这一问题了。这也是从抽象的一端来概括时间概念本质的唯一正确方法。

笔者认为,人类提出时间这一概念的目的,是为了量化主体和客体的客观存在、存续过程和变化过程,以便进行有效率的分工和合作,即达到提高群体生产率和战斗力,以及其他方面活动能力的目的。这些分工和合作,既可以是实践中的人体在物理方面的分工和合作,也可以是在思维方面的分工和合作,即在理论宣传和理论研究方面的分工和合作。理论宣传和理论研究方面的分工和合作,既可以是在自然科学方面的分工和合作,也可以是在哲学社会科学等方面的分工和合作。

历史事实证明,包括当代人在内的历史上实际参与分工和合作的当事人,由于物理方面的限制,始终无法以同一顺序出现在同一地点,这是因为每一个人都需要占有一定的物理空间才能生存和参与合作。在同一历史进程中,一个人占用了某个位置,其他人就无法再占用了,因此每一次分工和合作的组织者都必须规定每个参与分工和合作的当事人出现的顺序和地点,以便进行有效率的分工和合作。例如,为了保证人造卫星的正确入轨,人造卫星发射管理机构必须解决在地球的多个点位设立卫星发射观测站的任务,并让这些卫星发射观测站的工作人员在一定的时间段内准时(按照规定的出场秩序)完成观测卫星发射的任务。再如,为了解决群体防卫的问题,在每个人每天只能够在一定时间段内担负群体防卫任务,其余时间段内必须解决其个人吃喝拉撒等个人生存问题的情况下,自古以来相关的人类共同体都必须解决本人类共同体中担任防卫任务人员的换岗问题,以保证本人类共同体得到全天候的群体防卫。因此,时间概念首先是应人类进行有效率的分工和合作需求而诞生的,它首先是为了解决人类自身参加各种活动的先后次序而诞生的。

其次,人类在自己的生活和生产过程中会发觉,人类生活在其中的各种自然和社会因素的性质和特征并不一致,不仅会发生变化,而且变化的速度不一致。例如,木头可以用来生火做饭;草籽、水果、兽肉、植物根茎可以用来充饥;草木一岁一枯荣;人的正常怀胎生育需要九个多月;有的人能活几天、几个月或者几年,有的人则能活几十岁、近百岁,甚至超过百岁,等等。在古代社会和现当代社会,还常常发生一个人类共同体被另一个实力更为强大的人类共同体所吞并或合并的事件,即发生一个部落或一个国家被邻近的实力更为强大的部落或国家所吞并的事件,如中国战国末期发生的秦国吞并六国之事。为了更好地利用人类生活在其中的各种自然和社会因素,以便人类能够保持或者提高自己的绝对生活水平,人类需要对自己生活在其中的各种自然和社会因素进行量化处理,其中就包括这些因素的变化情况,如这些因素的变化顺序、变化速度、变化周期,等等。这些都是人类需要提出时间这个概念的重要原因。

因此,当我们把时间概念和空间概念、空间的测度和标度、时间的测度和标度、绝对时间、相对时间、绝对空间、相对空间这几个概念相对立时,也就是以这几个概念为时间概念的上下文,在把时间概念与这几个概念相联系,并受这几个概念限定时,时间概念的本质就是一个思维环节,其种特征就是指我们要对主体和客体的客观物质存在、运动和变化过程中的顺序性、前后秩序性、持续性进行量化处理的要求和愿望。所谓的顺序性和前后秩序性，就是指哪件事发生在前、哪件事发生在后；所谓的持续性，就是指一个客体或主体变化的速度和长度。换句话说，时间概念的提出，与人类要测度、标度、量化主体自身的生命过程，与人类要测度、标度、量化人类个体和群体活动以及周围环境因素变化过程中的顺序性、前后秩序性、持续性、持久性，与人类要进行有效率的分工和合作有着直接的关系。时间概念的种特征就是人类要量化主体自身的生存和变化，以及人类群体活动、个体活动和周围环境因素，即客体存在和变化过程中的顺序性、前后秩序性、持续性的一种要求和欲望。①

　　在时间这一思维环节被语言表达出来后，时间这一概念就成了一个显性思维环节。人们只有经过时间这一思维环节，才能考察和说清楚时间的测度和标度、绝对时间、相对时间等思维环节。这是因为，相对而言，在人们的思维中，时间概念是一个比时间的测度和标度、绝对时间、相对时间等更为抽象的思维环节和概念。时间概念是时间的测度和标度、绝对时间、相对时间等概念的上位词。时间的测度和标度、绝对时间、相对时间等概念，只有通过时间这一概念，才能与人类已有的知识体系逻辑内洽地联系在一起，从而帮助人类更好地进行思维和实践。反过来说，人类思维

---

① 康德认为时间有三种样态，即"持存性、相继性和同时"。（康德：《纯粹理性批判》，邓晓芒译，北京：人民出版社，2004 年，第 166 页。）不过笔者认为，从人对客体存在状态的认识出发，我们可以把相继性和同时这两个概念合并为一，因为同时也可以被认为是一种相继性的存在形式。

只有经过时间的测度和标度、绝对时间、相对时间等时间概念的下位概念，才能形成时间这一上位概念。

在有了时间概念之后，也就是说，在有了主体和客体的客观物质存在、运动和变化过程中的顺序性、前后秩序性、持续性等观念之后，人们就可以建立起正确的因果观念，并对人类主体与主体、主体与客体之间的关系进行比较深入的研究和描述，从而指导人们进行相关的实践。例如，当人们先发现夏天庄稼地里杂草多了，接着又发现秋天庄稼收成少了，就会猜想，可能是因为庄稼地里杂草多了，所以导致庄稼收成少了。反复经过几次这一过程，人们就会得出，是因为庄稼地里杂草多了才导致庄稼收成少了这一结论。人们为了提高庄稼的产量，以提高自己的绝对生活水平，接着就会想办法减少庄稼地里的杂草。所以说，建立时间概念对于我们建立因果观念、发现必然性、帮助人类更好地进行思维和实践，具有重要意义，它是帮助人类认识自然发展规律和社会发展规律，帮助人类组织起有效的分工和合作的基础之一。

由于人类提出时间这一概念的最终目的之一是为了进行有效率的分工和合作，因此时间概念又是一个具有公共性的概念，是一个人人都要了解和理解的概念。而为了满足时间测度的公共性，具体时间的测量和度量又离不开空间概念。这是因为，只有通过空间概念，人类才能找到一些人人都能切身感觉到的客观现象，这些客观现象是不因某个人的意志所能改变的东西。人类只有在空间中选择一些每个当事人都可以感觉到的现象作为人类测量时间的坐标和标志物（时间的标度），才有可能使每个当事人从客观上切实了解和把握主体和客体存在与变化的过程中的顺序性、前后秩序性、持续性和持久性。因此，在这里我们又需要进行一次主观思维否定、一次主观扬弃,也就是把时间概念放在一边,把它当作一个隐性思维环节来对待,将我们的思维从时间概念过渡到空间概念上来。

二、空间概念

目前,世界上对空间概念的本质还没有一个正确并得到哲学界和科学界普遍承认的统一说法或定义。针对这一情况,德国当代著名哲学家海德格尔曾在其1953年出版的《存在与时间》一书的第七版中说,"空间存在的阐释工作直到今天还始终处于窘境"。① 他对人们在空间本质问题上处于这种"窘境"的原因的解释是:"这主要不是由于对空间的内容本身缺乏知识,倒主要是由于对一般存在的诸种可能性缺乏原则性的透视,缺乏通过存在论概念进行的阐释。要从存在论上领会空间问题,关键在于把空间存在的问题从那些偶或可用、多半颇粗糙的存在概念的狭窄处解放出来,着眼于现象本身以及种种现象上的空间性,把空间存在的讨论引领到澄清一般存在的可能性的方向上来。"②他这段话中的存在就是指 being,存在论就是指 ontology,③即关于 being 的学

---

① 马丁·海德格尔:《存在与时间》修订译本,陈嘉映、王庆节合译,北京:三联书店,2006年第3版,第131页。

② 马丁·海德格尔:《存在与时间》修订译本,陈嘉映、王庆节合译,北京:三联书店,2006年第3版,第131页。

③ Martin Heidegger, *BEING AND TIME*, Translated by John Macquarrie & Edward Robinson, Oxford: Blackwell Publishers Ltd, 1962, p. 147 – 148.

问。他的这段话确实从某个角度上说出了应当如何解决空间本质问题的方法。可惜的是,他对这一方法本身却没有提出多少新的正确的观点和看法(更加符合客观事实的观点和看法)来,其原因就在于前面所述的拉丁语系的语法缺陷,使他陷入了思维不清楚和表达不清楚的境地。

笔者认为,当我们把空间概念和空间的测度和标度、时间概念、时间的测度和标度、绝对空间、相对空间这几个概念相对立时,也就是与这几个概念相联系并受这几个概念限定时,空间概念是指我们要对主体和客体的物质存在、运动和变化的延展性进行量化研究、量化处理时的一种倾向、欲望和要求,是指我们对主体和客体的体积大小(包括真空体积和虚空体积)以及距离远近进行量化研究和量化处理时的一种倾向、欲望和要求的一个显性思维环节。所谓的延展性就是指某个客体大小,即指某个客体在真空或虚空状态中的长、宽、高。

人类从远古时期就知道,人类实践的客体有千千万万种,人类生活的周围环境,就是由这些人类已知的和不知的客体组成的。由于长时期的观察、研究和知识传承,人类早已得知,人类生活周围的客体的特征和特性是不一致的,有的可以被用来满足人类吃喝的需要,有的可以用来保证人类抵御严寒和酷暑。由人类客观实践制造出来的各种生产工具和武器,以及由某个人类共同体制定出来的社会行为规范,更能帮助人类解决各种生产问题和保障人类的群体人身安全问题。

人类也早已知道,各种客体的体积都有一定的大小,并且它们的大小又有所不同,都要占用物理学意义上的一定的虚空地带。每个人类个体所占有的虚空地带,要比一粒谷子所占有的虚空地带大得多,同时,从物理学意义上看,每个客体离每一位思维者和实践者的距离可能都是不一样的,而为了利用好这些客体,人类就需要对这些客体的体积大小和距离远近有一个正确的把握。因此,人类需要对这些客体的体积大小和距离远近有一个把握的愿望,就是人们想出空间概念的第一个主要原因。

在这里,我们需要辨析一下物理学意义上的虚空地带与真空地带之间的区别。物理学意义上的真空地带,是指理论上没有任何比光子大的物质的地区,如太空真空地带。物理学意义上的虚空地带,是指一个物体的密度比我们所要研究或处理的客体的密度小的地方。例如,假如我们要处理的客体是一块铁块,那么相对于这块铁块来说,大气层、普通水体就是虚空地带。假如我们要处理的客体是人体,那么相对于人体来说,大气层就是虚空地带。当然,所有的真空地带,除光子和更小的基本粒子外,对于包括铁块和人体在内的所有物体来说,也都是虚空地带。但是,对于普通人类个体来说,我们的日常生产生活中所要处理的都是虚空地带。只有人数很少的从事宇宙空间探索的人员、研究高能物理的人员以及其他需要抽真空才能进行科研和生产的人员,才会在他们的生产生活中处理一些涉及真空的问题。

在当代汉语中,不少人在思想交流中常常把各种客体不同的特征和特性,如客体的硬度、光度、颜色、材质等因素也算在空间概念应当包含的内容之内,这是因为这些因素可以被认为是客体的一个必要的组成部分,而不被时间概念所包含。因此,在日常思维和交流之中,人们把客体的特征和特性也包含在空间概念之内并无不妥之处,只要它能方便人们的日常思维和交流就行,因为这是人类通过几百万年进化所得到的一种生物学本能的表现。

　　但是,当我们把空间概念与空间的测度和标度、时间概念、时间的测度和标度、绝对空间、相对空间这几个概念相对立时,也就是与这几个概念相联系并受这几个概念所限定和引导时,就需要把客体本身的特征和特性这些因素排除在空间概念之外。这是因为有了空间的测度和标度、时间概念、时间的测度、绝对空间、相对空间这几个概念的限制和引导,实际上就已为空间概念所应包含的内容设置了前提,规定了空间概念所应包含的内容和所应达到的抽象程度。客体的大小、客体距离思维者或当事者的远近,以及客体本身的特征和特性等,在抽象程度上是不一样的。一个客体可以有多种特征和特性,如在硬度、光度、色度、材质等方面所具有的特征和特性。而客体的大小及其距离思维者或当事者的远近,在一定的时间段内只有一种。在很多情况下,把客体的大小及其距离思维者或当事者的远近与客体的特征和特性平行对待,有文不对题之嫌。这就像人们要求某人列举水果的存在形式时,某人在列举过香蕉、苹果、梨、桃、杏等之后,又说苹果的味道是酸甜的,苹果的硬度比香蕉大。听者会认为说者有逻辑不通之处,所说的东西的抽象程度不一样。因此,当我们把空间概念与空间的测度和标度、时间概念、时间的测度和标度、绝对空间、相对空间这几个概念相对立时,客体的特征和特性就不应当被列为空间概念的内容。

　　空间概念的另一个重要内容是,由于主体本身的变化和运动导致客体与思维者和实践的当事人之间的距离远近也在不断变化,以及由于各种客体也在不断地变化和运动导致客体的大小和存在状态在不断变化,并且这些变化是不一致的,因此人类需要通过空间这一概念来量化这些变化和运动,以便能够更好地利用这些客体和这些客体的变化和运动,也就是利用这些客体与其他客体之间的关系,即物质间必然发生的关系和运动规律来造福人类。例如,主体为了更好地生存和发展,把他们的栖息地往东迁徙了 10 千米。这样一来,原来一些近在咫尺的东西可能就会需要往西走上 10 千米才能看到或取到。再如,有人走得快些,有人走得慢些;许多小动物见了人就跑掉或者是飞走,有些动物跑得有些远,有些动物跑得有些近;一个普通成年人可以在一小时内负重 10 公斤的情况下走 3 千米左右;一辆大型载重汽车走高速公路,可以在一小时内把几万公斤重的东西从一个地方运到 100 千米外的另一个地方;一架航天飞机,可以以每小时数万千米的速度环绕地球飞行;一个婴儿经过 20 年的发育成长,可以从一个体重只有六七斤重什么劳动都干不了的婴儿,成长为体重可以超过百斤能干不少具体劳动项目的大小伙子或大姑娘,同时他所占用的虚空地带,也就是物理空间也随之变大;人们既可以在几年之内建起一座几百米高的摩天大楼,也可以在几分钟内用爆炸的办法将它夷为平地。如果算上地球以大约每秒钟 30 千米的速度环绕太阳公转这一事实,①那么地球上的一切东西每时每刻都在运动和变化。为了保持和提高自己的绝对生活水平,人类需要了解和把握这些客体的大小和距离远近的变化,这是人们需要想出空间概念的第二个重要原因。

当我们把空间概念与空间的测度和标度、时间概念、时间的测度和标度、绝对空间、相对空间这几个概念相对立,也就是说通过这几个概念把空间概念所包含的内容全都给限定死,那么留给

---

①余明:《地球概论》,北京:科学出版社,2010 年,第 171 页。

空间概念的内容就只剩下我们要对客体的物质存在、运动和变化的延展性，即对主体和客体的大小、运动和变化进行量化研究、量化处理这么一种想法、倾向和要求了。

另外，在空间概念和时间概念这两个思维环节里，每一个人、每一个思维者、每一个思维主体，都需要把其他思维者个体和思维者群体变为自己的思维客体。这样一来，所有的思维者都彼此把对方看作思维客体，彼此对立了。

人类的主观处理分离于个体思维，统一于群体思维和群体实践。分工是打破个体思维对立，实现群体思维的关键环节。群体思维是由作为人类共同体代表的个人思维来实现的。由于实践分工的不同，因此人类每个个人的思维对象也有所不同。例如，开公共汽车的个人，其在工作时所思维的对象就与种苹果的个人在工作时的思维对象有所不同，但他们的个人思维都代表着其所在人类共同体的群体思维。因此，社会分工和合作是打破和统一不同个人之间的个体思维对立，实现人类思维统一的关键环节和实现形式。

本书前面已比较详细地论述过，从还原论的角度来看，社会分工是人类群体实践的社会存在形式，而人类群体实践则是社会分工的内容，人类个体实践又是人类群体实践的自然存在形式，是分工使得个体实践和群体实践统一起来，并使每项个体实践具有了二重性，具有了两种功能，即每项个体实践既是个体实践又是群体实践的自然存在形式。在这一二重关系中，群体实践是个体实践的社会内容，而个体实践则是群体实践的自然存在形式。

在仅有时间概念与空间概念这两个概念对立的情况下，时间概念与空间概念的属概念是指"主观处理""概念"，或者是"显性思维环节",这是因为时间概念与空间概念这两个概念都是抽象程度极高的概念,除了"主观处理""物质"和"精神"等少数概念之外,恐怕没有几个比它们抽象程度更高的概念了。而形式逻辑讲究的是,"定义来自最近的属加种差"。①

为了使空间这个概念能对人类的实践有意义,并对人类的实践有所帮助,我们又不得不再进行一次思维的否定、一次主观扬弃,将我们的思维从空间概念这一思维环节过渡到空间概念的子概念,即空间的测度和标度这两个思维环节上来。

三、空间测度和标度的核心环节

空间测度的核心环节,也就是空间测度最重要的内容,是人类的每一个共同体都要提出一个测量距离远近和物体大小的共同长度标准,并在这一问题上达成合意。空间标度的核心环节,也就是空间标度最重要的内容,是人类的每一个共同体都要提出一个共同的测距出发点,即测距原点,并在这一问题上达成合意。

前面已经说过,世界上一切物质,包括主体,也就是每一个人类个体和群体,无论大小,都需要占有一定的地方(占有一定的物理空间/虚空地带)才能存在。我们还知道,每一个人为自己的生存所占用的体积都不一样,有些人个头高一些,有些人个头低一些,有些人胖一些,有些人瘦一些。每一个人为自己的生存所占用的地理学意义上的位置也都不一样。即使所处的经纬度完全

---

①马丁·海德格尔:《存在与时间》修订译本,陈嘉映、王庆节合译,北京:三联书店,2006 年第 3 版,第 5 页。

一样(一个人站在另一个人的头顶上),他和站在他脚下的那个人与太阳之间的垂直距离也是不一样的。因此,每一个人所处的地理位置是不可能完全一致的。为了较好地利用生活周围的环境因素,人类必须了解和把握每一个人与周围客体所占地方的大小和远近。只有这样,才能较好地满足我们的吃喝拉撒和精神生活等生存和发展的需求。例如,为了较好地满足每一个人对生活用水的需求,有关的人员必须对他们所在的人类共同体与生活水源地之间的距离有一个了解和把握。这是因为生活水源地离每一位主体的距离越近,他用在取水方面的时间就越少,也就是用在取水方面的生命历程越短。在每个人的生命历程都是有限的情况下,他用在取水方面的生命历程越短,用在其他方面的生命历程就会越长,从而为他进行更多的其他方面的活动,进而为提高他本人及其直系亲属以及他所在的人类共同体的绝对生活水平提供了时间方面/生命历程方面必不可少的条件。

由于人类的实践是群体实践,因此测度空间是一件公共事务,是一个人人都要知道的事件。在测度空间的过程中,每一个人类共同体需要解决的问题就是测度空间的长度标准问题,也就是拿什么作为测度空间的长度标准。人类历史表明,由于人类是从生产力极为低下、科学技术水平极为低下的情况下起步的,因此在测度空间的长度标准问题上,人类经历了一个极其复杂的发展过程。如在中国,从古代的只能测度宏观长度距离的"布指知寸,布手知尺,布肘知寻","一举足为跬,两举足为步","蚕吐丝为一忽,十忽为丝",①300 步为一里,②一直到今天已能测度微观长度距离的微米、纳米,以及测度宇观尺度距离的天文单位(地球与太阳之间的距离,约为 1.5 亿千米)、光年(约为 9.46×10^{15} 米,即约 1 万亿千米),等等。

自 15 世纪末西方发现了美洲大陆,西方各国在世界范围内的贸易和殖民都有了极大的发展。为了更好地发展世界各国之间的商品和服务贸易往来,西方各国之间已于 18 世纪末达成将测度空间的基本长度测量单位定为米的协议和惯例。而米的客观标准原器(1888 年确定的国际基准米尺,即阿希夫米尺,又称档案米尺,其复现精确度可以达到千万分之一)如今就保存在法国巴黎法兰西共和国档案局中。据说,现在每年还有人拿着自己企业所生产的米尺去那里比对与档案米尺之间的精度差别,用以改进自己企业所生产米尺的精度。③

前面已经说过,人类每一代人都要经过把质料变内容的过程,也就是每一代新人都要经过接受和传承前一代所掌握的,对本共同体生存和发展有利的知识的过程。笔者认为,确定米为基本长度测量单位的最重要的原因之一,或者说形成米这一概念的

---

① 王鸿生:《世界科学技术史》,北京:中国人民大学出版社,1996 年,第 86 页。

② 赵晓军:《中国古代度量衡制度研究》,合肥:中国科学技术大学,2007 年,第 24 页。

③ 随着科学技术的发展,国际计量组织曾不断更换更精确的米的计量标准。1960 年举行的第十一届国际计量大会决定,长度米等于氪-86 原子在 2P10 和 5D5 能级跃迁时,其辐射光在真空中的波长的 1650763.73 倍。这一计量标准的复现精度可达二亿五千万分之一。

隐性思维环节之一是,这一尺度最接近很多刚到上学年龄的孩子双臂张开的距离,它能为刚到上学年龄的儿童所理解和把握。一米相当于地球子午线的四千万分之一,这件事应当是迁就于测度空间的公共事务,它是需要包括学龄儿童在内的每个已具备一定理解能力的人都能理解和把握的长度。让每一个人类共同体内的学龄儿童传承基本公共度量衡知识,也是人类传承知识的最重要的内容之一。

其实,利用人体器官来确定长度标准是人类历史上最常见的现象。例如中国当代青年学者赵晓军,在其博士学位论文《中国古代度量衡制度研究》中就曾举出中国古文献中的"布指知寸,布手知尺,布肘知寻","一举足为跬,两举足为步",①作为中国古人利用人体器官来确定长度标准的事实根据。赵晓军还在前人研究的基础上,通过再次研究中国古代文献,得出中国古代的尺、寸、分等长度标准都是借助人体器官的长度而规定的,具有十进制关系的长度单位的结论。② 他还根据中国西安临潼姜寨考古遗址的考古资料说:"西安临潼姜寨遗址是仰韶文化早期一处典型的原始聚落,属于母系氏族社会,聚落包括五个较大的建筑群……每个建筑群中都有一座大型房屋和一座至数座中型房屋,中型房屋围绕大型房屋分布,其周围又分布数座小型房屋……建造不同形状的房屋,对整个聚落的合理布局,需要规圆矩方、大小、

①王鸿生:《世界科学技术史》,北京:中国人民大学出版社,1996 年,第 86 页。

②赵晓军:《中国古代度量衡制度研究》,合肥:中国科学技术大学,2007 年,第 24 页。

长短等方面的知识。早期人们在建造房屋和制作工具时,多是依照自己身体,借助手、肘、足、步等器官来确定一个临时标准。因每个人身体高矮、胖瘦不同,所以所立标准很难完全一致。而当时要建造一座大型的房子,则需要一个相对比较统一的长度标准,人们可能会借助氏族首领的身体、自然物或人们制作的某件物体来确定标准。"①在英语、法语和德语这三种语言中,长度"尺"与"脚""足"的读音和写法也完全一致。② 这一事实说明,利用人体器官来确定长度标准,是人类早期各共同体的共同现象。

人类之所以利用人体器官来确定长度标准,是因为长度标准是人类对客观事物进行主观处理的客观结果。而利用人类自身器官来确定长度标准,对于人类来说,是最简单易行的办法,也是人类最容易理解的办法。用人民群众的话来说,利用人类自身器官来确定度量衡标准,是人的天性使然。记得笔者在小学四年级期间与同班同学玩打弹珠(玻璃球)游戏时,由于笔者是班上男生中打弹珠游戏的高手,凡没有笔者参加的打弹珠游戏就显得少了许多趣味;因此,凡是笔者参加的打弹珠游戏,笔者都要求用自己的"指""拃"③和"步"作为参加游戏的标准长度单位,从不劳烦尺子。有谁不同意用笔者的"指""拃"和"步"作为参加游戏的标准长度单位,笔者就以不玩了作为威胁,逼着其他要参与游戏的小朋友同意。以小见大,今天人类成人世界通行的确定长度标准的

①赵晓军:《中国古代度量衡制度研究》,合肥:中国科学技术大学,2007 年,第 13 页。

②黑格尔:《逻辑学》上卷,北京:商务印书馆,1966 年,第 362 页注释①。

③拃 zhǎ,量词,表示张开的大拇指和中指(或小指)两端间的距离。

办法也是如此。谁的政治经济力量强、势力大,谁的办法更方便、更有效,谁就有权确定长度的标准。

在基本长度测量单位米的基础上,人们又提出和使用了千米(公里)、分米、厘米、毫米、微米、纳米、天文单位、光年等长度计量单位,以方便工作和生活于不同领域的人去计量他们所要应对的客体的大小和距离远近等事物。

在西方许多国家确定以米为基本长度测量单位之后,那些负责与外国商人交往的(如中国广东广州的"十三行",新疆塔城中俄"贸易圈"的中国商人)和中国对外商贸管理机构的管理人员,就已经知道外国人是以米作为基本长度测量单位这件事了。到了清代末期的 19 世纪后 30 年,由于洋务运动的兴起,有更多的人知道了米是西方基本长度测量单位,并已在洋务领域开始使用。中国自 1949 年中华人民共和国成立之后,更是确定米与中国古代的尺、丈、里同为法定基本长度测量单位,并以立法的形式确定了米同尺、丈、里的关系,即一米等于三尺,五百米等于一里。经过几十年的实践和变化,现在中国的绝大多数普通人和有关的专业技术人员,都已在各领域采用以米为基本长度测量单位了。

至于空间的标度原点问题,也就是人类的每一个共同体所要提出的共同的测距出发点(测距原点)的问题,则是根据每一个人类共同体每次实践的不同需要而有所不同,有的选择部落议事堂的大门,有的选择城市的地标性建筑,有的选择一条公路的起点,有的选择英国伦敦格林尼治天文台中央观测室的主天文观测器所在地,有的选择陕西省咸阳市泾阳县永乐镇石际寺村境内的中国大地原点作为测距原点。由于全人类有千千万万个不同种类和不同层次的人类共同体,每天进行的实践活动又有千千万万种,因此整个人类每天需要和选定的测距原点也有千千万万个。

四、空间的维度

空间测度有三个维度,即长、宽、高。① 任何复杂的客体都可以通过测量和计算,还原为长、宽、高这三个维度。有些人早已提出为什么空间只是三维的,即只有长、宽、高这三维,而不能是四维的、十维的,等等。其实,有些理论物理专业人士早已提出了空间可以有十维。② 笔者认为,在空间测度这件事上,三维就足够普通人类个体的思维和实践了,维度太多会使许多人的思维产生混乱,无法使不同的人类个体和不同的人类共同体在空间测度、时间测度和人类实践等问题上完成绝对化这一过程,从而无法组织起有效率的合作与分工。笔者还认为,有些理论物理专业人士提出的"空间可以有十维"这一观点也是一种合理的主张或观点,因为这样做能方便和简化理论物理专业内部人员进行研究和表达有关的物理现象。但是,对于普通人类个体而言,还是使用三个维度为好。有时候,人们还会只使用长、宽两个维度,以方便相关人员理解和把握相关客体。例如,人们利用二维绘制地图以及制作二维视频图像就是为了方便相关人员理解和把握地图等。并且,即使有关理论物理专业人士把空间处理为十维进行研究,其最后在向公众讲解、汇报和交流研究成果时,还是需要通过相关

---

① "空间只有三种度量"。(康德:《纯粹理性批判》,邓晓芒译,北京:人民出版社,2004 年,第 30 页。)

② 汪洁:《时间的形状》,北京:新星出版社,2011 年,第 266 页。

计算把十维还原成三维乃至二维的。这是因为,只有把十维还原成三维乃至二维,相关的官员和公众才能理解。只有理解了他们的工作,相关的官员才会继续给他们财政拨款以支持他们继续研究,相关的公众也不会反对相关的官员继续给他们财政拨款。而且,即便是把十维还原成三维乃至二维,许多抽象思维能力低的人仍然无法理解。例如,对于单色等高线地图,有许多人恐怕一辈子都搞不明白。而有些人则不存在理解的问题。比如,这些年热播的电视剧《亮剑》里的男主角李云龙在该电视剧中就曾说过:"咱天生就是打仗的。咱是编筐子出身,一看就知道地图上说的是啥。这等高线呀,什么的,我一看就懂。"历史事实表明,不同的个人,其抽象思维能力确实是不一致的,而且同一个个人,在其青壮年时期的抽象思维能力一般要高一些;而儿童和老年时期,其抽象思维能力一般要低一些,或者是低很多。更何况,为了使用计算机帮助他们研究和交流,有关的理论物理专业人士常常还需要把他们头脑中十维的图像处理成数字串,再经过相关的计算机运算后,再将运算结果显示为计算机显示器上的二维运动图像,以方便他们内部人员之间的研究和交流,以及与公众之间的交流。近年来,中国中央电视台每次进行卫星发射实时转播时,卫星发射控制大厅的大屏幕显示器所播放的二维卫星发射动态实时运行图像,就十分清楚地表明了这一点。

近几十年来,许多人都认为应当把时间因素加入到空间的维度中去,从而使空间的维度变成四维。这种观点颇为流行,得到许多人的赞成和理解。但是,笔者认为,所谓的四维空间只是强调人们要注意量化物质的运动现象。在我们研究空间的本质和特征问题时,这一观点并不能真正帮助我们更好地研究空间的本质和种特征。这一命题只会把事情搞复杂,因为这一命题是把空间概念和时间概念混在一起了。因此,当我们研究空间概念的本质和种特征问题时,最好还是使用三维的概念。

五、相对空间和绝对空间

相对空间是指不同的人类个体在不同的地理位置,以不同的长度计量单位来测量和计算不同的客体或相同的客体这件事情。用地理学术语来说,相对空间是从不同的坐标系,来测量和计算同一个客体距离同一个位置的测量者的距离远近,以及该客体所在的地理位置和物体大小这件事情。

绝对空间的第一个内容是指在不同的地理位置,以同一个长度计量单位,来测量和计算同一个客体距离测量者的远近,以及该客体所在的地理位置和物体大小这件事情。目前世界上的绝对空间通常以米为基本长度计量单位。

绝对空间的第二个内容就是确定测距原点的问题。用地理学术语来说,绝对空间是从同一个坐标系、同一个测距原点,以同一个计量单位,来测量、计算、标注同一个客体距离测量者的距离远近,以及该客体所在的地理位置和物体大小这件事情。目前全世界绝大多数国家都是以英国伦敦格林尼治天文台中央观测室的主天文观测器为大尺度宏观测距原点的。

空间绝对化的内容,首先,是人们所在的人类共同体确定一个共同的计量标准。只要测距有了这一共同的标准,这一人类共同体就算是经历了空间绝对化过程。当然,这种空间绝对化过程是一种包含着相对或者是相对化过程的绝对化。这是因为,这一空间绝对化的标准会随着人们进入实践过程而被否定。其次,这一空间绝对化的标准本身也会被以后人类发明的更新、更科学的新标准所替代。例如,1790 年 5 月由法国科学家组成的特别委员会,建议以通过巴黎的地球子午线全长的四千万分之一作为长度单位——米。1888 年,西方一些国家曾决定用阿希夫米尺作为国际基准米尺(又称档案米尺,如今保存在法国巴黎法兰西共和国档案局中),其复现精确度可以达到千万分之一。1960 年第十一届国际计量大会决定,米的长度等于氪-86 原子在 2P10 和 5D1 能级之间跃迁的辐射在真空中波长的 1650763. 73 倍,其复现精确度可以达到两亿五千万分之一。1983 年 10 月,在巴黎召开的第十七届国际计量大会又决定,米是 1/299792458 秒的时间间隔内光在真空中行程的长度。但是,由于地球自转一直在变慢,因此从远古到现在和将来,在每一秒时间间隔内,光在真空中的行程会变长。从长时间的角度来看,这将与每分钟 60 秒,秒在真空中行程的长度发生较严重的冲突。目前,国际上是采用加闰秒的办法来解决这个问题的。但是近年来频频加闰秒的事情已引发发展中国家的严重不满,而且从长远来看,也不利于发达国家的测时和计时。因此,将来米的定义还会变,变得比目前1/299792458秒的时间间隔更长一些。而每天的时间标度又是以地球自转一圈作为其划分每天 24 小时的基础的。因此,只要人类继续存在,地球自转变慢这一事实最终会导致每小时、每分钟、每秒钟,以及其他计时单位都会轻微变长的结果。

　　人类在确定每年有几天这个问题上,最终还是要以天文观测的结果为准绳的,这是因为天文观测结果是世界上所有人类共同体最终认可的标准。

　　上述已说明,自古至今,不同的个人、不同的国家、不同的人类共同体,曾经以不同的长度计量单位,来测量和计算同一个客体距离测量者的远近,以及该客体所在的地理位置和物体大小。但是,随着不同的个人、不同的国家、不同的人类共同体之间政治和经济交往的深度和频率的增加,其都在不断地把一些原来使用的不同的长度计量单位简化为一个统一的长度计量单位。更确切地说,一般是从原众多人类共同体所使用的多种长度计量单位中选取一种长度计量单位,来作为有政治和经济交往的不同的个人、不同的国家、不同的人类共同体之间统一的长度计量单位,以方便他们之间的政治、经济、军事、文化等各方面的交往。这就是一个在长度计量单位问题上由相对变绝对的过程。

　　当然,由于历史条件的不同,不同的个人、不同的国家、不同的人类共同体,其所采用的统一长度计量单位的方法可能完全不同。有的采用武力强制的办法。例如,两千多年前的中国古代秦国,它在统一六国之后,就强制原来的魏、赵、韩、楚、燕、齐等六国废止它们原来使用的度量衡制度,而全部采用秦国原来使用的度量衡制度。有的采用协商的办法。如,从18世纪末到今天的世界各国,是采用民主协商,召开国内和国际计量大会的办法,来统一不同的个人、不同的国家、不同的人类共同体之间所采用的长度计量单位,其结果就是目前包括中国在内的世界上绝大多数人类共同体都采用米作为它们的法定基本长度计量单位。

　　从历史的角度来看,相对空间和绝对空间也是一个不断相互转换的过程。从测量技术角度来看,绝对空间是从相对空间转变来的。例如,中国古代在秦灭六国以后,在全中国使用的基本长度计量单位就是秦国的尺。今天的国际长度基本测量单位米,是从 1790 年法国国民议会决定的基本长度测量单位米转变来的。今天藏在法国档案局的国际标准米尺,也是国际测量组织于 1888 年从当时制造好的六把铂金米尺中,挑选出来的最接近于地球子午线四千万分之一的一把来作为国际标准米尺的。而铂是当时人类所能进行规模化生产的,相对来说化学性质最为稳定,受海平面各种气象条件(如温度、湿度等)影响最小,制造工艺比较复杂,制造成本较高,因而制造赝品的成本也比较高的一种金属。

但是,实际上在人们的日常测距实践中,差不多每个人都是在近似地使用国际长度基本测量单位米,很少有人知道自己使用的测距尺子到底与国际标准米尺相差多少,以及与长度米等于氪-86 原子在 2P10 和 5D5 能级跃迁时其辐射光在真空中的波长的 1650763.73 倍,1/299792458 秒的时间间隔,这些今天米的标准到底相差有多少。在大多数情况下,实际使用米尺的人,其实不需要知道自己使用的米尺与国际标准米相差多少,只要相关米尺制造商承认国际标准米是他们制造米尺的标准,并能在他们制造米尺的实践过程中尽可能地以国际标准米作为他们制造米尺的标准就可以了。因此在日常测距实践中,人们所使用的米尺都是与国际标准米有一定的差距的。这就是由绝对变为相对的过程,是又一次否定。在日常测距实践中,人们只能做到以国际标准米作为绝对标准的一种相对准确的测量。更何况,在日常测距实践中,还常常出现同一段空间、不同的人乃至同一个人使用同一套测距工具,由于身体状况等原因的影响,今天测出的距离与昨天测出的距离不一样这一情况。因此,在人们日常测距实践中,所得到的测距结果总是相对的,总是与国际标准米或多或少有一定差距的。

实际上,纯粹的绝对只存在于人们的头脑中。当然存在于人们头脑中的东西,只要通过语言这一物质化形式表现出来,就可以成为一种客观存在。但是,通过语言这一物质化形式表现出来的绝对虽然也是一种客观存在,但它到底和人们在其他实践存在形式中的绝对是不一样的。通过语言这一物质化形式表现出来的客观存在,到底是人脑的产物,是人类主观处理的产物。人们在其他实践存在形式中的绝对,是包含着相对的绝对;而在语言活动中表现出来的绝对,只是一种理想中的绝对,是一种处于主观处理中的绝对。就像在主观处理中,我们可以虚构没有面积的点、没有宽度的线、没有体积的面这件事一样,因为它们是在客观世界中很难见到其物质存在形式的绝对。但是,这种理想中的绝对却是人类进行群体实践所绝对需要的。没有了它,人类就无法组织起有效率的分工和合作。

不论怎么说,目前人们在日常测距实践中所能做到的这一相对化,是一种包含着绝对在内的相对化,是一种绝对和相对相统一的相对化,是一种经过了否定之否定过程的相对化,是一种较高层次的相对化,是一种把国际标准米作为基本长度单位的相对化,因而也是一种能得到全世界使用米制作为其基本长度测量单位的人类共同体所了解和理解的相对化,是一种可以与世界上所有使用米制作为其基本长度测量单位的人类共同体的各种实践活动相联系的相对化,是一种可以还原为绝对的相对化,是一种可以继续发展、继续进行否定之否定的相对化,是一种可以不断提高其测距精度的相对化。目前,在一些尖端科研领域,相关科研人员要用一些高精尖的设备实时测定有关的客体,如人造卫星、火箭、飞机等与相关科研人员和管理人员之间的精确距离,并将有关数据告诉其他有关人员,使之绝对化,以协调相关科研人员之间的观测和计算。这也是一种包含着绝对在内的相对,或者说是一种包含着相对在内的绝对。并且我们还可以说,这是一种更为精确的标度,是一种更高水平的相对和绝对。

每个人类共同体测距精度的提高,常常是由其测距工具水平的提高来表现的。例如,在中国秦代,测距的标准原器是由青铜制成的。而到了当代,中国所使用的法定测距工具原器已与全世界保持一致,使用氪-86原子跃迁测量仪器和时间测定装置。测距工具水平的提高,标志着人类测距相对化水平和绝对化水平的提高。

实际上,由人所进行的每一次具体测距活动,都是测定绝对空间与相对空间相统一的活动。说它是测定绝对空间的活动,是因为相关的测距人员承认他们所在的人类共同体有统一的公共尺度,并用这一公共尺度作为理想中的标准进行测量和计算。说他们的测距活动和测量结果是相对的,是因为相关的测量人员在进行具体测距活动时,总是与他们所在的人类共同体统一的公共尺度,或者说与人们理想中的公共尺度或多或少有一定的差距。此外,有关的测距活动总是由人来进行操作的。凡由人进行的活动,不同的人类个体或同一人类个体在不同的时间段和年龄段,由于种种不同的原因,其具体操作总是有差别的。这就和开汽车一样,同一辆汽车,有的人就驾驶得好一些、快一些、省油一些,有的人就可能驾驶得差一些、慢一些、费油一些。同一个人,在其驾驶经验很少时,他的驾驶技术一般就会差一些;在其驾驶经验非常丰富并且精力旺盛时,他的驾驶技术一般就会好一些。在一些高精尖产业领域,更是经常出现只有极少数人才有能力进行相关生产活动的情况。例如,目前制造超大型液化天然气运输油轮高压储气箱内衬的焊接工作,全世界没有多少人能不经过培训就能上岗的。这是因为这项工作难度极大,并不是每个人经过培训就能熟练操作的。绝大多数人在选拔和培训的过程中,会因其某方面的能力不够而被淘汰。在智力、体力、对外界事物的感官反应速度、知识结构、知识储备等方面,在人的情商和智商等方面,每个人类个体总是与其他人类个体有一定的差别的。因此,凡是进入人类具体实践的活动,都是具有二重性/二重功能的活动,即既是绝对的,又是相对的。说它们是绝对的,是因为这些活动是可以按照统一的标准来评判;说它们是相对的,是因为这些活动是由能力不同的人类个体来操作和进行的,其活动结果也是不一样的。

一些理论物理专业人员说,世界上只存在相对空间,而不存在绝对空间。笔者认为,他们这种思维方式是有缺陷的。

首先,从辩证思维的角度来看,只承认存在相对空间,而不承认存在绝对空间,就是一种不承认存在有对立面的思维方式。这种思维方式就是一种只承认有左,而不承认有右,只承认我们可以标定左,而不承认我们可以标定右的思维方式。这是一种历史虚无主义的思维方式,是一种只见物而不见人的思维方式,是一种无视主体存在的思维方式,是一种无视人是万物尺度的思维方式,也是一种只承认有限而不承认无限的思维方式,是一种导致人们无法更进一步地确定和把握客体、实现更进一步对象化的思维方式,是一种不考虑人类最终为什么要测量距离和物体大小的思维方式。

在这里,我们还要论述一下绝对空间的另一个内容,即对某一个客体所在地理位置的认定问题,也就是确定测距原点的问题。确定测距原点的关键,实际上就是用政治手段和其他手段来确定测距的起点问题。

前已说明,人类的实践都具有二重性,即既是个体实践又是群体实践。在测距问题上也是这样,即每次具体的测距,都既是个体测距又是群体测距。在具体测距时,每一次具体测距总是由个体完成的,这是因为个体测距是群体测距的物质承载者。假如没有了个体测距,也就没有了群体测距,因此每一次具体测距都是先以测距者个体为中心完成的。但是,由于人类的个体测距结果常常是一个需要别人知道和理解的测距结果,尤其是需要别人知道距离较远的活动发生地到底在哪里,与别人的距离到底有多远,因此这就需要解决公共测距原点的问题。

据有关专家推测,在原始社会,其公共测距原点应当是古代部落公共活动的议事堂大门。[①] 在人类出现城市之后,公共测距的原点应当就是城市测定时间的原点。在有了国家这一公共管理机构时,公共测距的原点应当就是国家测定时间的原点,也就是国家中央天文观测的地点,或者是国家制定老黄历的地点。到了当代,除各国各自有的公共测距原点外,还有了世界统一的公共测距的原点,即英国伦敦的格林尼治天文台中心观测室主天文观测仪器所在的位置。现在中国的公共测距原点是位于陕西省咸阳市泾阳县永乐镇石际寺村境内的中国大地原点,其具体位置为:北纬 34°32′27.00″,东经 108°55′25.00″,海拔417.20米。自从

---

① 赵晓军:《中国古代度量衡制度研究》,合肥:中国科学技术大学,2007 年,第 13 页。

1978 年有了这一大地原点之后,全中国的大地测量就有了一个统一的、标准的、切合中国实际的计算投影面。它在中国的经济建设、国防建设和社会发展等方面发挥着重要作用,同时它也象征着国家的尊严。

当然,在现实社会生活中,每一次群体活动的测距原点又是以该活动的组织者所确定的地点为准。由于全人类有千千万万个不同种类和层次的人类共同体,每天进行的实践活动又有千千万万种,因此整个人类每天需要和选定的共同的测距原点也有千千万万个。不过,只要各次活动的组织者觉得有必要,经过相关计算,他们就可以用当今世界测距原点来表达他们的测距原点,从而使他们的活动地点成为世界上其他国家的人也能知道的地点。同时,人们也可以利用当今世界测距原点来表达某次事件发生的地点,如某次地震的中心在东经多少度多少分、北纬多少度多少分,从而让全世界关心这次地震的人都知道这次地震发生的确切地点,以及距离他们所在的地点到底有多远,等等。

文章写到这里,笔者需要再进行一次思维否定,把我们的思维从相对空间和绝对空间问题过渡到时间的测量和标度问题上。这是因为,为了使时间这个概念能对人类的群体实践有意义或有所帮助,我们不得不再进行一次思维的否定,将我们的思维从空间概念这一思维环节过渡到时间概念的子概念,即时间的测量和标度这两个概念上。

六、时间测度和标度的核心环节

时间的测度过程,就是根据地球的公转和自转,把一年具体分为若干月、若干天,再把 1 天平均分为 12 个时辰,1 个时辰平均分为 4 刻,或者是把 1 天平均分为 24 个小时,1 小时平均分为 60 分钟,1 分钟平均分为 60 秒,1 秒分为 1000 毫秒,等等。

前已说明,人类提出时间这一概念的最终目的是为了进行有效率的分工和合作。因此,人类提出时间这一概念,是为了人类自身群体活动和群体实践的需要,具有公共性。所以,时间是需要每一个人类共同体的所有成员都知道的事情。

为了在时间概念上实现公共性,使每一个人类共同体的所有成员都知道其所在人类共同体的时间测度和标度,每个稍微大一点的人类共同体,从原始时代起,就开始以天文学和地理学等空间方面的知识和规定作为测量时间和标度时间的标准,也就是以白天、黑夜,春夏秋冬,东西南北等,作为标度时间的标准。换句话说,每个稍微大一点的人类共同体,从原始时代起,就开始以地球的自转和公转作为标度时间的标准了。这是因为,白天、黑夜,春夏秋冬,东西南北都是人人能感觉到的东西,对于每个个人来说,这些东西都不是以他们个人之力所能改变的。但它们又是能够为每个正常的人类成年个体所把握的东西,从而为人类进行有效率的分工和合作提供帮助。

例如,中国最早的历史书籍之一《尚书·尧典》就记载,早在三千多年前的夏朝早期,夏政权就曾派遣过一批官员到东南西北四个地方去组织观测天象,用以编制历法、预报季节。[①] 再如,西方基督教经典《圣经·旧约全书》开篇就说,上帝在创造世界的七

---

①慕平译注:《尚书》,北京:中华书局,2009 年,第 3 - 8 页;G. 伏古勒尔:《天文学简史》,北京:中国人民大学出版社,2010 年,第 3 页。

天中,第一天是把白昼和黑夜分开;第二天是制造空气、天和地;第三天是制造地上的植物;第四天是标记节令、日子和年岁,给白昼和黑夜定名,制造出众星星,帮助人类编制历法、预报季节。[①]今天的每一个少年儿童,其家长从其稍微懂事起也开始告诉他什么是白天、黑夜,春夏秋冬,毫无例外。

对于人类来说,在时间测度和标度方面,最重要的就是解决每年共有多少天和每天的时间标度这两个问题。在人类的科技发展史上,最早主要是利用天文学知识和物候学知识来解决每年有多少天这个问题的。中国人早在战国时期就已对每年共有多少天这一问题有了比较接近于天文学实际测定的成果,出现了以 $365\frac{1}{4}$ 天为一年的"四分历",使人们比较方便地计算日期和季节变化。以后中国历代的科学家又不断改进历法。据统计,我国历代编制的历法有近百部之多。[②] 世界上其他古代文明,也在很早的年代就已对每年共有多少天这一问题有了比较接近于天文学实际测定的成果。[③]

但是,在每年标度有多少天这一问题上,人类科学知识的发展和进步还受到人类社会政治活动的很大影响。例如,古代各国

[①]《圣经·新旧约全书·创世纪》,香港:香港圣经公会印发,第一章,第1—20 句。

[②]吴国盛:《科学的历程》(第二版),北京:北京大学出版社,2002 年,第 135、100 页;李忠:《中国古代哲学和自然科学》,上海:上海人民出版社,2002年,第 284 页。

[③]吴国盛:《科学的历程》(第二版),北京:北京大学出版社,2002 年,第 38、42 页。

设立专门官员和专门机构来观测天文现象的主要目的之一,就是想通过预测一些天文现象,如日食、月食等,来加强自己对普通民众的统治。在宣布每年有多少天这一问题上,除了有提供农业、手工业、军事等方面的公共服务这一目的外,更有让人们按时缴粮、纳税、服劳役这一目的。1582 年,在西方历史上曾发生过著名的教皇格里高利宣布废除儒略历法,改行格里高利历法一事。这件事一次性去掉这一年度的 10 天,将 1582 年 10 月 5 日直接变成 15 日,同时逢百之年只有能被 4 整除的年份才算闰年,即实行每 400 年里设 97 个闰年的新历法,这就是今天包括中国在内的全世界很多国家实行的公历。其实,西方天文学界早已发现,原来的儒略历法与天文观测的实际结果是有差别的,每年的实际天数是稍微多于 $365\frac{1}{4}$ 天的。从公元前 46 年古罗马恺撒时期西方开始实行儒略历法,[①]到 1582 年教皇格里高利宣布实行格里高利历法时,天文观测的实际日期已经比开始实行儒略历法时的日期多了整整 10 天。但是在此之前,西方各国的统治者谁也不愿意在自己的统治时期内多加入一个闰日,以符合天文观测和物候变化的实际情况,因为在统治的时期内加入闰日,就会不得不少征收一天的租税和劳役。这是因为古代社会是以农牧业为主要经济收入来源的,而农牧业一般是以年为一个缴粮、纳税、服劳役周期的。如果在统治的时期内加入一个闰日,那就意味着这一年的经济收入将减少 1/365。这就像今天的新加坡,房租一般是以月为计收房租的单位。假如新加坡政府今天宣布,以后每一个月只有

---

① 文聘元:《西方科学的故事》,天津:百花文艺出版社,第 531 页。

30 天,不设大月,那么绝大多数的房主就会开怀大笑;而房客一般就会默然无语,感到十分不开心,心想"哎,真倒霉! 我今年实际上又要多交几天的房租了"。教皇格里高利在宣布实行格里高利历法时,西方已发现了美洲新大陆,手工业,国内外贸易,提供教育、医疗、体育比赛、文娱表演等服务性产业的经济收入和税收,已开始在意大利罗马教皇直接统治区有了较大幅度的增长,而且这些方面的经济收入也开始在当时不少中上层富人家庭中占有重要地位。而手工业,国内外贸易,提供教育、体育比赛、文娱表演等服务性产业的发展,需要更为准确的历法,这就为以教皇为代表的统治阶级进行历法改革提供了经济方面的历史条件。实际上,就像中国秦代赵高"指鹿为马"这件事一样,赵高绝对不是一个傻子,分不清鹿和马。在教皇格里高利之前的历代教皇中,也没有一个人是傻子,他们之所以在一千多年的时间里揣着明白装糊涂,拒不根据天文学实测的结果来修改历法,就是因为他们在两害相权取其轻、两利相权取其重,不想为改历而减少自己的经济收入。因此,生产力与经济方面的发展,不但能为政治方面的发展提供历史条件,而且能为测时、授时服务方面的发展以及各行各业科学技术方面的发展提供历史条件。

　　在时间测度这个问题上,人类除利用天文学方面的知识外,还格外重视利用人造的一些物理学意义上的器物,用以解决每天测定较短时间的时间标度这个问题。这是因为,由于地球自转相对于太阳具有一定的倾斜度,以及因为地球相对于太阳的公转是一个椭圆形轨道,所以地球每天距离太阳的远近有变化等方面的原因,几乎地球上所有地方的昼夜长短每天都在发生着变化,冬短夏长;①因此要想把每天的时间平均地分为 12 个时辰或是 24 小时,无法靠天文学知识来解决。利用天文学知识,也就是利用太阳的东升西降这一现象,人类只能区分早晨、上午、中午、黄昏、白天和黑夜。因此人类在很早的时候就开始利用铜壶滴漏等人造器物来解决这个问题了。到了近现代,人们又开始利用钟摆和钟表指针来解决这个问题。而今天,人们又开始使用原子钟表来解决这个问题。在每天测定和标度时间这个问题上,人类所使用的人造工具的技术水平和测算时间的精度越来越高,以满足人类实践不断发展的需求和要求。

需要特别指出的是,由于不论是主体还是客体,它们无时无刻不处在变化和运动中,因此人类在选择测定和标度时间的工具问题上,也特别注意选择本身就在不停地变化和运动的现象和工具。例如,在古代,人们常常选用太阳在天空中的位置变化、铜壶滴漏来测定和标度时间。到了近现代,人们常常选用钟表的钟摆、钟表指针、不断跳动的电子显示屏上的数字变化来标度时间。与此同时,在古代,人们还利用敲钟、击鼓、敲梆子等形式来向非职业测时人员和非当值测时人员宣布每天测定时间的结果,也就是利用敲钟、击鼓、敲梆子的形式来解决授时问题。在有经济条件的地方,人们还建起了钟楼、鼓楼,或者是设立了职业守夜人,让他们用敲钟、打鼓、敲梆子的形式进行授时。到了近现代,人们开始利用钟摆和钟表指针来解决授时这个问题。到了现当代,人们又开始利用无线电广播和电视广播,来解决向非职业测时人员

---

①具体变化规律和数据请参见余明主编:《地球概论》,北京:科学出版社,2010 年,168－186 页。

和非当值测时人员授时这个问题。例如,中国中央人民广播电台每天早上 8 点钟就会向全世界广播说,"刚才最后一响,是北京时间早上 8 点整"。这就是中国中央人民广播电台代表中华人民共和国中央政府向全世界授时、向全世界宣布,现在是北京时间早上 8 点钟了。现如今,中国中央电视台每天晚上 7 点钟新闻联播开始前播放的时钟走表的图像,也起着相同的作用。

在解决了测时、标度时刻和授时这些问题之后,人们就能比较好地解决每个人的守时问题和量化并记录某个具体事件发生的具体时间等问题了。例如,安排某个人每天从几点钟开始在某地点工作,每天在那里工作几个小时等问题,到了几点钟,另外一个人要来换班,以及计量某个人或某个物品的寿命,记录某个具体事件发生在几点几分(如 2008 年汶川地震发生在北京时间 5 月 12 日 14 时 28 分,等等)。

由于不同的人类共同体的历史发展道路有所不同、科学和技术发展进度不同,因此在时间标度的主观处理问题上也有所不同。例如,到西方发现美洲大陆时,西方许多国家早已把 1 天划分为 24 个小时,1 个小时也已划分为 60 分钟。到了近现代,许多国家又进一步把 1 分钟再划分为 60 秒,再到当代又规定出毫秒(千分之一秒)、微秒(百万分之一秒)、纳秒(十亿分之一秒)、皮秒(一万亿分之一秒)、飞秒(等于 0.001 皮秒)、渺秒(等于 0.001 飞秒,又称阿托秒、阿秒),等等。

中国古代曾把 1 天等分为 12 时,每时等分为 4 刻,也就是每时/每个时辰相当于西方的 2 小时,每刻相当于西方的半个小时(30 分钟)。到了 1911 年中国爆发辛亥革命时,中国已开始全面学习西方科学与技术,而且自鸣钟和怀表这些计时、授时、守时工具已开始在中国各地普及,因此辛亥革命后的绝大多数中国政府都宣布,以西方的 1 天 24 小时制为中国的法定标准时间标度。

从人类认识的逻辑秩序来看,自从有了时间概念,有了顺序性、前后秩序性、持续性、持久性,有了时间的测度和标度等概念之后,人们就可建立起正确的因果观念了。而正确的因果观念,是人类认识自然发展规律和社会发展规律的基础之一。

七、相对时间和绝对时间

相对时间是指不同的人类个体,在不同的地理位置,使用不同的测时工具,以不同的标准来测度、标度并计算人类实践活动所经历的过程,以及以不同的标准来测度、标度并计算被考察物质的存在和变化周期。也就是说,相对时间是指,不同的人类个体,以不同的坐标系和不同的计量标准,来测量和计算时间,在同一时间段内的测时、授时、守时、计时活动,标定不同历史事件发生的时刻和持续长度;以及不同的人类个体,以不同的坐标系和不同的计量标准,测度、标度、计算被考察物质的存在和变化周期。

绝对时间的内容是指不同的人类个体,在不同的地理位置,使用不同的测时工具,以统一的标准和统一的计量原点,来计算和标度时间,并计算其他实践活动所经历的过程,以及所有物质和所有事件的存续过程和变化周期。在今天,这个统一的标准,除了设有 1 天 24 小时,1 小时 60 分钟,1 分钟 60 秒,1 秒等于1000 毫秒,1 毫秒等于 1000 纳秒等时间标度单位以外,还包括全世界绝大多数国家具有相同的标度时间的起点(以英国伦敦格林尼治天文台中心观测室北墙外地面上镶嵌的那条长长的铜条,原来作为英国标度时间的起点)。换句话说,绝对时间是指以相同的坐标系和计量单位,来测量和计算不同的人类个体和群体,在相同的时间段内的测时、授时、守时、计时活动。目前,世界上绝大多数人类共同体对绝对时间的标度,是通过相对时间标度的转化,即把英国伦敦格林尼治天文台中心观测室北墙外地面上镶嵌的那条长长的铜条转化为全世界标度时间的起点。为此,世界各国还建立起了世界经纬制度,也就是以英国伦敦格林尼治天文台中心观测室北墙外地面上镶嵌的那条长长的铜条作为起点,把世界分为东西两半球,向东向西各划 180 度;并以赤道为起点,把世界分为南北两半球,把南北两半球各分为 90 度。

今天我们保留相对时间和绝对时间这两个概念的目的,是使今天的人类活动能够实现同时性和守时性。所谓的同时性,就是指在共同的实践中一个人类共同体的相关人员在开始实践的顺序性上的一致性或秩序性。所谓的守时性,就是指在共同的实践中,一个人类共同体的每一个相关成员按照该共同体领导人员的安排,在相关的时间段内按时坚守在自己的岗位上,努力完成好自己的具体实践项目。

自古以来,不同的人类共同体在不同的场合,为了实现他们各自活动的同时性和守时性,根据其不同的科技发展水平,曾使用过不同的方法。例如,为了本人类共同体的生存和发展,所有的人类共同体都必须在军事方面不停地进行一些活动。为了战胜敌人,在许多场合必须实行群体作战。为了在作战方面实现同时性和守时性,也就是为了统一本人类共同体相关武装人员发动进攻和撤退的时刻,人类已经陆续发明了众人摇旗呐喊、击鼓向前、闻金(敲钟、敲锣)而退、使用旗语、烟火、钟表计时、电话通知、灯光等多种方式方法。但是,由于军事活动需要其他方面活动的协助,主要是及时供应作战人员的饭菜、饮水、弹药等后勤,以及制造作战装备等方面的协助,而后勤和制造作战装备等又是一个涉及本人类共同体生产生活方方面面的事情;因此,为了实现军事活动的同时性和守时性,又需要同一个人类共同体在生产生活方方面面都实现同时性和守时性。所以说,实现同时性和守时性是每个人类共同体每天都要面临和解决的问题。

　　然而,在同一个人类共同体在生产生活方方面面都实现同时性和守时性,并不是一件简单的事情。这是因为,同一个人类共同体,对生产生活方方面面实现同时性和守时性的要求是不一样的。例如,对于直接从事军事进攻的军事团体来说,它所要实现的同时性和守时性是以分钟和秒来计算的。而在后勤供应方面所要实现的同时性和守时性就大有不同了。在及时供应作战人员的饭菜、饮水等后勤方面所要实现的同时性和守时性,可能以时、刻、小时、半天甚至一天来计算就行了;在一些战争物资的生产和储备等问题上,有些人员所要实现的同时性和守时性,可能就要以秒、毫秒、微秒等来计算才行,如激光武器的研制和生产、现代大规模机械化生产无烟火药子弹,等等;而在另外一些战争物资的生产和储备等问题上,对有关人员所要实现的同时性和守时性的要求可能低一些,甚至低很多,如在军用皮鞋的生产上,可能以年、月计算就可以了,这是因为军用皮鞋的使用可以是几年、几个月、几十天。

　　此外,由于自古以来绝大多数实际进行的测时和计时活动都是由一个个具体的人类个体在不同的地理位置使用不同的测时工具完成的,而且即使在同一地点,因为每一次具体负责测时和计时工作的人员的技术操作水平、责任心和身体状况都不相同,所以他们测度出来的计时结果可能又有很大不同;因此,不论是古代还是今天,尽管有了统一的测时和计时标准,但是绝大多数具体的测时和计时结果,可能与理想中统一的测时和计时标准都有一定的差距。也可以说,不论是古代还是今天,绝大多数具体实际的测时和计时结果都具有相对性,或者说具有相对真理性。但是,由于这些具体的测时、授时、计时活动在理论上是以一个标准来进行的,因此他们的测时、授时、计时结果能被本测时和计时人类共同体所有的相关人员所理解。

与绝对空间一样,真正的绝对时间只存在于人们的头脑中。当然存在于人们头脑中的东西,只要它通过语言这一物质化形式表现出来,也都会成为一种客观存在。但是,这种客观存在与人们在其他实践存在形式中的绝对是不一样的。人们在其他实践存在形式中的绝对是包含着相对的绝对;而在语言中所表现出来的绝对,是不包含相对的绝对,只是一种理想中的绝对,是一种处于主观处理中的绝对。在时间的标度问题上尤其如此。这是因为,由于地球自转与地球围着太阳公转之间的夹角始终在变化,而且地球距离太阳中心的距离每天也在发生变化,因此在地球上的任何地点,其每天昼夜的长短都在变化,一年 365 天,天天如此。再加上地球上不同地点所处的经度大多数都不相同,因此世界各地每天出现太阳当顶的前后秩序都是不同的。而人类的群体实践活动又需要实现同时性,需要一个统一的时间标度,需要把这个统一的时间标度绝对化。这是因为,只有能够实现同时性和把时间标度绝对化,才能实现有效率的群体实践。于是,人类不得不想出绝对时间这一显性思维环节,用以实现时间标度绝对化,帮助人们实现实践中的同时性和守时性。例如,毛泽东同志等当时的中共中央领导集体,曾于 1936 年初组织中国工农红军第一方面军主力东渡黄河,到山西省境内进行东征战役。由于当时参战的渡河船只和部队人员有很多,为了达到发起进攻的隐蔽性和突然性,以减少攻击部队的伤亡,因此当时参加指挥东征战役的中国工农红军第一方面军主力(中国人民红军抗日先锋军)的最高领导集团规定,渡河要有统一计划、统一指挥、统一时间。但是,由于当时参加指挥东征战役的中国工农红军众多领导人员所使用的手表和怀表好坏不一,有的走得快一点,有的走得慢一点,而且当时又没有条件通过广播校对时针;因此,毛泽东同志在布置东渡黄河的时间时宣布,以红一军团政委聂荣臻的怀表的时间标度为准,用电话统一时间标度,于 1936 年 2 月 20 日 20 时准时发起渡河战役,“渡河时间不可参差”。[①] 毛泽东同志当时宣布这一条规定,就是为了防止以后出现上下级之间因各自钟表走得快慢不一而为各自发起渡河作战时间不同相互埋怨和扯皮。

　　这里需要重复说明一下绝对时间标度和相对时间标度的相互转化问题。历史事实表明,所有的绝对时间标度都是由相对时间标度转化而来的。例如,上面所说的红军 1936 年初东渡黄河发起东征战役的渡河时间,就是以红一军团政委聂荣臻怀表的时间标度为准,变聂荣臻怀表的时间标度为统一的计时标准,用以统一红军东征部队东渡黄河开始军事进攻的时间,这其实就是一次变聂荣臻怀表的相对时间标度为绝对时间标度的过程。实际

---

①聂荣臻:《聂荣臻回忆录》上,北京:战士出版社,1983 年,第 308 页。

上,自古以来,所有的绝对时间标度,也就是官府或上级领导授时的时间,都是根据官府或上级领导自己所掌握的计量仪器所测量和计算的结果转化而来的。只是由官府或上级领导所宣布的绝对时间影响的范围有所不同罢了。例如,在中国古代,在设有日晷、铜壶滴漏等测时设备,建有钟楼、鼓楼,设有职业测时人员、职业敲钟、职业敲鼓、职业敲梆子打更等职业授时、报时人员的地方(如明清时代的北京城),其所影响范围仅限于钟声、鼓声、梆子声所能传到的地方。而在今天,由于无线电广播和电视已经深入千家万户,因此每天授时、报时的任务早已交由无线电广播和电视等先进的授时、报时机构来负责了。又由于无线电广播和电视的传播距离要远远大于钟声、鼓声、梆子声所能传到的地方,因此如今政府所宣布的绝对时间标度所能影响到的地方也要远远大于古代。不过,目前除北京外,在中国其他的地方,中午 12 点时的太阳并不是高挂在人们头顶之上,而是偏西或偏东一点。像新疆乌鲁木齐市这类与北京市距离较远的地方,当地政府甚至规定该地作息时间要比北京市晚两个小时,这是因为,新疆乌鲁木齐市每天中午太阳高挂头顶的时间要比北京市晚差不多两个小时。为了充分利用太阳光照,节省能源,并尽量符合人类几百万年来形成的生活作息习惯,当地政府就规定其每天作息时间要比北京市晚两个小时。实际上,这也是世界上各个国土面积巨大的大国通行的做法和惯例。如今世界上分为 24 个时区,每个国家之所以可以根据自己所处的地理位置不同而选择不同的地点作为本国的中午 12 点整,也就是选择自己的时区,也是因为上述原因。当然,这类活动并不影响时间的绝对性。这是因为,时间的绝对性,或者说绝对时间标度,都是由人类自己规定出来的,只是为了使人们有一个人人都能理解的测时、授时、守时、计时标准,用以方便人类社会有效率地实现自己的分工和客观实践而已。而绝对时间标度向相对时间标度的转化,则是指有关人类共同体在有了统一的时间标度之后,在有关人员的具体实践中,他们的测时和守时活动总是与理想中的绝对时间标度有一定的差距。

实际上,每次人类具体进行的时间测度、标度和计量活动,都是绝对时间和相对时间相统一的活动。例如,中国现在卫星火箭发射时间的计量起点,就是按下卫星火箭点火发射按钮的那一刻。在按下卫星火箭点火发射按钮后,相关的计时人员会经过计算,向有关领导部门或观看直播的人员宣布,卫星火箭成功发射于北京时间某年某月某日某时某分,从而让有关领导和所有观看直播的人员都能明白和理解卫星火箭成功发射的具体时间。这一从卫星火箭点火发射的时间向北京时间的过渡和转化,就是从相对时间向绝对时间的过渡和转化。

因此,目前中国人在日常测时和计算时间实践中所能做到的这一绝对化,是一种包含着相对和差别在内的绝对化,是一种绝对和相对统一的绝对化,是一种经过了多次否定之否定过程的绝对化,是一种较高层次的绝对化,因而也是一种能够得到全世界绝大多数人类共同体所理解的绝对化,①是一种可以与全世界绝大多数实践活动相联系的绝对化,是一种使一个时间共同体所有

①实际上,绝对时间是指康德在《纯粹理性批判》中所说的,"一切经验性的时间规定都必须服从普遍的时间规定之规则"中的"普遍的时间规定之规则"。(康德:《纯粹理性批判》,邓晓芒译,北京:人民出版社,2004年,第167页。)

成员都能看得见摸得着的绝对化,同时也是一种因能够随时返回到相对而能不断得到发展和进步的绝对化。

所谓不断得到发展和进步的时间绝对化,是指人们在自己的测时、授时、守时、计时活动中,可以因科学技术的进步而不断更新换代自己的测时、授时、守时、计时工具,从而使自己的测时、授时、守时、计时更加先进和准确的时间绝对化,并使自己能够与世界上更多的人类个体实现更为精确的同时性的时间绝对化。

现在一些理论物理专业人员说世界上只存在相对时间而不存在绝对时间,笔者认为,他们这种思维方式是有缺陷的。这一缺陷与他们在绝对空间和相对空间问题上的缺陷是一样的。首先,从辩证思维的角度来看,只承认存在相对时间而不承认存在绝对时间就是一种不承认存在有对立面、不承认人类的思维必须有对立面限定的思维方式。这种思维方式是一种只承认有先前而不承认有后来、只承认我们可以标定前面发生过的事情而不承认我们可以标定后面将要发生的事情的思维方式,也是一种只承认有限而不承认无限的思维方式。从历史唯物主义的角度来看,这是一种历史虚无主义的思维方式,是一种只见物而不见人的思维方式,是一种无视人是万物尺度的思维方式,是一种无视人类测定和标度时间初衷的思维方式。这种思维方式也是一种导致人们无法确定和把握时间这一主观思维环节、无法量化主体和客体的客观存在和存续过程的思维方式,是一种把客体当作主体处理、把客观当作主观的思维方式,因而是一种有缺陷的思维方式。

人们的守时活动也是一种由绝对时间向相对时间的转化和过渡。这是因为,凡是由人来操作的事情总是有差别的,甚至还会出现错误操作的情况。例如,中共中央军委命令火箭军某基地于北京时间某年某日某时某分某秒向某地发射某种型号的导弹10枚,但在实际发射操作中,总是有导弹的发射稍早或稍晚于中共中央军委所命令的时间。再如,今天全世界几乎所有的核国家都规定,核武器的实弹发射必须由两个或三个以上的人员同时按动发射按钮,而且这些人的发射操作台必须隔有一定的距离,必须使一个人无法同时按动两个操作台上的发射按钮。各国做出这样的规定的原因,就是担心单人操作会发生错误操作或恶意错误操作的情况。

总之,人们保留相对时间和绝对时间这两个概念的目的,是在时间测量和标度问题上,既保留时间测量和标度的相对性,也保留时间测量和标度的绝对性,用以帮助人们在测时、授时、守时、计时等方面,与人类实践直接相关的问题上,实现尽可能精准的同时性。

1967年的第十三届国际计量大会确定,以铯原子钟为计时标准,确定"秒"为基本计量单位,至今已有50多年的历史。① 虽然"秒"可以作为时间的基本计量单位,但是从人类群体实践的角度出发,"秒"的计时过于短,不利于人们的日常实践活动的守时,最终还是应当以分、小时等作为人们日常实践活动的计量单位,并以中午12点作为计量时间的起点,同时以"秒""微妙"等作为计量时间的辅助单位,用以计算一些非常短的时间长度为好。这是因为,只有太阳当头才可以成为全世界人人都可以经历的确切的历史事件。因此,只有太阳当顶这一历史事件才可以成为全世界

---

① 夏天保:《怎样数出时间的脚步?》,原载《北京日报》2012年10月10日,《新华文摘》,2012年第24期,第126页之《相关链接》。

人人都可以方便地知道和理解的表示同时性的时间标度。早晨、黄昏这类历史事件都具有渐进性,无法表示一瞬间的同时性,更不用说由于地球自转和围着太阳公转所导致的地球上每一个地点每天昼夜的起始时间都不一致了。但是,随着地球自转的持续变缓,人类最终还是会让"秒"的长度变长,并以天文学上发生的事件作为时间的最权威标度。这是因为只有天文学上发生的事件,才是可以成为全世界人人都可以方便地知道和理解的事件;而那些复杂而精确的电子计时装置上所发生的事情,无法变成让全世界人人都可以方便地知道、理解并加以计算的事件,从而也无法最终变成全世界人人都加以承认的最可靠和最终的时间标度。在许多比较具体的概念的理解和认定问题上,世界上绝大多数人都是天生的唯物主义者。耳听为虚,眼见为实。世界上绝大多数人只有在通过自己的感觉器官眼、耳、鼻、舌、身的直接感觉之后,才会最终理解和认定一个事件或是一个事实。

而一个人类共同体在时间标度问题上的合意,一般是由该人类共同体最高政治领导人做出,或者是由该人类共同体最高政治领导人通过层层委托的有关专业人士做出。

八、时间的维度

与空间的维度问题一样,在这里我们也要谈一谈时间的维度问题。

笔者认为,就普通人类个体和人类共同体来说,时间只能是一维的，①只能是从过去到现在，再从现在到将来，这就是人们所说的线性时间观。

笔者认为，在时间的测度和标度这件事上，一维就足够普通人类个体的思维和实践的使用了，维度多了会使人们的思维产生混乱，无法使不同的个体和不同的人类共同体在时间的测度和标度，以及人类实践等问题上完成绝对化这一过程，从而无法组织起有效率的分工和合作。这是因为，不论是主体还是客体，他们的存在和变化都是不可逆的。例如，秦始皇于公元前 209 年去世，秦王朝于公元前 206 年灭亡等，这些事件都是不可逆的。人死不可复生，王朝垮了就是垮了。虽然有些王朝可能恢复重建，如西汉被王莽改元，刘秀又重新恢复刘姓王朝，但此王朝已不是昔日的刘姓王朝，皇帝换了，大臣换了，东汉所实行的社会政策也同西汉末年的社会政策有所不同。

在自然科学领域，各种物质的存在和变化也是不可逆的。例如，玻璃瓶掉到地上摔破，就不会再合整了。再如，2008 年中国汶川发生的大地震对我国人民生命和财产造成的损失和破坏是不可逆的。

当然，也有人认为，一些自然现象是可逆的。例如，有的人在生病时因吃错药品而导致其他疾病发生，如药品过敏等，后又由于及时发现药品过敏，对症下药，很快就治好了。在医学上，往往称吃错药品这类事件是可逆的。但是，这一可逆是指药品过敏这

①康德曾说："时间只有一维……只有在时间里，两个矛盾对立的规定才会在一个事物中被发现，即前后相继地被发现。"（康德：《纯粹理性批判》，邓晓芒译，北京：人民出版社，2004 年，第 34、36 页。）

一病症是可以治好的,而不是说该病人没有得过药品过敏这一病症,更不是说在该病人的生命历程中没有因药品过敏这一病症而导致他的生活质量下降了几天这件事了。在生活中,也可以出现将一些已毁坏的东西或建筑物恢复重建的现象,但是将已毁坏的东西或建筑物恢复重建,并不能消除这些东西曾被毁坏的历史事实,而且将一些已毁坏的东西或建筑物恢复重建,还要花费一些人力和物力。因此,医学和生活中所说的可逆,与哲学意义上的可逆是两码事,不可混淆。而什么是时间、什么是时间的本质等问题,是哲学研究的对象。从哲学的角度来看,时间是不可逆的,只能是一维的。当然,历史上一些著名的科学家,如牛顿、爱因斯坦等,以及数不清的非著名科学家也曾研究过时间问题,但是他们有的是从哲学的角度来研究,有的主要从时间测度和标度的角度来研究。在西方,自然科学自古以来就是哲学的一部分,被称为自然哲学。直到 1830 年,英国才有人主张将自然科学家与哲学家分开。但是今天,西方各科技大国还是把包括哲学、自然科学、社会科学和人文学科等依靠学习和研究得以毕业的博士,统统都称为哲学博士(PhD/Philosophical Doctor/Doctor of Philosophy)。这是因为,不论从事哪个学科的学习和研究,包括医学各学科在内,都离不开哲学思维。他们在每次思维的过程中,都要限定思维范围。限定思维范围就是哲学的事情。

但是,由于很多自然现象是可以重复发生的,如太阳东升西落、冬寒夏热,因此有些科学家认为凡是表现科学规律的东西都是可以重复出现的。而且,在人类政治经济生活领域内,也有貌似重复的现象发生,如封建王朝的不断更替。为此,过去一些人提出,世界历史总是重复的,因此他们提出了循环时间观。

　　中国古典文学名著《三国演义》的作者罗贯中曾说过，"话说天下大势，分久必合，合久必分"①。另外，中国古代也有人提出过"五百年必有王者兴"②，等等。在中国现代史上，中国著名政治家、教育家黄炎培也提出过所谓的历史周期律。③ 从时间观上来看，这些都是产生循环时间观的一种历史基础和表现。亚里士多德似乎也持有一种循环时间观，因为他在《物理学》一书中曾说："无论是性质变化还是增长和生成，都不是匀整的，只有移动匀整。因此，时间被认为是天的运动，因为其他运动都被这种运动所度量，时间也要被这种运动所度量。正是这样，就得出了一种

---

①罗贯中：《三国演义》，长春：时代文艺出版社，2000 年，第 1 页。

②吴国盛：《时间的观念》，北京：北京大学出版社，2006 年，第 47 页。

③1945 年 7 月 4 日下午，黄炎培应邀到毛泽东家里做客，两人整整谈了一个下午。毛泽东问黄炎培来延安考察了几天有什么感想，黄炎培坦率地说："吾生 60 余年，耳闻的不说，所亲眼看到的，真所谓'其兴也勃焉，其亡也忽焉'。一人、一家、一团体、一地方乃至一国，不少地方都没有跳出周期率的支配力。大凡初时聚精会神，没有一事不用心，没有一人不卖力。也许那时艰难困苦，只有从万死中觅取一生。继而环境渐渐好转了，精神也渐渐放下了，有的因为历时长久，自然的惰性发作，由少数演为多数，到风气养成，虽有大力，无法扭转，并且无法补救；也有因为区域一步步扩大了，它的扩大，有的出于自然发展，有的为功业欲驱使，强求发展，到干部人才渐渐竭蹶，艰于应付的时候，环境倒越加复杂起来了，控制力不免薄弱了。一部历史，'政怠宦成'的也有，'人亡政息'的也有，'求荣取辱'的也有。总之，没有跳出这个周期率。"毛泽东高兴地说："我们已经找到了新路，我们能跳出这个周期率，这条路就是民主。只有让人民来监督政府，政府才不敢松懈；只有人人起来负责，才不会人亡政息。"黄炎培与毛泽东的这段对话，人称"窑洞对"。

惯常的说法;因为人们断言,人类的事务以及其他具有自然的运动和生灭变化的事物就是一种循环。其所以如此,是因为所有的这些事物都是被时间所判别的,而且都有终结和起始,仿佛是按某个环形路线在周而复始地进行着;甚至时间本身也被认为是某种循环。其所以如此,因为时间是这种移动的尺度,时间本身又被这种移动所度量。所以,说事物的生成循环,就是说时间有某个循环;而时间有循环又是因为它被循环的圆周移动所度量;因为除了这个尺度外,没有其他能被看成被度量的东西,而整体就是众多的尺度……这个说法也正确。"①

但是,重复不等于可逆。这是因为,凡重复的东西,在其重复时,有关的主体和客观条件都已发生了变化——有关人员的年龄在增加,有关客体也在发生一定的变化。例如,据当代天文科学家观测,目前太阳在不停地膨胀,太阳离地球之间的距离每时每刻都在缩短,尽管相对于太阳离地球之间的距离来说,每天缩短的距离可以说是微不足道的。再如,太阳每时每刻都在向外喷发大量的物质,给整个太阳系带来光明和温暖。还有,地球的自转速度每天都在减小,尽管每天自转速度减小的数值非常低,只可以以微秒、纳秒等来计算。这也就是说,人类活动的条件在逐渐发生变化。尽管这种变化对于每一代人来说是微不足道的,但它总是在变化着。用古希腊哲人的话来说,"人不能两次走进同一

---

①苗力田:《亚里士多德全集》第二卷,北京:中国人民大学出版社,1991 年,第 130 页。

条河流,因为新而又新的水不断地往前流动"①。所以,对于人类来说,世界万物的变化和发展过程是不可逆的,因此用以量化物质存在和变化过程的时间也是不可逆的。笔者认为,古希腊哲人说出上一段话的根本目的就是想说明时间是一维的。只是由于当时他们还没有抽象出这一命题,因此不得不用直观的自然现象来表达这一道理。

当然,在人类的主观处理过程中,任何东西都是可逆的,这是因为,发生在我们大脑中的主观处理过程是一个回忆、联想、假设、判断、推理、虚构的过程。在我们的主观处理过程中,连无中生有的事情都随时可能发生,更何况我们根据当前的一些现象来回忆和想象曾经发生过的事情,或者是预测将来要发生的事情。

此外,笔者在这里还想强调的是,时间不仅是一维的,而且是直线型的,这是因为,时间概念本身只是人类思维的一个显性思维环节。现在有些人提出,由于受到宇宙各大星体引力的影响,光线在宇宙中的行走路线是弯曲的,而时间又是以光速来计量的,因此时间是弯曲的。但是,人类思维与其对象和客体是有区别的,说时间是弯曲的这种观点,混淆了客体和主观处理这两件事情。实际上,主观处理往往要想出或虚构出一些客观世界难以找到对应实例的观念,才能对有关客观现象予以了解和把握。例如,我们要从几何学角度,对一个外形复杂的客体进行精确的把握,就必须虚构出笔直的线、没有面积的点、没有宽度的线、没有体积的面等在客观世界难以找到对应实例的观念,并且还要想出

---

①梯利:《西方哲学史》增补修订版,葛力译,北京:商务印书馆,2000 年,第 21页。

该客体不能自我标明的数目字和计量标准,等等。假如我们没有想出直线型一维的时间观念,我们也就无法想象空间物质的实际存在状态,如光线在宇宙中的行走路线是弯曲的,等等。用海德格尔的话来说:"只有研究者领会到原则上并没有'纯粹事实','事实科学'的论证才是可能的。"①海德格尔的这句话,也是他在人类哲学发展史上贡献最大的一句话。这句话实际是在说,所有客体的存在和变化,只有经过人的主观处理,才能被人所把握,而人的主观处理就包括片面观察、虚构,等等。

笔者认为,康德在《纯粹理性批判》一书中多次提到的 transcendental,②黑格尔在其著作中经常提到的 speculation,③主要是指,主观处理往往要想出或虚构出一些客观世界难以找到对应实例的观念,才能对有关客观现象予以了解和把握。只是他们本人对此并不那么清楚,还没有形成公理化的认识而已。在这一点上,我们必须承认,海德格尔确实比他的前辈前进了一步。

这里需要重复一下的是,绝对时间强调的是时间测度和标度的群体性、公共性、目的性和理想性,相对时间强调的是时间测度和标度的个体性、实在性和实践性。每一次历史上实际存在的时间测度和标度都具有二重性/两种功能,即既是绝对时间的测度和标度,也是相对时间的测度和标度。说它是绝对时间的测度和标度,是因为测量者的每一次具体的测量和授时,都是为某个人

---

①马丁·海德格尔:《存在与时间》修订译本,陈嘉映、王庆节合译,北京:三联书店,2006 年第 3 版,第 411 页。

②以前经常翻译为"超越""超验""先验",等等。

③以前经常翻译为"思索""沉思""玄想""推测",等等。

类共同体进行分工与合作服务的,是为某个人类共同体实现同时性服务的。说它是相对时间的测度和标度,是因为测量者的每一次测量和标度活动以及守时者的每一次守时活动,总是与相关人类共同体理想中的测量和守时活动有着一定的差距的。这是因为,凡是由不同的人操作的事情,或者是同一个人在不同时间段操作的事情,总是有差别的。同时,时间的测量者、授时者及守时者的相关活动,又是为了实现该人类共同体理想中的守时性和同时性,以满足相关人类共同体的生存和发展的需要而进行的。

九、时间标度的最基本起点和最原始起点

时间标度的最基本起点,也就是亚里士多德所说的"时间的枢纽",①是每位时间测度者当下使用的时间标度。由于不论是时间的测度者还是被测度的对象,其存在情况始终都在发生着变化和运动,因此时间标度的最基本起点始终处于运动和变化着的状态。例如,时间的测度者既可以因为不断衰老而渐渐丧失精确测度和标定时间的能力,也可以因其他各种原因而不再从事时间测度和标定时间这一工作。

同时被测度的对象也时刻在发生着变化。例如,作为标度时间最有权威的整个地球上的全体人类来说,可以直接观察到变化量最小的事件,即地球围绕着太阳公转同时也在自转这件事情,也时刻发生着变化。现代地球科学研究的结果表明,在三亿多年

---

①苗力田:《亚里士多德全集》第二卷,北京:中国人民大学出版社,1991 年,第 125 页。

前,地球围绕着太阳公转的周期大约是每年 400 天左右。也就是说,三亿多年前地球公转的周期约为目前地球公转周期的 $1\frac{1}{9}$。[1]另外,目前地球的自转还在继续变慢。2017 年全世界加"闰秒"这件事就是人类对地球的自转还在继续变慢这件事的承认和反映。

人类测度和标度时间,是为了人类自己当下的生存和发展,是为了当下的合作和分工。因此人类需要把握的是当下的时间测度、标度和时间计量。而时间测度、标度的最基本起点,自然应当是时间测度者当下的时间测度、标度和时间计算,因为只有把握好当下的时间测度、标度和时间的计算,人类才能成功地和正确地理解、计算和表达好对以前和今后的时间测度、标度和时间的计算等问题。因此,时间测度和标度的最基本起点具有历史性,它会随人类个体和群体生活环境的变化而变化。只不过每一代人可能都有必要在很多情况下忽视这种历史性。这是因为,相对于每一代人的生命周期以及他们的实践来说,人类个体和群体的宇宙生活环境变化实在太微小。在现实生活中,我们只有忽视这一点,才能组织起有效的合作和分工。

德国当代哲学家海德格尔在其著作《存在与时间》中特别强调德语 dasein[2] 一词的作用和意义,也就是英语中 be 的一般现在

---

①余明:《地球概论》,北京:科学出版社,2010 年,第 143 页。

②国内目前一般将此德语单词翻译为"此在"。(马丁·海德格尔:《存在与时间》修订译本,陈嘉映、王庆节合译,北京:三联书店,2006 年第 3 版,第 14 – 17 页。)

时 are 和 is 的作用和意义,①其中主要原因之一可能就是他想强调时间测度、标度和时间的计算的最基本起点,应当是对当下的时间测度、标度和时间计算,只是海德格尔本人对此并不清楚。这是因为,德语和拉丁语系的其他各具体存在形态,在涉及动词的使用时,都要改变动词的具体存在形式,以便加上时间和时态这一因素。再加上我们在主观处理的过程中可以随时虚构事件发生的时间或时态,从而致使使用德语和拉丁语系其他各种存在形态的学者,在说明什么是时间及时间测度的原点这两个问题时,很容易发生循环论证,或者是同义反复,乃至是思维混乱的情况。前面所论述的什么是 being 这一问题,实际上就是拉丁语系各具体存在形态中存在这一情况的具体实例。这一情况既是使什么是时间和什么是 being 这两个问题成为目前拉丁语系各具体存在形态中最大的哲学问题,也是使这两个问题在两千多年来未能在拉丁语系内得到解决的最主要原因。

其实,海德格尔本人对此也有感觉和成熟的认识,为此他曾说过:"要适当地完成对终结与整体论的存在论分析,这一任务不仅会由于课题的庞杂,而且也会由于一种原则性的困难而告失败——要胜任这一任务恰恰已必须把在这一探索中所寻求的东西(一般存在的意义)预先设定为已被找到和已经熟知的。"②这也就是说,要用拉丁语系各分支来思考和表达 being 与时间概念

①Martin Heidegger, *BEING AND TIME*, Translated by John Macquarrie & Edward Robinson, Oxford: Blackwell Publishers Ltd, 1962, p. 36.

②马丁·海德格尔:《存在与时间》修订译本,陈嘉映、王庆节合译,北京:三联书店,2006 年第 3 版,第 278 页。

的本质和种特征,其本身就存在着循环论证和循环定义的问题,从而根本无法解决 being 与时间概念的本质和种特征等问题。

而汉语则不存在这两个问题。这是由于汉语是独立语,在汉语中,动作的时间一般是由单独的词、词组、短语或者是前后文来表达的,不存在为表达动作时间而改变动词字形和词形的情况;因此,对于说汉语的人来说,要解决什么是时间和什么是 being 这两个问题,相对来说要容易得多。只是过去各大文明相互了解得比较少,尤其是在抽象程度最高的哲学方法论方面,致使这两个问题拖到今天才被符合逻辑地得到了解决。

与时间标度和时间计算的最基本起点这两个问题紧密相关的另一个问题就是,时间和空间有没有最原始起点和最终终点的问题。康德在《纯粹理性批判》一书有关二律背反的部分中,曾比较详细地讨论过这一问题。而康德之所以在该书的二律背反这一部分讨论这个问题,就是因为他认为人类理性很难解决这个问题。①

笔者认为,由于时间概念只是人类要对主体和客体的客观物质存在、运动和变化过程中的顺序性、前后秩序性、持续性进行量化处理和标度的一种倾向、一种主观愿望、一个思维环节,空间概念只是人类要对主体和客体的物质存在、运动和变化的延展性进行量化研究、量化处理时的一种倾向、欲望和要求,一个思维环节;因此时间概念和空间概念最早、最原始的起点就是早期人类开始具有上述量化处理的倾向、欲望和要求之时,而时间概念和

---

①康德:《纯粹理性批判》,邓晓芒译,北京:人民出版社,2004 年,第 361 – 366 页。

空间概念的最终终点就是将来人类开始失去上述量化处理倾向、欲望和要求之时,或者说是人类因生存的地球的地理气候等条件已不适合继续生存之时。时间概念和空间概念只能和人类的存在相随相伴。当人类在许多万年或亿年后因自然规律的作用而消亡之后,地球上也就没有了时间概念和空间概念。到那时,地球该怎么自转还是会怎么自转,该怎么公转还是会怎么公转,宇宙该怎么膨胀还是会怎么膨胀。当然,到那时地球上的物质还会继续存在,只是缺少了人类这一物种,而且物质的其他存在形式也会发生一些变化,至少会缺少由人类创造和制造出来的一些东西,如电视、冰箱、洗衣机、汽车、飞机,等等。时间概念和空间概念实际上在很大程度上代表着人类主观处理过程。换句话说,时间概念和空间概念的最原始起点很可能就是人类主观处理过程的起点,时间概念和空间概念的终点很可能也就是人类主观处理过程的终点。而康德之所以认为人类理性很难解决这个问题,一是由于康德本人对时间和空间这两个概念的本质或者抽象一端缺乏正确的认识,没有认识到它们只是人类的两个思维环节;二是由于当时整个人类的科学技术研究水平要比今天低得多,还没有为他解决此类问题提供足够的历史条件。

十、以往一些西方著名学者在时间和空间理论上的缺陷

上面已经提及,对于什么是时间,即什么是时间的本质和种特征这一问题,世界哲学界和科学界仍无一致的意见。在绝对时间和相对时间的问题上,以往的许多学者尤其是一些著名的学者,也有所涉及。这是因为,如何尽量准确地测度和标度绝对时

间,是天文物理学和其他一些涉及物理学科的事情。但是,笔者认为他们的时间理论和空间理论都是有缺陷的。这里需要简单指出一些对当今哲学界和科学界非常有影响的哲学家和科学家在时间理论和空间理论上的缺陷。

第一,英国的大科学家和哲学家牛顿(Issac Newton,1642—1727)。

尽管牛顿在人类科学发展史上做出过许多杰出而重大的贡献,如提出万有引力定律等,但他所提出的时间理论和空间理论却是有缺陷的。首先,他没有定义时间和空间这两个概念,也就是说他没有说明时间和空间的本质、属概念和种特征。他在他一生中最重要的哲学著作《自然哲学之数学原理》中曾公开承认说:"我没有定义时间、空间、处所和运动,因为它们是人所共知的。"①同时,他对绝对时间的定义也是有缺陷的。他在《自然哲学之数学原理》中曾说:"绝对的、真实的和数学的时间,由其本性决定,自身均匀地流逝,与一切外在事物无关,又名延续……天文学中,由表象时间的均差或勘误来区别绝对时间和相对时间,因为自然日并不真正相等,虽然一般认为它们相等,并用以度量时间。天文学家纠正这种不相等性,以便用更精确的时间测量天体的运动。能用以精确测定时间的等速运动可能是不存在的。所有的运动都可能加速或减速,但绝对时间的流逝并不迁就任何变化。事物的存在顽强地维持不变,无论运动是快是慢抑或停止;因此这种延续应当同只能借着感官测量的时间区别开来,由此我

---

① 牛顿:《自然哲学之数学原理》,王克迪译,北京:北京大学出版社,2006 年,第 4 页。

们可以用天文学时差把它推算出来。这种时差的必要性,在对现象作时间测定中已显示出来,如摆钟实验,以及木星卫星的食亏。"①他所说的绝对时间,实际上是指人类在自己的头脑中将各种运动加以主观处理,将地球自转一圈的过程平均地分为 24 个小时,每个小时 60 分钟;将地球的公转过程,量化为人类可把握的东西,如地球每年围绕太阳公转 365 天多。这是因为,只有人类的主观处理过程才可以不迁就任何外界客观事物的变化。而任何客观事物,都是不以某个人类个人或是某个人类共同体的主观意志,在互相影响着并产生着因果关系。因此,牛顿在这里所说的绝对时间,实际上是在说时间的测度和标度问题。

在笔者看来,真正的绝对时间,是指以相同的坐标系和相同的时间计量单位,来测量、标度和计算不同的人类个体和群体,在相同时间段内的测时、授时和守时活动。绝对时间能使在同一个实践共同体内的人做到程度不同的同时性。因此,牛顿的绝对时间观是不符合历史事实的。

在相对时间问题上,牛顿曾说过:"相对的、表象的和普通的时间是可感知和外在的(不论是精确的或是不均匀的)对运动之延续的量度,它常被用以代替真实的时间,如一小时,一天,一个月,一年。"②在这里,牛顿把可感知的时间测度和标度当作了相对时间。在笔者看来,真正的相对时间,是指以不同的坐标系和相

---

① 牛顿:《自然哲学之数学原理》,王克迪译,北京:北京大学出版社,2006 年,第 4 页。

② 牛顿:《自然哲学之数学原理》,王克迪译,北京:北京大学出版社,2006 年,第 4 - 5 页。

同的时间计量单位,来测量和计算不同的人类个体和群体在相同时间段内的测时、授时和守时活动。因此,牛顿的相对时间观也是不符合历史事实的。

并且,仅仅有相对时间的概念,无法使在一个实践共同体内的人做到程度不同的同时性和守时性。只有同时具有绝对时间概念,才能使在一个实践共同体内的人,做到程度不同的同时性和守时性。因此,后来的爱因斯坦只承认有相对时间而不承认有绝对时间的观点,也是有缺陷的,也是不符合历史事实的。

当然,只要是同一个实践共同体内的人,最终还是会找出办法,使其相对时间变为绝对时间,以便于同一个实践共同体内的人做到程度不同的同时性和守时性的。牛顿在上述引文中论述他的绝对时间观时,实际上也曾说到了相对时间和绝对时间之间相互转化的问题。但是,由于他对人为什么要想出时间这一概念没有一个正确的认识,或者说还没有认识,只说"什么是时间"是"人所共知的",因此他说着说着就跑题了,从说相对时间和绝对时间之间相互转化和过渡等哲学问题,到了说具体的时间测定和标定等物理学技术问题上了。

牛顿在有关时间的理论上出现问题/错误的更深一层原因是,由于在拉丁语①里时间这一词语是个多义词,并且所有的拉丁语系里的动词的使用都涉及动词时态问题,也就是涉及表达者表达的时间与所表达的事件发生时间的关系问题,而表达者可以主观设定历史事件发生的时间以及自己的表达时间;因此表达者对

①牛顿的《自然哲学之数学原理》这一著作的原文,按照当时学术界的通例,是用拉丁语写的。

同一个事件可以用多种时态来表达。再加上动词的主动语态和被动语态的使用,致使表达者和听者或读者极容易产生思维混乱,或者是使表达者产生同义反复/循环定义的问题。也就是说,牛顿在有关时间的理论上出现问题/错误的更深一层原因是,拉丁语系的思维和表达方式很难在涉及什么是时间的理论上做出清晰的思维和表达。① 相应地,拉丁语系的思维和表达方式,也就很难在涉及时间的理论问题时,把主体、客体、主观、客观这几个因素分清楚。在分不清主体、客体、主观、客观这几个因素的情况下,包括牛顿在内的科学家,也就很难把时间、绝对时间、相对时间这几个概念之间的关系说得清楚了。这也可能就是作为独立语系的汉语可能有利于哲学的发展,甚至中国传统医学理论都会涉及哲学理论;而古希腊语和古今拉丁语系各具体存在形式可能有利于数学的发展,甚至有人想把语言乃至人类的所有思维都变成数学,并创造出数理逻辑以及数是世界的本原这一命题的原因之一吧。

在空间这一问题上,牛顿的理论也是有缺陷的。

牛顿除了没有定义空间这一概念外,还在《自然哲学之数学原理》一书中说:"绝对空间:其自身特性与一切外在事物无关,处

---

① 海德格尔对此问题的看法是,"因为只有着眼于时间才可能把捉 Being,所以,Being 问题的答案不可能摆在一个独立的盲目的命题里面。"(Martin Heidegger, *BEING AND TIME*, Translated by John Macquarrie & Edward Robinson, Oxford: Blackwell Publishers Ltd, 1962, p. 40; 马丁·海德格尔:《存在与时间》修订译本,陈嘉映、王庆节合译,北京:三联书店,2006 年第 3 版,第 23 页。)

处均匀,永不移动。相对空间是一些可以在绝对空间运动的结构,或是绝对空间的量度,我们通过它与物体的相对位置感知它;它一般被当作不可移动空间,如在地表以下、大气中或天空中的空间,都是以其与地球的相互关系确定的。绝对空间与相对空间在形状与大小上相同,但在数值上并不总是相同。例如,地球在运动,大气的空间相对于地球总是不变,但在一个时刻大气通过绝对空间的一部分,而在另一时刻又通过绝对空间的另一部分,因此,在绝对的意义上看,它是连续变化的。"①在这段话中,牛顿把同一个坐标系当作了绝对空间,把物质的运动当作了相对空间。这样一来,牛顿不但忽略了人为什么要想出空间、绝对空间和相对空间这三个概念的问题,而且忽略了人为什么要使相对空间概念向绝对空间概念过渡这些天天都发生于各人类共同体中的真实事件。换句话说,牛顿是把被表达的东西,也就是事物的各类存在和变化,尤其是其地理位置上的不同,当作表达本身。这就像一个厨师把他做出的几道菜当了菜谱一样。这也是牛顿没有把空间、绝对空间和相对空间这几个概念分清楚,没有分别对它们进行属加种差式的定义惹的祸。

第二,世界近代史上的德国大科学家和大哲学家康德(Immanuel Kant,1724—1804)。

康德曾在他的三大批判之一的《纯粹理性批判》中,以近百页的篇幅专门讨论时间和空间这两个概念的属概念和种特征问题。他在《纯粹理性批判》中的其余部分,也曾多次提到时间和空间这

---

①牛顿:《自然哲学之数学原理》,王克迪译,北京:北京大学出版社,2006年,第4页。

两个概念在我们思维中所起到的功能问题,并把时间和空间这两个概念作为论证他的纯粹理性概念和理论体系的最重要的例证之一。但是,他的时间理论和空间理论也是有缺陷的。最重要的是,康德没有把空间概念、空间的测度和标度、绝对空间、相对空间、时间概念、时间的测度和标度、绝对时间、相对时间这几个概念分离清楚。这样一来,他就没有办法说清楚空间概念和时间概念到底是客观的还是主观的。说它们是客观的,那是因为什么?说它们是主观的,那又是因为什么? 说它们既跟客观有关又跟主观有关,那又是因为什么? 而且它们是在什么情况下才既跟客观有关又跟主观有关呢?

　　他把空间这一概念定义为:"空间是一个作为一切外部直观之基础的先天表象……空间绝不是关于一般事物的关系的推论的概念,或如人们所说,普遍的概念,而是一个纯直观……在空间方面一切有关空间的概念都是以一个先天直观(而不是经验性的直观)为基础的。"①按照当代形式逻辑的规定,表象的意思就是对外界事物直接反映,如回忆、联想、想象,等等。这样一来,他就把人们想出空间概念的来源完全归于个人的主观处理,而始终没有把人类想出空间这一概念的原因归为群体实践的需要。在康德的这几句话中,先天反映就是指人们头脑中的必然反映。但是,这一观点与人类实际历史事实完全不符。在人类的实际历史中,对同一个历史事实有着不同的反映和描述是再普遍、再正常不过的事情。例如,对时间的称呼中国人就与英国人不一样,中国人称呼为时间的东西,英国人则称呼之 time。

---

①康德:《纯粹理性批判》,邓晓芒译,北京:人民出版社,2004 年,第 29 页。

他把时间概念定义为:"时间是为一切直观奠定基础的一个必然的表象。"①为此,他曾说明道:"时间不是什么从经验中抽引出来的经验性的概念。因为,如果不是有时间表象先天地作为基础,同时和相继甚至都不会进入到知觉中来。只有在时间的前提下我们才能想象一些东西存在于同一个时间中(同时),或处于不同的时间内……我们不能在一般现象中取消时间本身,尽管我们完全可以从时间中去掉现象。所以时间是先天被给予的。只有在时间中现象的一切现实性才是可能的。这些现象全都可以去掉,但时间(作为这些现象的可能性的普遍条件)是不能取消的。"②这样一来,他就把人们想出时间概念的来源也完全归于个人的主观处理,而始终没有把人类想出时间这一概念的原因归为群体实践的需要。为此,他还提出了"只有一个时间,在它里面一切不同的时间都必须不是同时的、而是相继地被设定"③这一观点。但是,他的这一观点却与人类群体实践的事实相悖。人类群体实践的事实是,人们为了实现群体实践的需要,不但各自设定了不同的相对时间和相对时间的标度,而且还各自设定了不同的绝对时间和绝对时间的标度,就像当年毛泽东规定以聂荣臻所使用的怀表的标度为红军东渡黄河发起东征战役的标准时间标度,变聂荣臻所使用的表的标度为当时参战部队的标准时间标度,即把聂荣臻所使用的表所显示的相对时间标度变为参战部队的绝对时间标度一样。实际上,有多少个不同类型的人类共同体,就

①康德:《纯粹理性批判》,邓晓芒译,北京:人民出版社,2004 年,第 34 页。
②康德:《纯粹理性批判》,邓晓芒译,北京:人民出版社,2004 年,第 34 页。
③康德:《纯粹理性批判》,邓晓芒译,北京:人民出版社,2004 年,第 175 页。

可以有多少个绝对时间和绝对时间标度；有多少次不同类型的人类共同体注意到的历史事件，就可以有多少个相对时间和绝对时间，就可以有多少个相对时间标度和绝对时间标度。例如，1958年到1979年中国农村实行人民公社集体生产制度时代，很多生产队就是以敲钟、敲盆的声音和生产队队长的喊声为每天开始到地里上工的绝对时间标度。记得笔者在1966年至1968年期间，由于当时全国大中小学因"文化大革命"全部停课，笔者被母亲安排到山西省农村老家照顾腿有残疾的奶奶，同时参加生产队布置的具体劳动项目，每天挣4—6个工分帮助父母养家糊口时，笔者所劳动过的两个农村生产队就是以生产队队长的喊声和敲盆声为每天开始到地里上工的绝对时间标度的。由于当时中国农村有上千万个集体生产队，因此当时中国农村每天都会出现上千万个绝对时间和绝对时间标度。而且由于当时中国农业几乎完全靠天吃饭，因此连哪天该不该上工都要视天气情况而定。下雨和下雪天可能就不需要上工。至于每天开始上工的时间，则更是要看每天天亮和天黑的早晚，从来就没有人去关注北京时间或者格林尼治时间。这也是因为当时很多乡亲因家庭贫困，根本就没有钱去买钟表。倒是当时村里有当天婚丧嫁娶的人家，十分关注太阳升起、当空和西下的时刻。这是因为按照笔者老家当时的风俗习惯，新娘子出嫁要在上午离家、中午前赶到婆家，死人要在下午出殡、天黑前埋葬。当然，那时的每个村甚至许多家庭总还是有张日历的。这是因为，从隋代发明雕版印刷起，中国的经济发展水平已开始陆续使每个县乡乃至许多有识字人员的大户人家，都具有了每年买上一本或是一张老黄历的经济实力了。

实际上，到现在为止，有多少个人类个体，就可以有多少个时间观念。至于时间标度的数量,则可以比每个时代人类个体的总数量多得多。这是因为,只要两个人共同去做一件事,就可以提前商定好一个时间标度,如敲门几声、咳嗽几声,等等,只要双方能会意即可。而每个人的一生不知要做多少件事情,谁也搞不清楚、说不清楚。当然,在时间标度上使用不同的方法,其所能实现的同时性的范围是不一样的。例如,目前使用的格林尼治时间,就是一个能使世界上许多人都能理解和实现同时性的方法。而使用咳嗽声来标度时间,恐怕就是一个只有几个听得见咳嗽声并提前与之商定过的人才能理解和实现同时性的方法了。

在时间概念和空间概念到底是主观的还是客观的,或者既是主观的又是客观的,在什么条件是与客观世界相联系这个问题上,康德也没有说得很清楚。① 笔者认为,时间概念和空间概念在本质上都是一个主观思维环节。但是,时间概念和空间概念又要通过时间测度、时间标度、空间的测度和空间的标度这四个思维环节,与客观世界和人类的实践保持着直接的联系。假如去掉了时间及空间的测度与标度这四个思维环节,与时间概念和空间概念相关的时间和空间的本质也就失去了存在的意义。这是因为,人类量化主客体存在和变化过程中的顺序性、前后秩序性、持续性、延展性的最终目的,就是为了能够通过一些可以让相关人类个体都能看得见摸得着的时间和空间的客观标度,实实在在地把握主客体存在和变化的情况,来为提高自己的绝对生活水平服务。否则,时间和空间就不会成为两个具有公共意义并能取得其

---

① 康德:《纯粹理性批判》,邓晓芒译,北京:人民出版社,2004 年,第 27 – 50页。

语言表达方式的概念了。因此,时间和空间这两个概念既是主观的,同时又反映着客观世界;时间和空间这两个概念是通过时间及空间的测度与标度这四个思维环节,来与客观世界和人类的实践保持着直接和直观的联系,并为人类的实践服务。此外,在当代,如何正确量化主客体存在和变化过程中的顺序性、前后秩序性、持续性、延展性,如何正确把握主客体存在和变化的情况,在很多情况下都属于理工科的事情,需要由人数众多的理工科人员来处理。

总之,康德在时间和空间的问题上提出了不少极具启发性的命题和观点,如他近乎明确地把时间概念定为主观的东西,同时又把时间概念和空间概念重新纳入哲学研究的重点范围,这就比前人前进了许多。海德格尔认为:"曾经向时间性这一度探索了一程的第一人与唯一一人……是康德。"①所以,康德的论著在人类对时间和空间这两个概念的认识发展史上占有非常重要的地位。但是,康德在时间和空间的问题上所提出的具体命题和观点,也有许多不符合历史事实,或者是说服力不强的地方。因此,对于康德在时间和空间的问题上所提出的命题和观点,即使写上几大本书来加以评论和评价也不为过。因为通过对他在时间和空间的问题上所提出的全部命题和观点加以评论评判,可以大大加深人类对于时间和空间这两个概念的理解和认识。

---

①Martin Heidegger, *BEING AND TIME*, Translated by John Macquarrie & Edward Robinson, Oxford: Blackwell Publishers Ltd, 1962, p. 436.;马丁·海德格尔:《存在与时间》修订译本,陈嘉映、王庆节合译,北京:三联书店,2006 年第 3 版,第 27 页。

第三,德国大哲学家黑格尔(G. W. F. Hegel,1770—1831)。

黑格尔对时间、空间、绝对空间、绝对时间等概念也有过一些论述和定义。他在《逻辑学》,也就是中国人在研究外国哲学时常说的"大逻辑"一书中曾说过:"时间、空间等是广延,是多,它们都是超出自身之外,是奔流,但是又不是过渡到对立物去,不过渡到质或一;而作为到了自身以外,是它们的统一体的永久的自身生产……空间就是这种绝对的自身以外的有,它同样是绝对不间断的,一个他有,又一个他有,而又与自身同一。时间是绝对到了自身以外,是一、时间点、或现在之产生,那直接是这种现在的消逝,而又永远重复这种过去的消逝;所以这种非有的自己产生又同样是与它自身的单纯相等和同一。"①

黑格尔在上述引文中说的"有",就是前文曾详细论述过的英文中的 being。纵观黑格尔有关逻辑学的全部著作,其所说的 being 实际上基本相当于毛泽东在《实践论》中所说的感性知识,而不包括理性知识在内的全部主观处理过程及其结果。但是,笔者认为,时间和空间这两个概念既连接着感性知识,同时又连接着理性知识。黑格尔把时间概念和空间概念的属概念定在了广延、多、奔流,这是一种模仿两千多年前古希腊哲人赫拉克利特早已提出的"一切皆流,一切皆变"②的思想的思维方式。黑格尔把时间概念和空间概念的属概念定在了广延、多、奔流,就有了把时间概念和空间概念完全属于客观之嫌。

---

①黑格尔:《逻辑学》上卷,北京:商务印书馆,1966 年,第 197 - 198 页。

②梯利:《西方哲学史》增补修订版,葛力译,北京:商务印书馆,2000 年,第 21 页;全增嘏:《西方哲学史》上册,上海:上海人民出版社,1983 年,第 49 页。

　　黑格尔把空间的种特征定在了"绝对的自身以外的有"，把时间的种特征定在了"绝对到了自身以外，是一、时间点、或现在之产生，那直接是这种现在的消逝，而又永远重复这种过去的消逝；所以这种非有的自己产生又同样是与它自身的单纯相等和同一"①。显然，这种定义绝对不是一个好的属加种差式定义，尤其是在包括黑格尔本人在内的学者都还没搞清楚什么是 being，以及在主观辩证法还没有公理化的情况下。这是因为，这种定义是把人的思维引导到更加难以捉摸的事情上，而不是把人的思维引导到让人更加容易把握的事情上。还是那句话，在一些抽象概念上，把人搞糊涂容易，搞明白难。这一情况说明，黑格尔对时间和空间这两个概念的本质和种特征，实际上并没有一个清楚和正确的认识或交代。

　　黑格尔还对绝对空间和绝对时间这两个概念做过一些论述。他在《小逻辑》一书中曾说过："绝对空间、绝对时间，其实不过指抽象空间、抽象时间罢了。"②但是，由于他并没有对绝对空间和绝对时间的上位概念，也就是这两个概念的上位词空间和时间这两个概念做出一个好的属加种差式的定义，因此他对绝对空间和绝对时间这两个概念所做的属加种差式的定义，也就不可能是好的属加种差式的定义了。更何况，黑格尔在此处也没有对具体和抽象这两个概念做出过属加种差式的说明，因此黑格尔对绝对空间和绝对时间这两个概念所做出的说明和定义，并不能使我们的认识比前人多走一步。

---

①黑格尔：《逻辑学》上卷，北京：商务印书馆，1966 年，第 197 – 198 页。
②黑格尔：《小逻辑》，贺麟译，北京：商务印书馆，1980 年第 2 版，第 248 页。

笔者认为,抽象和具体是两个相互对立、相互限定的概念。其中抽象是指一个概念距离客观现象,也就是距离人类可直接感知的事物远一点的那端。相反,具体是指一个概念距离客观现象,也就是距离人类可直接感知的事物近一点的那端。但是,抽象和具体这两个概念都具有相对性。这是因为,在没有上下文限定的情况下,同一个事物、同一个客体,既可以处于具体一端,也可以处于抽象一端。例如,当"苹果"与"红富士苹果"相对立时,"苹果"这一概念就处于抽象一端;而当"苹果"与"水果"相对立时,"苹果"这一概念就处于具体一端。

笔者还认为,在抽象和具体是两个相互对立、相互限定的概念中,我们既不能过分强调抽象的一端,也不能过分强调具体的一端。这是因为,具体的一端可以使许多人类个体通过一步步演绎推理,最终推理到可以使这些人通过自己的眼、耳、鼻、舌、身这些感觉器官直接感觉的客体身上,从而使这些人最终理解和认定有关的客体和事件。抽象的一端可以使许多人类个体对每一客体的认识与该人类个体所在人类共同体的整个知识体系联系在一起,从而为该人类共同体进行有效率的分工打下基础。

第四,爱因斯坦(Albert Einstein, 1879—1955)。

与牛顿一样,尽管爱因斯坦在人类科学发展史上曾做出过许多杰出而重大的贡献,如提出质能转换公式等,但他所提出的时间理论和空间理论却是有缺陷的。首先,他在什么是时间、什么是空间问题上,并没有比以往的哲学家更前进一步。他在其晚年所写的《狭义与广义相对论浅说》附录Ⅱ中曾说过:

"对于我们的科学以前的概念来说,我们关于本体论问题所处的地位……可以说,我们已经忘却了究竟是经验世界里的哪些特征使得我们能够造出这些概念,而且要是不戴上概念的传统解释的眼镜,我们就非常难以想象经验世界。另外还有一种困难:我们的语言不得不用到同这种原始概念不可分割地联系着的词。当我们试图说明以前的空间概念的根本性质时,这些都是我们所面临的障碍。①

"概念同感觉经验有关,但在逻辑意义上,它们绝不能由感觉经验推导出来。由于这个缘故,我始终未能理解为什么要去寻求康德所说的那种先验的东西。在任何本体论问题中,我们唯一可能做的是,在感觉经验的复合中找出这些概念所指的那些特征。

"现在来看空间概念:它似乎要以固体概念为前提。那些大概能引起空间概念的感觉经验复合和感觉印象的本性,常为人们所描述。某些视觉印象同触觉之间有对应关系,这些印象(触觉、视觉)在时间上可以继续追踪下去,以及它们随时都可以重复,这些就是上述感觉印象的特征。固体概念一旦从刚才所说的经验关系中形成——这概念绝不是以空间概念或空间关系概念为前提的——以后,就要从理智上去掌握这样一些固体之间的关系,这种愿望必然引起了一些同它们的空间关系相对应的概念。两个固体可以互相接触,也可以互相分开。在后一种情况下,两者之间可以插进第三个物体,而丝毫不牵动它们;在前一种情况下,就不可能如此——如果有两个物体,它们对于填满一个这样的间隔是等效的,那么它们对于填满别的间隔也会是等效的……依我

---

① 注意,爱因斯坦在这里也提到西方语言表达方式对西方人在思考和表达时间问题上所起的障碍作用,只是他想不出如何克服这类障碍的办法来。

看来,这个间隔的概念是全部空间概念的出发点……"①

　　比起前面所列的科学家和哲学家来说,爱因斯坦在空间概念的本质问题上,想到了本体论(ontology)、概念、词(语言表达)等方面的问题,这表明,爱因斯坦在解决空间概念的本质问题时,特别关注到了哲学。这是他比前面所列的自然科学家有所进步的地方。从他对"康德所说的那种先验的东西"这句话中,我们可以看出,爱因斯坦对哲学的研究还是非常深入的。从他对相对论的论述中,我们还可以看出,爱因斯坦是想从物理学和哲学这两个学科的角度,来说明他的狭义时空相对论和广义时空相对论。为此,他还提出了时间和空间具有"不可分割性"②的观点。但是,由于爱因斯坦在本体论(ontology)、概念和语言表达的本质和种特征等方面比起以往的哲学家来并没有前进一步,也没有对什么是主观处理有新的见解,因此他在时间概念和空间概念的本质和种特征问题上也没有比前人前进一步。

　　在这里,我们需要辨析一下在当代汉语中"时间和空间",以及"时间概念"和"空间概念",或者是"时空概念"这三个词或者是词组的涵义。在当代汉语中,"时空概念"毫无疑义就是"时间概念和空间概念"的简写。关键是"时间和空间"这个词组。在当代汉语中,"时间和空间"这个词组既可以表示完全客观的东西,也可以表示完全主观的东西。因此,为了正确地表达笔者的观

---

①爱因斯坦:《狭义与广义相对论浅说》,杨润殷译,北京:北京大学出版社,
　2006 年,第 179 – 180 页。

②爱因斯坦:《狭义与广义相对论浅说》,杨润殷译,北京:北京大学出版社,
　2006 年,第 182 页。

点,笔者在不少地方使用"时间概念"和"空间概念",或者是"时空概念"这两个词或者是词组,用以表达笔者所要表达的东西是主观方面的。这样做,虽然在行文方面显得不够精练,但为了精确地表达笔者的意思,也只好是两害相权取其轻了。

在经过上述辨析之后,我们可以看出,爱因斯坦把物质在空间中的客观存在和运动状态,以及人类对物质在空间中的客观存在和运动状态的测度和标度活动这些完全客观的东西当成了时间概念和空间概念,这样一来,他就得出了"空间——正如黎曼所猜测的那样——不再是绝对的了"[①],并以此提出了著名的相对论。

但是,这种思维方式同时也是许多当代自然科学家乃至一些哲学家的思维方式。这是一种把一家饭店做出的少数几种菜肴当作表达该饭店所能做出的全部菜肴的菜谱的思维方式,是一种只承认相对而不承认绝对的思维方式,是一种只承认有左而不承认有右的思维方式,是一种只看到客观存在和运动而无视主观处理过程的思维方式,是一种无法使人绝对把握客体而无法组织起有效的合作和分工的思维方式,是一种使人无法想起人为什么要想出时间概念的思维方式。同时,这也是一种在说不清什么是时间、什么是相对、什么是绝对的情况下,就只承认相对而不承认绝对的思维方式。这就像某个人在还说不清什么是好、什么是坏的情况下,就去判断某个人是好人、某个人是坏人一样。

1919 年由英国科学家爱丁顿所率领的科学观测队在西非的

---

① 爱因斯坦:《狭义与广义相对论浅说》,杨润殷译,北京:北京大学出版社,2006 年,第 185 页。

普林西比岛所拍摄的日全食时太阳附近的星空照片,只能证明太阳引力可以导致光线弯曲,仅此而已。太阳引力可以导致光线弯曲这一事实并不能导致光速减慢,不能改变人类通过长、宽、高这三维就可以从量上把握空间这一事实,不能改变人类用一维的思维就可以从量上把握时间这一事实,也不能改变人类用一维的时间和三维的空间思维(爱因斯坦所赞同的"四维空间"思维①)就可以从量上基本把握物质的运动这一历史事实。

最近,美国物理学界提出他们找到了存在引力波的证据,从而进一步证明了爱因斯坦时空相对论的正确性。但是,他们这一新的发现只能说明引力波对宇宙空间中的各有关物质存在方式有着影响或者是有重大影响,并不能证明引力波就是时间或是相对时间。这种思维方式仍是一种把客观现象当作主观处理的思维方式。

如前所说,从还原论的角度来看,时间、相对时间、空间和相对空间这些概念都是一种主观处理的结果和语言表现,它们所表现都是一些客观现象。但它们本身都不是它们所表现的客观现象本身。这就像一个饭店里的菜谱一样,菜谱可以表现该饭店所经营的菜肴,但菜谱本身并不是菜肴本身,仅有菜谱并不能填饱人的肚子,也不能说这家饭店所做的饭菜是否好吃。这是因为,有的饭店把菜谱印得非常好、非常漂亮,但是其所做出的菜肴并不一定就非常可口。但是,凡是好一点的饭店,一般都会印刷一份尽量好的菜谱。这是因为,只有这样才能方便顾客,大大缩短

---

① 爱因斯坦:《狭义与广义相对论浅说》,杨润殷译,北京:北京大学出版社,2006年,第96－97页。

顾客点菜的时间,从而使该饭店多赚一些钱。因此,说引力波就是时间或是相对时间,或者说引力波就是相对时空存在的证明的说法,或者说时间是弯曲的说法等,都是错误的,都是把客观事实当作主观处理的错误。我们只能说,引力波的发现证明了宇宙间物质的存在和运动并不是直线的而是弯曲的,仅此而已,而不能说时间和空间是弯曲的。我们还必须坚持说,时间是一维和直线的。这是因为,我们的主观处理必须想出和设定出一些在客观世界中根本无法直接感知的东西和规定。假如我们不假定时间是一维和直线的话,人类就将无法理解、处理和描述世界上所存在的任何东西和它们的运动是弯曲的。这就像为了计算一个外形复杂的物体的体积,或者是精确描述这个物体的外形,我们必须在几何学中想出、设定、虚构出没有面积的点、没有宽度的线、没有体积的面,以及在自然界很难找到的笔直的线等概念一样。否则,我们将无法正确计算世界上所存在的任何一个外形复杂的物体的体积,或者是精确描述这个物体的外形。甚至从一个角度来看,我们使用的语言和文字也是人类主观处理的结果和表现。目前世界上各人类共同体使用不同的语言和文字、一个人可以掌握两门乃至更多语言这些事情本身就说明,语言和文字并不是人类个体的自然本能,而是各人类共同体根据自己的历史通过主观处理这一环节创造出来的。如前所述,为了能够理解、把握和表述人类所面对的客观世界,我们必须想出、设定和虚构出一些在客观世界中根本无法直接感知到的东西和规定。时间、相对时间、空间和相对空间这些概念,就是在客观世界中根本无法直接感知到的东西和主观规定。

近些年来,常有人说发现了比光的运动速度还要快的物质,并说爱因斯坦的相对论因此将要崩溃。但是,这种说法所犯的错误同爱因斯坦所犯的错误一样,都是把客观现象当成了主观处理过程。假如真的发现了比光的运动速度还要快的物质,就把那种物质当作测度时间的一种新物质就可以了,并且它只影响人们对其他物质运动速度的测度和标度工作。但这种事不应当影响人们对时间的本质和种特征的理解,也不能因此就说爱因斯坦相对论的思路是错的。真正能证明爱因斯坦相对论的思路是错的事实只能是,爱因斯坦的时空相对论把人类不同思维环节的事情搞混了,把客观事实当作主观处理本身了。

　　当然,自从爱因斯坦的时空相对论诞生以来,大大开拓和启发了人们的思维,为人类科学的发展起到了极大的推动作用。这是因为,到现在为止,人们在时间概念和空间概念的本质和种特征问题上还没有达成一致的意见。因此,各有关学科的科学家还是按照各人自己的理解,来对待时间概念和空间概念的属概念和种特征问题。而自爱因斯坦的时空相对论诞生以来,许多科学家在思维宇宙万物的存在状态时,都会进一步重视宇宙万物自身的变化情况,以及人类会处在不同的位置和条件下来考察、观测宇宙万物的存在状态和变化情况。但是,笔者认为,爱因斯坦的相对论本身所存在的上述缺陷并不能因此就被忽视。假如我们对时间概念和空间概念的本质问题有一个符合实际情况的理解和定义,就可能更能促进科学的发展,至少不会再为发现了比光的运动速度还要快的新物质这类事情而烦恼了。在加闰秒这件事上,也会把这一问题从科学问题转化为经济问题,使人更容易和更好地解决这件事情,就像包括教皇格里高利在内的历代教皇那样。

第五，德国哲学家海德格尔（Martin Heidegger，1889—1976）。

海德格尔是自黑格尔去世以来，在哲学方法论方面，在西方影响最大的哲学家之一。海德格尔最著名的学术著作是《存在与时间》。这里"存在"的英文译名为 being。从他的这部著作可以看出，由于海德格尔的古希腊文和古拉丁文都非常好，而且他对自古以来的西方辩证法理解得非常深刻，因此他非常系统地梳理和重新叙述了一遍自古希腊到今天西方哲学界对 being 和时间这两个概念的认识历史。但是，在这部著作中，他除了再次强调应当正确认识和解释好 being 和时间这两个概念的重要性，尤其是必须首先正确认识和解释好 being 外，①他自己也承认，他本人并没有解决好什么是 being 以及什么是时间这两个对于当今西方哲学方法论界来说最为重大、最为难解的问题。② 也就是说，他自己也承认，他没有给 being 和时间这两个概念做出一个令人信服的属加种差的定义，甚至还比较明确地同意了"存在（being）这个概

①Martin Heidegger, *BEING AND TIME*, Translated by John Macquarrie & Edward Robinson, Oxford：Blackwell Publishers Ltd, 1962, p. 436；马丁·海德格尔：《存在与时间》修订译本，陈嘉映、王庆节合译，北京：三联书店，2006 年第 3 版，第 492 页。

②Martin Heidegger, *BEING AND TIME*, Translated by John Macquarrie & Edward Robinson, Oxford：Blackwell Publishers Ltd, 1962, p. 1, 3 − 5, 19, 437；马丁·海德格尔：《存在与时间》修订译本，陈嘉映、王庆节合译，北京：三联书店，2006 年第 3 版，第 1、4 − 6、23、494 页。

念是不可定义的"①这一观点。

但是,由于海德格尔非常系统地梳理和重新叙述了一遍自古希腊到今天西方哲学界对 being 和时间这两个概念的认识历史,而且他在《存在与时间》一书中,对许多与解决好 being 和时间这两个概念的属概念和种特征的相关概念,如空间、现象(phenomenon)、主观化(subjectivizing)、逻各斯(logos)、生存论(existential justification)、人、精神物(spiritual thing)、实践活动(practical behavior)、操心(care)、操劳(concern),等等,从两个相关角度(存在论(ontical,ontology)和生存论(existential,existentiality)做了比较深入的剖析,这就为后来的学者更进一步地了解和解决好 being 和时间这两个概念的属概念和种特征问题,提供了非常好的基础。其实在许多地方,海德格尔离解决好 being 和时间这两个概念的属概念和种特征这两个问题只差一步之遥,或者是只差一层纸了。但是,正如海德格尔本人在《存在与时间》这本书一处注释中所引用的帕斯卡(Pascal)在《思想录》中所说的一段话,"人无法在试图确定存在[是]的同时,不陷入这样一种荒谬之中:无论通过直接的解释还是暗示,人都不得不以'这是'为开始来确定一个词。因此,要确定存在[是],必须说'这是'并且使用这个在其

---

①Martin Heidegger, *BEING AND TIME*, Translated by John Macquarrie & Edward Robinson, Oxford: Blackwell Publishers Ltd, 1962, p. 4;马丁·海德格尔:《存在与时间》修订译本,陈嘉映、王庆节合译,北京:三联书店,2006年第3版,第5页。

定义中被确定的词"，①也就是开启了一个循环定义和同义反复的过程。这段话清楚地表明了，正是拉丁语系的思维和表达方式，阻碍了西方人两千多年来未能解决好 being 这个概念的属概念和种特征这两个问题。海德格尔也不例外。而且海德格尔和帕斯卡也都清楚地意识到了这一问题，只是他们自己都已深深地陷在了拉丁语系的思维和表达方式之中，使他们既想不清楚也说不清楚 being 这个概念的属概念和种特征。

第六，英国当代著名科学家斯蒂芬·霍金（1942—，Stephen Hawking）。

斯蒂芬·霍金曾在 1988 年出版了一本名为《时间简史》的科普著作。据该书中译本前书舌介绍，该书在 2002 年中译本出版之时，已被翻译成 40 种文字，并销售了 1000 万册。估计到现在，该书的销售量在 2000 万册以上了。但是，这本书的名字与其内容完全不符。正如原北京大学哲学系现清华大学人文学院吴国盛教授所说的："显然，霍金并不是在叙述人类时间概念或时间观念的历史，他说的是宇宙的历史，而在他们理论物理学家看来，宇宙就是时空。那该书的恰当标题就应该是'宇宙简史'或'时空简史'，而不是'时间简史'。我总觉得，许多理论物理学家在谈论时间的本质这样的哲学问题时，并不总是对时间问题有足够的反省

---

①Martin Heidegger, *BEING AND TIME*, Translated by John Macquarrie & Edward Robinson, Oxford：Blackwell Publishers Ltd, 1962, p. 4；马丁·海德格尔：《存在与时间》修订译本，陈嘉映、王庆节合译，北京：三联书店，2006年第 3 版，第 5 页。

意识。"①

　　吴国盛教授的上述评论非常精准。斯蒂芬·霍金在《时间简史》一书中并没有对时间这个概念进行属加种差的定义,而是在总结理论物理研究成果的基础上说明,自宇宙大爆炸发生以来,宇宙经历了大约 150 亿年的演变史。② 而笔者认为,凡是说宇宙的开端就是时间开端的说法和观点,就是一种把我们的主观处理活动与客观客体的存在和运动混为一谈,用客观客体的实际存在和运动来代替主观处理的一种说法和观点。而且我们也可以反过来说,这也是一种用我们头脑中的一个思维环节,即用人类的主观处理来代替客体客观的实际存在和运动的一种说法和观点。其实,假如人类不进行群体客观实践,人类头脑是否想对客体客观的实际存在和运动进行量化处理一事,对客体客观的实际存在和运动起不了任何作用。时间概念是与人类的主观处理和群体实践紧密相连的,不论人类头脑是否想对客体的实际存在和运动进行量化处理,客体照样还是会按照它们的存在和运动规律继续存在和运动的。即使将来人类灭绝了,客体还是会按照它们的存在和运动规律继续存在和运动的。例如,地球还会围着太阳转,直至太阳最后吞噬地球;月亮还会围着地球转,直至逐渐脱离地球引力控制,远离地球而去。这些事件将与人类的时间概念没有任何关系。只有人类存在,时间观念才会存在;人类灭绝,时间观

---

①吴国盛:《时间的观念》,北京:北京大学出版社,2006 年,第一版序,第 1 页。

②斯蒂芬·霍金:《时间简史》,许明贤、吴忠超译,长沙:科学技术出版社,2002 年,第 148 页。

念也会随之消失。

但是,由于当代自然科学的发展已远远超出哲学方法论发展的速度,因此现在世界上很多科学家和普通民众也开始持有类似于斯蒂芬·霍金对时间的看法。因此,我们哲学工作者应当积极努力,以便使世界上的绝大多数科学家和普通民众对时间概念有一个正确的看法,并使他们少浪费一些时间去琢磨思辨程度很低的观点和看法,如时间不动,只是世界在动、人类在动,时空事实上是一种超流体的液态物质,超流体是一种几乎没有摩擦或黏性的流体,等等。

在这里,笔者想再稍微说几句与"物理时间"这个概念有关的话。所谓的"物理时间",实际是指人类通过一些物理的办法对某个客体的存在和变化进行秩序性、持续性的测度和标度,以及相互交流这种测度和标度的结果,如一天 24 个小时,这个人活了 94 岁,等等。但是,"物理时间"这个概念并不能说明时间这个概念的本质和种特征,因为它是时间这个词的下位词,或者说是时间这个概念的下位概念。时间这个概念的本质和种特征就是本章前面所说的,是指人类要对主体和客体的客观物质存在、运动和变化过程中的顺序性、前后秩序性、持久性和持续性进行量化处理的一种倾向、一种主观愿望、一个思维环节。

文章写到最后,笔者想重复前人说过的几句话:我们应该承认权威,尊重权威,但不要迷信权威。再伟大的科学家,再伟大的哲学家,在他们的著作中也有论述不足,或者是论述不符合客观事实的地方。对于他们的错误观点,或者是论述不足的地方,我们应当采取的态度就是,"沉舟侧畔千帆过,病树前头万木春"。

第九章 矛盾和对立统一概念

一、矛盾概念

在汉语里,矛盾这一概念最初是用来表达形式逻辑中的前后不一致、在同一表达过程中把两个不能同时为真的事情,表达为可以同时为真的事情,也就是把相互冲突的观点都说成是正确的观点。例如,先秦时的著作《韩非子·难一》所叙述的一个故事:一个楚国人在大街上卖矛和盾,他一会儿说,他所卖的矛可以刺透任何物体;一会儿又说,他所卖的盾可以抵挡任何物体。旁边看的人就问他,用你的矛刺你的盾,其结果将是如何呢? 卖矛和盾的人无法回答。① 这就是形式逻辑里的一种矛盾现象。从这一例子中我们可以看出,人们把不同思维过程的结果当作现象和质料,重新进行思维推理和表达时,很容易就造成形式逻辑中的矛盾现象。而把不同思维过程的结果当作现象重新进行思维推理,却是人类在几百万年进化过程中所得到的一种生物学本能。因此人类还会不断地重复犯这类形式逻辑错误。而解决和纠正这类形式逻辑错误的主要办法之一,就是进行相关的实践活动。例

①《词源》,北京:商务印书馆,1981 年,第 2225 页。

如,在上述楚国人卖矛和盾的例子中,我们就可以采取以子之矛攻子之盾的办法来找出哪种观点是正确的、哪种观点是错误的。这也是辩证唯物主义和历史唯物主义中,"实践是检验真理的唯一标准"这一命题的根本来源。

但是,随着哲学的发展,人们逐步发现,在人类的思维和人类社会所产生的各种现象中,以及在自然界中,普遍存在着对立和冲突的现象,也就是普遍存在着既有联系又有区别,既相互排斥又相互依存的现象。例如,左和右,前和后,大人和小孩,穷人和富人,好事和坏事,白天和黑夜,公鸡和母鸡,等等。人们也称呼此类现象为矛盾的现象,或者是对立统一现象。这样一来,矛盾一词成了辩证法中的核心概念之一。

同时,随着近代科学技术和社会历史学等方面的快速发展,人们发现,在人类的认识领域普遍存在着对同一事物、同一现象有着两种截然不同的,或者说完全对立的观点的现象。

在当代中国,对矛盾现象研究最为深入、影响最大的当属毛泽东所著的《矛盾论》。他在该书中详细论述的矛盾的普遍性和特殊性、具体问题具体分析、主要矛盾和次要矛盾、矛盾的主要方面和次要方面、矛盾是事物存在的必然关系和事物发展的动力等观点,曾对毛泽东本人和几代中国共产党的各级领导人产生过重大影响,并使之成为指导中国革命和建设取得一次又一次胜利的最重要的哲学法宝之一。毛泽东所著的《矛盾论》代表着当代中国对辩证法的最高认识水平。

当然,从辩证法的存在形式的分类角度来分析,毛泽东所著的《矛盾论》最主要的还是分析和论述了客观辩证法。对此,我们要有一个清醒的认识。

二、二律背反

二律背反是西方哲学界将矛盾现象归结为辩证法的一个重要过渡阶段,或者是一个重要的思维环节。

在西方哲学界,康德最先将在人类的认识领域普遍存在着对同一事物、同一现象有两种截然不同的,或者说完全对立的观点和解释的现象概括为二律背反。他在《纯粹理性批判》中曾列举过二律背反的四个重大现象:一、"世界在时间中有一个开端,在空间上也包含于边界之中;世界没有开端,在空间中也没有边界,而不论在时间还是空间方面都是无限的"。二、"在世界中每个复合的实体都是由单纯的部分构成的,并且除了单纯的东西或由单纯的东西复合而成的东西之外,任何地方都没有什么东西实存着;在世界中没有什么复合之物是由单纯的部分构成的,并且在世界中如何地方都没有单纯的东西实存着"。三、"按照自然律的因果性并不是世界的全部现象都可以由之导出的唯一因果性。为了解释这些现象,还有必要假定一种由自由而来的因果性;没有什么自由,相反,世界上一切东西都只是按照自然律发生的"。四、"世界上应有某种要么作为世界的一部分,要么作为世界的原因而存在的绝对必然的存在者;任何地方,不论是在之中,还是在世界之外作为世界的原因,都不实存有任何绝对必然的存在者"。①

---

① 康德:《纯粹理性批判》,邓晓芒译,北京:人民出版社,2004 年,第 361 – 386 页。

康德所提出的二律背反概念,对主观辩证法的发展起了极大作用。

虽然康德曾试图详细论述出现上述二律背反的具体原因,但是,由于他没有搞清楚什么是主观处理、什么是 being,加上更深一层次的拉丁语系的思维和表达缺陷,致使他最终也没能说清楚,也就是让哲学专业人员很快就能够明白的产生上述二律背反的具体原因,更别说从事其他行业的读者了。

其实,出现上述二律背反的具体原因很简单,就是上面所叙述过的,人类在几百万年进化过程中得到了一种生物学本能,即人们把不同思维过程的结果当作现象,当作新思维的起点,来重新进行思维推理。但是,人类在进行这类推理时,尤其是对一些非常抽象、中间需要考虑很多隐性思维环节的事物,或者是进行推理时很容易造成形式逻辑里的矛盾现象。人类还会不断地犯这类形式逻辑错误,因为人类个体每次思维时的目的都不同。由于生理条件的限制,每个人类个体每次思维的时间都不会很长,再加上每个人类个体的记忆力也都是非常有限的,因此每个人类个体在思维一些涉及很多中间环节,需要多次将以前由自己或是由别人思维所得到的结果当作自己新的一次思维的起点的问题时,很容易就会出现对同一个事物、同一件事情做出两种截然不同的判断,或者说两种截然对立的判断的情况。这是人类个体生理条件所限制而必然出现的情况,也是每个个人不可能事事都非常精通的根本原因之所在。如今一些非常聪慧的学者在日常生活中常常被人所骗,购买假冒伪劣产品和服务,而且每次上当都不一样,防不胜防,就是这一情况的突出表现。

再加上每个个人在社会上所处的经济和社会地位不同,其利益关系常常是矛盾的和对立的,因此对同一个事物、同一件事情做出两种截然不同的判断,或者说两种截然对立的判断来,就是再正常不过的事情了。例如,对于近日陕西省西安市市场上苹果的降价现象,果商认为是坏事,而苹果消费者就认为其是好事。

此外,随着哲学的发展,人们渐渐发现,在人们的思维过程中,人类必须设定一些截然相反的概念,才能表达清楚主观思维和客观实际中存在的现象。例如,思维中的有与无、正与负、左与右、前与后、上与下、正确与错误,等等。

康德将上述截然相反的概念也称作矛盾和对立,也就是二律背反。但康德所说的矛盾和对立,已与中国古代传统哲学中的形式逻辑所指的矛盾有些不一样。中国古代传统哲学中的形式逻辑所指的矛盾,主要是指形式逻辑里的前后不一致,在同一表达过程中把两个不能同时为真的事情表达为可以同时为真。而康德所说矛盾和对立,也就是二律背反,则是人类认识从形式逻辑中的矛盾概念,向世界万物和主观处理中普遍存在的对立现象转化,向主观辩证法和辩证逻辑中的矛盾概念转化的一个重要阶段/重要节点。因此人们认为,康德在辩证法发展史上具有重要地位,其原因也就在于此。

三、对立统一关系

所谓的对立统一现象,就是指人们在表达一个事物的过程中,将对立面,也就是其他概念,设定为表达该事物的前提,或者是隐性思维环节和表达的前提。

对立统一关系是主观辩证法中一个非常重要的概念。它是说,在人类的思维过程中,我们要确切把握一个概念的内容和抽象程度,必须为这个概念找到一些不同的概念,尤其是一些抽象程度相同,但与其内容相反的概念来限定这一概念。例如,就抽象这个概念来说,假如不提出或不知道具体、个别等概念,我们就无法把握什么是抽象这个抽象概念所表达的意思。再如,假如不提出或不知道国家、人类个体、人类共同体、人口、肤色、宗教信仰、生活习惯、心理、地域、民族历史等概念,我们就无法把握民族这个抽象概念。

由于康德最终也没能说清楚让普通读者乃至专业哲学教学和研究人员很快就能明白的产生上述二律背反的具体原因,因此黑格尔通过进一步的思考,发现人类思维必须要设定一些截然相反的概念,才能表达清楚主观思维和客观实际中存在的现象,是人类在主观思维过程中必然要出现的一件事情。黑格尔在他的《精神现象学》《小逻辑》和《逻辑学》这三本书中主要论述的就是这件事情,并将此称为对立统一和矛盾现象,并且同时将此对立统一和矛盾概念作为他的逻辑学和辩证法研究的主要内容。

在黑格尔的研究中,主要就是对立面在一定条件下的相互区别、相互依存、相互过渡和相互转化的现象。例如,他曾着力研究有与无、质与量、正与负、形式与本质、形式与内容、普遍与特殊等概念之间在一定条件下的相互区别、相互依存、相互过渡和相互转化的现象。黑格尔对辩证法的研究,是人类对对立面在一定条件下的相互区别、相互依存、相互过渡和相互转化现象的一次概括和总结,达到了当时人类研究辩证法的最高境界和最高水平。

但是,如前所述,由于黑格尔对什么是主观认识、什么是主观处理这两个概念没有一个高水平的认识和定义,因此他在他想说明的问题上没有达到让人非常清楚的程度。

笔者认为,辩证法的属概念首先是一种思维方法、一种思维定式。与辩证法相并列的思维方法,主要有机械论的思维方法。辩证法的种特征是,认为事物和概念是相互区别、相互联系、相互排斥、相互依存、在一定条件下相互过渡或者是相互转化到对方。机械论思维方法的种特征是,认为世界上包括概念的万事万物都是不会改变的,在人类认识之初是什么样子,现在和将来都还会是什么样子,世界上万事万物的性质也是不会改变的。

笔者认为,不论是辩证法还是机械论思维方法,都是人类把握世界不可缺少的思维方法,都是人类把握事物存在和发展的必然关系及人类社会存在和发展的必然关系所不可缺少的思维方法。不论是缺了辩证法,还是缺了机械论思维方法,人类都无法完成对客体的主观处理过程。缺了辩证思维方法,人类将无法把握事物的发展规律,如生物进化规律,等等。而缺了机械论思维方法,人类将无法把握当前事物存在的状态。例如,假如不把当前的地球设想为不变不动的,我们就无法确定现在一辆汽车的行驶速度。假如不假定目前存在的人是不会马上就死的,我们就无法确定一个工作单位的工作者人数,等等。

当代辩证法的存在形式主要有自然辩证法、客观辩证法和主观辩证法三种。

四、自然辩证法

当我们把自然辩证法、客观辩证法和主观辩证法三种当代辩证法的存在形式相互区别并对立起来的时候,自然辩证法是指研究和论述包括人体各器官在内的自然界各种事物的存在状态,它们之间的关系和发展变化,它们在一定条件下的相互区别、相互依存、相互过渡和相互转化规律的一门学问。到了现当代,自然辩证法的存在形式就是各门自然科学知识。

在古代各国,自然辩证法就有了其朴素的存在形式。例如金木水火土加阴阳两极,相生相克,就是中国传统文化中自然辩证法的存在形式之一。

在当代中国,一些学者认为,自然辩证法还应当包括认识和改造自然界的一般方法论。但是,由于我们现在已经将自然辩证法与主观辩证法区别开来,而主观辩证法就是专门研究包括人类认识自然界方法论的一门学问;因此,我们在这本书中还是把认识自然界的一般方法论排除在自然辩证法的范围,同时把改造自然界的方法论放在自然科学的范围之内为好。

五、客观辩证法

当我们把自然辩证法、客观辩证法和主观辩证法三种当代辩证法的存在形式相互区别并对立起来的时候,客观辩证法主要是指研究和论述人类社会各种社会关系的存在状态,它们之间的关系和发展变化,它们在一定条件下的相互区别、相互依存、相互过渡和相互转化规律的一门学问。因此,客观辩证法又叫社会辩证法。

我们之所以把研究和论述人类社会各种社会关系的存在状态,它们之间的关系和发展变化,它们在一定条件下的相互区别、相互依存、相互过渡和相互转化规律这门学问叫作客观辩证法,是因为人类社会各种社会关系的存在状态,它们之间的关系和发展变化,它们在一定条件下的相互区别、相互依存、相互过渡和相互转化,受到人类社会生产力发展水平的直接限制。相对于人类主观处理及其表达的现象来说,人类社会各种社会关系的存在状态,它们之间的关系和发展变化,它们在一定条件下的相互区别、相互依存、相互过渡和相互转化所受到的限制,尤其是受到人与自然之间的关系,即受到生产力发展方面的限制,要比人类的主观思维所受到的限制要多得多、直接得多。

例如,封建社会的产生,是与金属工具的发明、生产和较大范围的使用紧密相连的。而资本主义社会的产生和发展,则是与火药和蒸汽机的发明、生产和较大范围的使用紧密相连的。再如,1919 年美国国会之所以能通过男女政治权利平等的法案,是与内燃机和电动机在美国的大范围使用,男女体力差别在许多生产领域的作用几乎降到可以忽略这件事紧密相连的。

不过,相对于自然界,历史上的社会各阶级阶层的对立要复杂得多。这是因为,每一个阶级或阶层都是由许多人类个体组成的,而每一个人类个体在历史经历、情商、智商、知识积累、体力、性格等方面都有差别和差异。由于有这些差别和差异,因此每个人类个体对每一个历史事件和每一个历史人物的看法可能都是有差别和差异的。这样,每一个作为一个阶级或一个阶层的领袖人物/代表人物/领袖集团,对同一个历史事件和同一个历史人物的看法可能都是有差别和差异的。因此,不同的领袖人物/代表人物/领袖集团,对同一个历史事件的对策很可能非常不同。而这些正是客观辩证法所要研究和处理的。

六、主观辩证法

当我们把自然辩证法、客观辩证法和主观辩证法三种当代辩证法的存在形式相互区别并对立起来的时候，主观辩证法是指研究和论述人类进行主观处理及其语言表达现象的一门学问。由于语言是人类主观处理的客观物质表达方式，因此，从某一个角度来看，主观辩证法可以说是一门关于语言的哲学，是用来比较和表达各种语言进步程度的一门学问。

哲学研究与文学创作不同。文学创作直接追求的是理想。文学创作可以天马行空，随意设想。正如年轻的中科院光电研究院研究员、博士生导师徐颖最近所说的，"一个小说往往能够有多个合理的结局"①，别人不能说该小说写得对还是不对，只能说该小说写得好还是不好，符合不符合自己理想和期望，等等。所以说，文学创作是最为自由的。而哲学却不能这样。哲学直接追求的是真理，而且是绝对真理。哲学对同一个事件，或者说同一个客体，只能追求一个在当时看来是最为合理、最合乎逻辑，也就是当时看来最符合当事者最大利益的答案，并且许多人都可以对该答案置喙臧否，说该答案到底是对还是不对，等等。

在对待同一件事上，对一个具体的个人来说，绝对真理只能有一个。而每一个绝对真理的确定，又都是要经历命题、论断、相对真理、绝对真理这一系列过程的。也就是说，每一个绝对真理

---

① 《80后女科学家被称"北斗女神"：另类科普迷倒中学生》，《百度新闻》，发稿时间：2017－02－27，来源：《中国青年报》。

都是在当时的时空条件下,由命题、论断、相对真理转化而来的。每一个绝对真理,都既是命题和论断也是相对真理,只是由于当时时空条件的限制,它才转化成绝对真理。这一时空条件,指的就是当时思维者和实践者所处的主客观历史条件,以及当时思维者和实践者的最大利益之所在。

所以说,哲学的存在和发展,是受到许多自然科学、经济和政治等因素的存在和发展制约的。当然,相对于自然科学和社会政治法律思想来说,哲学又要自由许多。这是因为,尽管哲学的存在和发展是受到许多自然科学、经济和政治等诸多因素的存在和发展制约的,但是哲学到底还纯粹是人类头脑的产物。所以哲学这一意识形式,与自然科学和社会政治法律思想等意识形式相比,它与自然界和社会现象的距离又远了一些。自然科学和社会政治法律思想,是要与自然界和社会现象直接联系并直接被现存的自然界和社会现象所制约的。相对于哲学,自然界和社会个人与阶级阶层的对立面都是非常有限的。而哲学则可以超越现存的自然界与社会现象,去想象和描绘一些现存的自然界与社会所没有的东西。这是因为,人们在主观思维的过程中,可以使一个概念与无数多的概念相对立,还可以进行主观虚构。由于可以进行主观虚构,而主观虚构的数量可以是无限的,因此主观辩证法的研究范围也可以是无限的。

不过,我们今天特别强调主观辩证法是用来表达思维与语言之间的关系、语言与其他主客观事物之间的关系、各种语言进步程度和优缺点的一门学问的历史背景是,当前世界经济正经历经济一体化过程。随着全球经济一体化的发展,世界政治法律制度也将经历一体化过程。而为经济发展和政治法律制度存在和发展服务的官方文字语言,也将经历一体化过程,就如当年秦统一六国之后,书同文,统一全国的官方文字语言一样。而在世界文字语言一体化的过程中,使自己的母语成为唯一的官方文字语言是一个民族最重要的核心利益。而相关的各民族必然都想使自己的母语成为唯一的官方文字语言。为此,相关的各民族必然会发生激烈的争论、暴力冲突乃至战争。为比较顺利地实现全世界文字语言一体化,尤其是官方文字语言的一体化,尽量减少暴力冲突和战争,我们需要从哲学方法论角度概括出,并说明每一种目前使用人数较多的文字语言的优点和缺点,最后逐渐选出或者是改良出一种既易学易懂易记,又能最有效表达各种文化现象的文字语言,作为全球占主导地位的文字语言来使用。而且这种改良出来的在全球占主导地位的文字语言,必须是一种在现存人类共同体中使用人数非常多的一种文字语言,如汉语、英语、法语、俄语、西班牙语、阿拉伯语、葡萄牙语、德语,等等,而不能像从前人们生造出来的世界语那样,毫无生命力。其实,这也是一件世界历史必然经历的事件。不论每个人的母语是什么,不论每个人是多么热爱自己的母语,但在历史发展规律面前,不论是个人、民族或是语言共同体,都无法螳臂挡车,阻止这件事情的发生。这也是为什么从 20 世纪初开始,世界哲学界开始逐渐重视语言哲学的最重要原因之一。对于这一世界历史必然经历的事情,各民族只能采取提前计划好对策,以便尽量地保护好本民族的各项利益的态度,而不是阻止其发生。而且这件事也是关系到世界上每一个活着的人类个体的事情,无法保密,只能公开讨论。

同时,随着以计算机为工具和基础的人工智能的发展,人们对人类是如何从多个角度和多个层次上来思维一个命题/推理/

理论体系是否是正确的,或者是对人类实践有指导意义的问题越来越重视,因此这一问题也将变成主观辩证法的一个越来越重要的论题。这是因为,人工智能的发展,需要我们尽可能地解决好这一问题。

后　记

　　这部书稿从 1977 年 3 月开始酝酿。但是，由于不久后我便开始与伤寒等病魔斗争，加之需要从事中外关系史和哲学领域内的学习、教学和科研工作，以维持生计，因此直到退休才有时间来将此书稿全面整理好。

　　在酝酿和写作此书稿的这 40 年间，我的许多亲友、师长、同事都曾给予我持续的支持和帮助。没有他们长时间持续的支持和帮助，我是完成不了这本书的写作的。在他们中间，对我帮助最大的有我于 1992—1998 年在英国贝尔法斯特女王大学人文学院哲学与人类学系攻读欧洲古典哲学博士学位期间的指导教师伯纳德·卡伦（Bernard Cullen）教授，1979—1982 年我攻读硕士学位期间的指导教师——中国当代著名历史学家、西北大学历史学教授李之勤先生和现在在广州的历史学教授赵春晨先生，中国当代著名历史学家、西北大学原校长张岂之先生，西北大学公共管理学院柴生秦教授和张正军教授，西北大学西北历史研究室民族学和人类学教授刘伯鉴先生。值此本书出版之际，谨向他们表示深深的谢意和感激。

　　在本书的出版过程中，得到西北大学出版社社长马来编审、该社事业二部编辑室主任张运琪老师、责任编辑赵聪老师的大力支持和细致帮助。他们加班加点，提出了宝贵的重大修改意见，使本书在最短的时间内得以完成审稿和修改。谨向他们表示衷心的感谢。

最后盼国内同行能对本书的观点提出批评意见，共同推动对相关问题的研究和讨论。

作者　董志勇

2017 年 12 月 29 日于西北大学家中

（西北大学桃园校区 188 信箱，邮编 710075）